Horst Scharfenberg

Die Küchen Amerikas

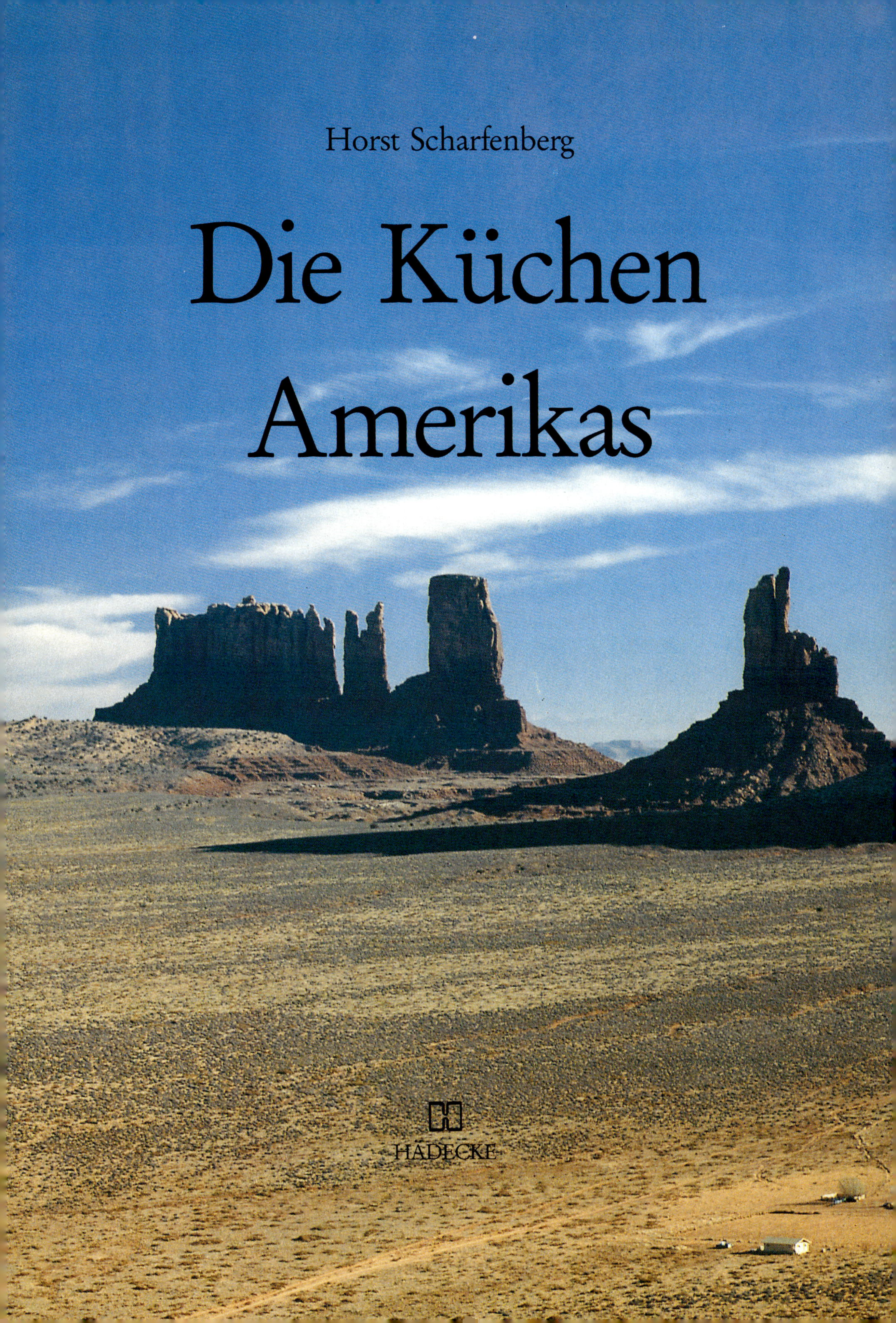

HÄDECKE

Bildnachweis:
L'Eveque Fotografie Harry Bischof, München (Food Styling Axel Dreher): Seite 14/15, 34/35, 50/51, 70/71, 98/99, 110/111, 134/135, 146/147, 154/155, 182/183, 206/207.
Buena Vista, A. Racke GmbH & Co, Bingen: Seite 90/91
Fetzer Vineyards, Concord, Kalifornien: Seite 3, 6, 11/12, 143, 222.
Michael Graff, Stuttgart: Seite 30/31, 46, 66/67, 102, 162/163, 166/167, 211, 218/219.
Foto-Team-Stone, D. Klaas, Horhausen: Seite 2/3, 138, 150, 170, 175.
Komplett-Büro GmbH, München: Seite 14/15, 23 (California Raisin), 42/43, 130/131 (California Prunes), 142, 186/187, 190, Seite 54, 94/95 und 158, (Eat & Drink American), Seite 58/59 und 179 (National Peanut Council).
»neuform-Kochstudio«, Mainz: Seite 27.
Horst Scharfenberg (Archiv), Baden-Baden: Seite 7, 62, 74, 78/79, 87, 199, 214, 223.
Rosa Tusa, West Palm Beach, Florida: Seite 75, 82, 194/195.

ISBN 3-7750-0207-3

Schutzumschlagentwurf: Lothar Hebel, Heidelberg, nach einem Foto von Harry Bischof
Satz: Fotosatz Schmid GmbH, Weil der Stadt
Druck: Mohndruck, Gütersloh, 1990. Printed in Germany

Die Rezepte sind, wenn nicht anders angegeben, für 4 Personen berechnet.

Abkürzungen:

g	Gramm	l Liter
TL	Teelöffel	1 Tasse ca. 100 bis 150 g
EL	Esslöffel	

Inhalt

Die kulinarische Entdeckung

Aus der Beantwortung der Frage, wie es zu diesem Buch kam, sind dessen Inhalt sowie Sinn, Zweck und Machart zu erkennen. Der Autor kennt die Vereinigten Staaten seit 1948, hat sie als Journalist und Vortragender durchstreift und seit über zehn Jahren sogar einen Zweitwohnsitz dort. Spricht er mit deutschen Landsleuten, die das Land jenseits des Atlantiks als Touristen kennengelernt haben, hört er oft abwertende Äußerungen über das dortige Essen. Amerikanische Küche wird gleichgesetzt mit uniformen Schnellgerichten — ebenso wie man im Ausland die deutsche Speisekarte auf Sauerkraut, Klöße und Schweinebraten reduziert.

Derartige Urteile sind nicht nur oberflächlich, sondern falsch. In Amerika — Verzeihung, daß dem allgemeinen Sprachgebrauch folgend die USA kurzerhand so bezeichnet werden! — findet sich eine faszinierende Vielfalt von Speisen. Sie ist nicht nur bedingt durch die völlig unterschiedlichen Klimazonen und Landschaftsformen des Kontinents, sondern auch durch die Amerikaner selbst, die ja aus allen Winkeln der Welt vor gar nicht langer Zeit eingewandert sind. Sie brachten die Rezepte der alten Heimatländer mit, bewahrten sie heimwehstark, selbst wenn sie gelegentlich mit Produkten der neuen Heimat abgewandelt werden mußten.

So entstanden die Küchen Amerikas. Sie wandeln sich noch immer von Jahr zu Jahr durch neue Einwanderer vor allem aus Fernost und Mittelamerika, oder auch durch modeähnliche Trends, die mit Windeseile durchs Land gehen, wie etwa »blackened fish«. Ganz wesentlich ist, daß der Wohlstand den Amerikanern zu einem sehr ausgeprägten kulinarischen Bewußtsein verholfen hat. Weingenuß breitet sich aus und verfeinert das Geschmacksempfinden. Andererseits ist ähnlich wie bei uns eine nostalgische Hinwendung zur Großmutter-Küche zu verspüren.

Wer daran zweifeln sollte, daß die Amerikaner auf gutes, ja ausgesprochen feinschmeckerisches Essen besonders großen Wert legen, der braucht nur auf ihre Fernsehschirme und in ihre Tageszeitungen zu schauen. Es gibt keinen Tag, an dem man nicht im entlegendsten Winkel der USA noch mindestens drei oder vier Koch-Programme verfolgen kann. Selbst die kleinste Provinzzeitung hat eine kulinarische Redaktion und bringt mindestens einmal pro Woche eine entsprechende Beilage. Feinschmecker-Autoren und vor allem Fernsehköche (und -innen) sind Berühmtheiten, deren Namen zwischen Atlantik und Pazifik jedes Kind kennt. Und ist es nicht erstaunlich, daß wir aus unserem kulinarischen Be-

wußtsein verdrängt haben, wie viele alltäglichen Lebensmittel wir aus Amerika übernommen haben? Neben der Kartoffel sind das u. a. Mais, Erdnüsse, Tomaten, mehrere Bohnenarten, Kürbis, Avocados, wilder Reis, Paprika, Truthahn, Kakao, Vanille, Nelkenpfeffer und Süßkartoffeln. An jüngsten Importen haben wir nicht nur die »Hamburger« (der Name deutet auf Rückreisende hin), sondern auch das sommerliche Grillvergnügen, Popcorn, Maiskolbenknabbern, Eistee, gebackene Bohnen, Ahornsirup, Salatbüffets und verschiedene Dressings oder auch die reizvolle Speiseeis-Beigabe zu Obsttorten — um nur eine Auswahl zu nennen.

Erinnern muß man daran, daß auch weltberühmte Rezepte aus den USA kommen, wie etwa »Waldorfsalat« aus dem berühmten New Yorker Hotel oder »Chop Suey«, das in Amerika entstanden ist; »Austern Rockefeller« stammen aus New Orleans und – man höre und staune – die eisgekühlte »Vichyssoise« wurde im Ritz-Carlton in New York kreiert; es gibt eine amerikanische Pizzakultur und dort heimische Saucen für Spaghetti; die reichen und sättigenden Sandwiches wie »Club«, »Tunafish«, »Hoagies« oder gar »Submarines« sind amerikanische Erfindungen; und schließlich ist der US-Doughnut nur eine Abwandlung der süddeutschen Fastnachtsküchle; er hieß früher in Amerika »Fastnachts«, was enorme Ausspracheschwierigkeiten verursachte, sodaß mit der Erfindung des Lochs in der Mitte auch der Name geändert wurde. Die ganz großen Entdeckungen, die man in den Vereinigten Staaten machen kann, sind Zubereitungsarten, die überall als Köstlichkeiten gelten können wie etwa ein mit Austern gefülltes Filetsteak, oder der raffiniert-einfache »Caesar's Salad«, bei dem knackiges Grün, Öl, Knoblauch, rohes Eigelb und Croutons miteinander vermischt werden. Weiße Bohnen werden zu würzigem »Chili con Carne«, für das es Hunderte von Rezepten und einen jährlichen Kochwettbewerb gibt, schwarze Bohnen werden zusammen mit weißem Reis und gepökeltem Fleisch zubereitet. Zu den ganz einfachen Genüssen, die den verwöhntesten Gaumen entzücken, gehören als Beilagen »Hush Puppies«, Puddings, Brot und Küchle aus Mais, »Buttermilk Bisquits« oder auch die bei uns fast vergessenen Pastinaken. Köstlich sind die ur-amerikanischen Ragouts oder Eintöpfe wie »Chicken à la King«, »Brunswick Stew«, »Hangtown fry« aus Speck, Austern und Eiern oder »Gumbos«, in denen Shrimps und Gemüse mit Kräutern zusammen gekocht werden, bis hin zum deutschstämmigen »Scrapple«, in dem Maismehl und Schweinefleisch vereint sind. Wer weiß hierzulande schon, was man alles mit Erdnußcreme (Peanut butter) anfangen kann? In den USA sind Kürbisrezepte, die bei uns in Vergessenheit gerieten, alltägliche Genüsse geblieben. Mit unserem steigenden Wohlstand können wir uns heute auch gelegentlich einmal amerikanische »Austern Stews« oder »Austernsuppen« leisten. »Crap Cakes« können als kroß gebackene Krebsküchlein die feine europäische Küche ebenso bereichern wie »Lobster Newberg«. Pies und Kroketten aus Stockfisch, nach amerikanischer Art zubereitet, sind wohlschmeckende Wiederentdeckungen für unsere Alltagsküche.

Aufgezählt wurden nur Kostproben der amerikanischen Genüsse, die das Buch offenbaren wird. Wer es liest, der wird ein ganz überraschendes Amerika entdecken, das den Touristen fast immer verschlossen bleibt. Amerika ist kulinarisch ganz anders, als die meisten Europäer es sich vorstellen. Wer diese genüßliche Seite der Neuen Welt kennt, den wird es nicht verwundern, daß auf unserem alten Kontinent ausgerechnet die feinschmeckerisch so anspruchsvollen Franzosen schon vor ein oder zwei Jahren damit begannen, amerikanische Rezepte zu veröffentlichen — und zu genießen.

Die neue »Neue Welt« der Gaumengenüsse bringt uns Amerika näher als jedes Geschichtsbuch. Da im vorliegenden Band die Rezepte mit amüsanten und interessanten Geschichten über Entstehung oder Anwendung garniert sind, wird es gleichzeitig zur spannenden Lektüre für jedermann — Kochbuch, Einkaufsberater und Reiseführer in einem.

Besonderheiten

Fremde Nationalfeiertage auf amerikanischen Tischen

Amerikaner lassen keine Gelegenheit aus, die ihnen Anlaß sein kann, um in der Familie oder auch mit Freunden eine Party zu feiern. Das mag dazu geführt haben, daß man auch fremde Feste kulinarisch begeht. Es ist aber auch Ausdruck der Achtung, die man fremden Kulturen erweist.

Einige besondere Festanlässe, die überall in den USA wahrgenommen werden, sind:

Weihnachten, wozu der Truthahn gehört, aber auch englischer *Plum Pudding* und deutscher *Stollen* sowie deutsches Weihnachtsgebäck wie *Pfeffernüsse, Zimtsterne (Cinnamon Stars), Lebkuchenmänner (Gingerbread Men), Springerle* und *Speculatius.* — Bei Gebäck, für das keine Übersetzung gegeben ist, sind die deutschen Bezeichnungen gebräuchlich.

Nachkommen von Einwanderern feiern Weihnachten nach ihrer Art — Russen, Franzosen, Italiener oder Skandinavier — und laden Freunde ein.

St. Patrick's Day, der irische Nationalfeiertag führt dazu, daß fast jedes zweite Restaurant Mitte März *»Corned Beef and Cabbage«* (siehe Rezept »New England Boiled Dinner«, S. 107) auf der Speisekarte hat. Clubs und Kirchengemeinden veranstalten Dinner-Parties, bei denen es immer dieses Gericht gibt. Die meisten Gäste sind Amerikaner, die keinen Tropfen irisches Blut in den Adern haben, für die es aber zum Jahresrhythmus gehört, einmal irisch zu essen; und anschließend singen sie dann die alten Lieder von der grünen Insel wie »My wild

Irish rose«, »When Irish eyes are smiling« oder »In a shanty in old shanty town«, von denen sie den Text vieler Strophen auswendig kennen, weil sie seit frühester Kindheit die Lieder nach dem irischen Essen gesungen haben, jedes Jahr am *St. Patrick's Day.*

Hanukkah, das jüdische Lichtfest im Dezember. Zum Festessen gehören oft Gänse- oder Sauerbraten und so gut wie immer Kartoffelpfannkuchen *(Latkes)* mit Apfelkompott und saurer Sahne.

Kartoffelpfannkuchen sind traditionell ein religiöses Erinnerungsmahl: als die Juden im 2. Jahrhundert endlich wieder Zugang zum Tempel in Jerusalem bekamen, war dort in den Lampen nur noch Öl für einen Tag, aber die Lampen brannten acht Tage; so feiert man die acht Hanukkah-Tage nicht nur mit dem Anzünden der Menorah, sondern ißt auch, was in Öl zubereitet wurde, eben Kartoffelpuffer.

Blumen auf dem Teller
Flowers on the Plate

Blüten sind nicht nur schön anzusehen als Garnierung für verschiedene Speisen, man kann viele von ihnen auch essen und also doppelte Freude daran haben.

Blumen auf dem Teller, das hat vor einigen Jahren in Amerika als Mode begonnen, ist jedoch inzwischen in den täglichen Gebrauch übergegangen. Höchstwahrscheinlich kam diese ungewöhnliche Speisezutat aus dem fernen Osten, wo man sie schon lange kannte und sogar zu einer Kunst entwickelt hatte, über Hawaii und Kalifornien auf den nordamerikanischen Kontinent. Blumen auf dem Teller als garnierende Zutat zu Suppen, Salaten, Saucen, Süßspeisen und sogar Geflügel findet man in den USA nicht nur in der Gastronomie, sondern auch schon auf vielen häuslichen Tischen.

Das ist die Weiterentwicklung der Kräuter-Renaissance, die auch in den USA in vollem Schwange ist. Früher einmal lautete die Parole: »Zurück zur Natur!« — Heute heißt es eher: »Natur auf den Eßtisch!«

Bei der Anwendung von Blüten ist das oberste Gebot, daß man unbedingt darauf achtet, nur ungespritzte Exemplare zu verwenden. Am besten sind alle jene Feinschmecker dran, die sich aus dem eigenen Garten versorgen können.

Alle Blüten so kurz wie möglich vor dem Verbrauch pflücken. Wo das nicht möglich ist, gibt man sie in eine verschließbare Plastiktüte, in der ruhig noch Luft sein darf, und hebt sie im Kühlschrank auf.

Blüten immer nur mit kaltem Wasser waschen, am besten nur überbrausen und dann gut abschütteln. Meistens sind nur die Blütenblätter eßbar. Nur Blumen, die keine harten Teile enthalten, wie etwa Veilchen oder Brunnenkresseblüten können ganz verwendet werden.

Die größte Fülle eßbarer Blüten liefert uns die Natur in den Frühlingsmonaten. Jedoch auch in den übrigen Jahreszeiten kann man sich versorgen — zur Not muß man in Gärtnereien herumfragen.

Insgesamt gibt es etwa 4 Dutzend eßbare Blüten, von denen nur eine kleine Auswahl erwähnt wird.

Apfelblüte

Weiß-rosa Blüten — haben einen echt blumigen Geschmack. Nur Blütenblätter eßbar.

Besonders gut zu Blatt- und Delikateß-Salaten.

Brunnenkresse-Blüten

Sehr würzige Blütenblätter unterschiedlicher Farbe, von gelb bis orange und auch rot.

Der Geschmack, der etwas an Radieschen erinnert, paßt gut zu vielen Salaten.

Ganze Blüten können verwendet werden.

Ringelblume

Blütenfarbe ist gelb bis orange. Der Geschmack ist nur ganz zart. Dafür ist die optische Wirkung umso größer. Die kleinen Blütenblättchen auszupfen.

Zu Blatt- und Delikateß-Salaten, über weißen Reis gestreut, zu Suppen aus Kürbisgewächsen und Karotten.

Rosen

Delikates, ganz leicht süßes Aroma.

Nur die Blütenblätter verwenden.

Für Salate, Marmeladen, zu weißem Käse und Speiseeis, in Erfrischungsgetränken.

Stiefmütterchen

Blüten verschiedener Farbe, die im Geschmack etwas an Zimt erinnern.

Die ganzen Blüten verwenden. Für Salate geeignet.

ZINFANDEL

Pikantes, für Vorher, Zwischendurch und dazu

Knabbereien
Crunchy Snacks

Wir können knabbern oder knappern sagen, sogar der Duden erlaubt beide Schreibweisen. Es mag meine südwestdeutsche Herkunft sein, jedenfalls liegt es mir gefühlsmäßig mehr zu knabbern, als zu knappern. Letzteres klingt mir zu hart, um nicht zu sagen brutal; knabbern ist gemütlicher, erholsamer ... genau das, was diese Beschäftigung ja sein soll. Doch nach dieser Vorbemerkung zum Kern der Sache! Die Amerikaner sind die Väter aller Knabbereien, die heute die Welt beherrschen. Sie stellen die demokratischste aller Essensformen dar, denn man findet die gebräuchlichen Knabberartikel nicht nur in jeder Bar, sondern auch in vornehmen Hotels und bei Galaempfängen ebenso wie in jeder Eckkneipe. Einfache Leute tun sich in ihren Verschnaufpausen ebenso gütlich daran, wie die Aufsichtsräte von Großbanken, die sich während der Sitzungen ihre Nadelstreifenanzüge damit verkrümeln.

Was sind die beliebtesten Knabberartikel und wo kommen sie her? Der zweite Teil der Frage ist am schnellsten beantwortet: aus den USA.

Kartoffel-Chips, Erdnüsse, Popcorn, Kräcker und neuerdings auch Speckschwartenstückchen — alle nahmen sie ihren Ausgang in Amerika. — Wir können froh sein, daß wenigstens gefüllte Oliven, Studentenfutter, Brezelchen und Salzstängelchen aus Europa kommen. Ihre Weltgeltung steht jedoch hinter der ihrer amerikanischen Konkurrenz zurück. Für Brezeln beansprucht übrigens auch Philadelphia Heimatrecht, dort benutzt man die Schreibweise *»Pretzel«* und gibt zu, daß deutsche Einwanderer das seltsam geschlungene Gebäck einst ins Land brachten.

Kartoffel-Chips entstanden als *Potato Chips* in einem Badeort des amerikanischen Bundesstaates New York und hießen ursprünglich nach diesem »Saratoga-Chips«. (Siehe Vorbemerkung zu Rezept »Kartoffel-Chips«.) Darf man den US-Statistikern trauen, so sind sie weltweit der Knabberartikel-Hersteller Nr. 1. Ihre Produktion wurde zu einer 3,3 Milliarden Industrie — wohlgemerkt, Dollarmilliarden, also etwa 6 Milliarden D-Mark. Der Gesamtumsatz von Snack-Food (Knabbereien) beläuft sich in den USA auf etwa 12 Milliarden D-Mark jährlich. Der Durchschnittsamerikaner schiebt davon im gleichen Zeitraum etwa 5 Pfund zwischen die Zähne; in der Stahlmetropole Pittsburgh, Pennsylvania leben die eifrigsten Knabberer, die es jährlich auf einen Verzehr von 8 Pfund pro Kopf bringen.

Das schon von den Indianern hergestellte Popcorn wird in Amerika weitgehend in den Familien selbst zubereitet, sodaß es frisch gegessen werden kann. Ein berühmter Filmschauspieler, *Paul Newman,* hat letztlich dafür gesorgt, daß auch wir Roh-Popcorn-Packungen nur in die Mikrowelle zu schieben brauchen, um unseren eigenen Puffmais jederzeit problemlos herstellen zu können. — Als Popcorn-König gilt in den USA *Mr. Orville Redenbacher,* er ist der bedeutendste kommerzielle Hersteller, und er tritt als kauziger alter Herr in vielen Fernsehreklamen höchstpersönlich auf. Als Snack wird Popcorn in den USA nur salzig oder pikant gewürzt angeboten.

Die Erdnuß ist ein Wanderer zwischen den Welten. Sie stammt eindeutig aus Mittel- und Süd-Amerika. Spanier und Portugiesen brachten sie nach Europa. Von hier wanderte sie weiter nach Afrika, wo sie gute Anbaubedingungen fand. Schwarze Sklaven brachten sie schließlich wieder zurück nach Amerika, wahrscheinlich deshalb, weil sie als Nahrungsmittel sättigend und billig waren und folglich als

Verpflegung bei der Überfahrt dienten. Gleiche Eigenschaften wie bei der Sklavenverpflegung, nämlich nahrhaft und billig, führten dann während des amerikanischen Bürgerkrieges (1861—65) dazu, daß Erdnüsse bei der Verpflegung der Soldaten eine große Rolle spielten. So wurden sie schließlich in den USA populär.
Cracker konnten sich als industriell gefertigte Backware vor allem deshalb durchsetzen, weil sie so beschaffen sind, daß man sie problemlos transportieren und aufbewahren kann. Die neueste Konkurrenz, die sie bekommen haben, sind — man höre und staune: Gold-Fischli.
Cracklings wird ein uraltes Produkt genannt, das bei uns vor allem in Form von Schweinegrieben verarbeitet und genossen wird. Die amerikanische Farmerküche, die ja Ursprungsort der meisten Rezepte ist, kannte schon immer Schwarten, die so lange gekocht worden waren, daß sie beim Erkalten knusprig wurden. Inzwischen hat man die Herstellungsmethode verfeinert, sodaß Cracklings fast schaumig aufgegangen sind und in Klarsicht-Beuteln in allen Supermärkten verkauft werden. Ihre Beliebtheit schnellte sprunghaft hoch, als *Georg Bush* Präsident wurde und es sich herumsprach, daß er eine Vorliebe für Cracklings habe. Sein Vorgänger *Ronald Reagan* hatte süße Jelly Beans — eine Art Bonbons — bevorzugt. Amerikanische Präsidenten haben seit der Zeit des großen Gourmets *Thomas Jefferson* oft auch kulinarische Rollen gespielt. So machte *Lyndon B. Johnson* Chili con carne berühmt und *Präsident Carter* steigerte den Absatz der Erdnußknabbereien, nicht zuletzt auch deshalb, weil er von Beruf Erdnußfarmer war. Wohin auch immer er in seinem Lande kam, er konnte sich an Genüssen erfreuen, die aus seinen Produkten zubereitet waren. Schließlich gibt es über 400 Zubereitungsarten für Erdnüsse und Erdnußcreme in den USA, von Snacks über Suppen und alle Arten von Speisen bis hin zu Plätzchen, Kuchen, Torten und Speiseeis.

◁ Eine festliche Tafel, gedeckt im Valley Oaks Food & Wine Center in Hopland, Mendocino County (CA) der Familie Fetzer.

Roastbeef mit Sonnenblumenkernen-Dip, Seite 28. ▷

Pecans

Diese Nuß ist ur-amerikanisch, schon von den Indianern wurde sie im Süden des Landes überall mit Genuß verzehrt. Erstaunlich ist dabei nur, daß die Pecannuß, die in den USA schon lange die beliebteste aller Nüsse ist, erst vor wenigen Jahren den Weg über den Atlantik und nach Europa gefunden hat. Noch immer zählt sie bei uns zu den Exoten, ist aber inzwischen in guten Geschäften überall zu finden. Wer zum ersten Mal danach fragt, dem mag es hilfreich sein zu erfahren, daß man ihren Namen »Pikahn« und mit Betonung der zweiten Silbe ausspricht. Das Wort stammt übrigens aus einer Indianersprache.
In den USA verwendet man Pecan nicht nur zum Knabbern, sondern auch beim Kochen und Braten, ganz so wie wir Mandeln verwenden. Die länglichen Nußkerne, die etwas unserer Walnuß ähneln, allerdings schmaler, feiner sind, zerfallen ebenso wie die Walnuß in zwei Hälften und machen sich als Dekoration ausnehmend gut.
Für viele pikante Garnituren und natürlich erst recht zum Knabbern werden die Nüsse (Nußhälften) leicht geröstet. Am besten geht das im Backofen, den man auf 200 Grad vorgeheizt hat. Die Nüsse werden auf einem mit Aluminiumfolie ausgelegten Backblech ausgebreitet, mit Öl bestrichen und mit etwas Salz bestreut. Nach 10 bis 15 Minuten und mehrmaligem Wenden sind sie dann köstlich. (Für süße Speisen nimmt man natürlich kein Salz beim Rösten, Zucker ist möglich, jedoch nicht unbedingt nötig).
Die Pecannuß-Bäume erreichen übrigens gigantische Höhen, sie können bis 50 Meter hoch werden. Noch immer werden sie vorwiegend in den südlichen Staaten der USA gepflanzt. Moderne Züchtung hat aus den Nüssen alle Bitterkeit vertrieben und die Schalen immer dünner werden lassen. Beim Einkauf achte man darauf, daß sie nicht ausgetrocknet sind, was man daran erkennt, daß die Nußkerne in den Schalen klappern, wenn man sie schüttelt. Sollte irgendwo der Name Hickory-Nuß auftauchen, so ist der nicht falsch, denn es handelt sich tatsächlich um die Frucht einer speziellen Hickoryart.

Kartoffel-Chips
Potato Chips

Alle Welt knabbert heute Kartoffel-Chips. Dabei haben wir ganz vergessen, daß auch diese eine Erfindung der amerikanischen Küche sind. Sogar das Jahr ihrer Entstehung ist bekannt: 1853. Es geschah in dem damaligen Modebad Saratoga Springs im Bundesstaat New York. Der Name des Schöpfers ist vergessen, man erzählt jedoch, daß er seine wahrhaft epochale Erfindung machte, um den als sehr wählerisch bekannten Millionär Vanderbildt zu überraschen. Inzwischen haben auch die einfachsten Leute und vor allem Kinder ihren Knabberspaß daran. Nur Hausfrauen stöhnen zuweilen darüber, weil schlimme Krümeleien dabei unvermeidlich sind. Einige von ihnen helfen sich, indem sie Kartoffel-Chips selbst machen, die, wenn ganz frisch, weniger absplittern. Allerdings sind sie auch so gut, daß man meistens (noch) mehr davon ißt. Wie man es macht, macht man es falsch — oder richtig. Jedenfalls lohnt es sich, einmal zu versuchen Kartoffel-Chips selbst zu machen.

8—10 kleine, festkochende Kartoffeln
Ausbackfett
Salz

Kartoffeln gründlich waschen und dann auch noch abbürsten und gut mit Küchenkrepp trocknen. Mit der Küchenmaschine oder einem Gurkenhobel in dünne Scheiben schneiden. Man kann die Scheiben auch ein kleines bißchen dicker machen und sie mit dem Messer schneiden. Wichtig ist nur, daß die Schalen dranbleiben und die Scheiben sofort nach dem Schneiden in eine große Schüssel mit kaltem Wasser kommen. Man läßt sie 1 Stunde darin, gießt sie ab und drückt sie dabei etwas aus. Dann müssen sie nochmals 1 Stunde in frischem kaltem Wasser liegen. Wieder abgießen und sorgfältig trockentupfen.

Im siedenden Fettbad portionsweise bei 185 Grad ausbacken. Dabei mehrmals umwenden, bis sie nach einigen Minuten braun und knusprig sind. Mit Korb oder Drahtkelle herausnehmen, gut abschütteln und sofort auf mehreren Lagen Küchenkrepp entfetten und salzen.

Am besten schmecken diese Kartoffel-Chips, wenn man sie warm auf den Tisch bringt. Andernfalls sollte man sie in Papiertüten aufheben.

Gebackene Kartoffelschalen
Fried Potato Skins

Sie lesen richtig: Kartoffelschalen. Amerika ist nicht nur und immer das Land des Überflusses, manchmal geht es dort auch ganz schön frugal zu. »*The Frugal Gourmet*« ist sogar der Titel einer der erfolgreichsten Fernseh-Kochsendungen, deren Star ein kochender Pfarrer ist.

Doch zurück zu den Kartoffelschalen. In kaum einem Kochbuch sind Rezepte dafür zu finden, denn sie wurden erst innerhalb der letzten Jahre populär. In jedem zweiten Restaurant bekommt man sie als *Appetizer*, als Appetitanreger, nämlich Häppchen vor dem Essen oder zu Wein, Bier sowie Cocktails. Sie werden garantiert auch in unserem Land Freude an diesem billigen Genuß haben — und ihre Gäste werden staunen.

6 große Kartoffeln
60 g Butter
1 TL geriebene Zwiebel oder 1 EL kleine Schnittlauchröllchen
weißer Pfeffer aus der Mühle und Salz

Kartoffeln nicht nur gründlich waschen, sondern auch gut abbürsten. Kurz abtrocknen und im vorgeheizten Backofen bei 200 Grad eine gute Stunde backen. Nach zwei Dritteln der Garzeit mit einer Gabel anstechen, damit Dampf entweichen kann. Kartoffeln anschließend längs halbieren und mit einem Löffel so aushöhlen, daß einige Millimeter — 2 bis 4, je nach Belieben — des weißen Inneren an der Schale bleiben. (Die entfernte Kartoffelmasse hebt man für andere Verwendungen wie Püree, Kroketten oder Suppe auf.)

Die Kartoffelschalen halbieren — längs oder quer,

ganz nach Beleiben, damit die Stücke kleiner werden und leichter zu handhaben sind. Inzwischen die Butter zusammen mit der Zwiebel erhitzen und bis vor den Siedepunkt bringen. Es ist gut, wenn sie noch einige Minuten steht, damit sie besser aromatisiert wird.
Kartoffelschalenstücke innen mit wenig Pfeffer und etwas mehr Salz bestreuen, danach mit der zerlassenen Butter auspinseln.
Unter dem vorgeheizten Grill überbacken. Jede Seite braucht dazu 3—4 Minuten; man grillt auch die Schalenseite, damit die recht knusprig wird.
Warm servieren, wobei man Salz und Pfeffer zum eventuellen Nachwürzen auf den Tisch stellt.

Rezeptvariationen:
Zur Füllung der Kartoffelschalen verwendet man vollfetten Schmelzkäse, in den USA fast immer scharfen *Cheddar* (Chesterkäse). Jede andere Geschmacksrichtung ist ebenfalls möglich. Den Schmelzkäse kann man noch würzen mit Zwiebeln, Pfeffer, Kräutern oder Paprika; oder man ersetzt Schmelzkäse durch geriebenen Parmesan, der mit etwas Butter verknetet wurde. — Zuweilen läßt man bei der Zubereitung mit Käse die ausgehöhlten Kartoffelschalen in größeren Stücken (Kartoffelhälften), die man nur etwas flacher drückt und dann mit Messer und Gabel auf Tellern serviert. Ausgebackene Petersilie macht sich großartig dazu, so werden die Kartoffelschalen zur vollwertigen Vorspeise.
Kleine Schalenstücke kann man nach der im Rezept angegebenen Methode besonders kroß grillen, indem man sie näher an die Grillstäbe bringt. Dann stellt man in die Mitte einer Platte ein kleines Schälchen mit Quark, der mit saurer Sahne, Salz und Kräutern angemacht ist. Die Schalenstückchen benutzt man zum Dippen. — Wer es gerne besonders vornehm hat, der läßt die Schalenstücke etwas größer, serviert sie auf Tellern zusammen mit einem Klecks angemachtem Frischkäse oder Crème fraîche, auf die mehr oder weniger Kaviar gehäuft wird.
Gebackene Kartoffelschalen können auch ausgebacken ein Genuß sein. Anstatt sie zu grillen, werden sie im Fett schwimmend bei ca. 175 Grad ausgebacken. Dabei ungefähr 3 Minuten im Fett lassen und wenden, bis sie schön knusprig braun sind. Nach dem Herausnehmen auf mehreren Lagen Küchenkrepp unbedingt gut entfetten.

Ausgebackene Zwiebelringe French-fried Onion Rings

Zuweilen findet man diese pikante Zwiebelzubereitung auch unter der Bezeichnung *»Fried onion loaf«* auf Speisekarten; ich konnte jedoch nie ergründen, warum man einzelne Ringe *loaf* (= Laib) nennt. Diese Zubereitungsart jedenfalls ergibt eine pikante Knabberei, die vor allem zum Bier ausgezeichnet schmeckt.

3 große Zwiebeln
1/4 l Bier
1 Ei
4 EL Mehl
1 TL Salz
1 Prise Cayennepfeffer
1—2 Tassen Kräcker, die man im Mörser zu grobem Mehl zerrieben hat
Öl oder Pflanzenfett zum Ausbacken
1 Schälchen mit Apfelessig

Zwiebeln schälen und in Scheiben von gut 1/2 Zentimeter Durchmesser schneiden, die dann in Ringe zerfallen, die kleinsten inneren kann man wegnehmen. Alle Zwiebelringe für etwa 1 Stunde in eine Schüssel mit kaltem Wasser legen. Anschließend gut abtropfen lassen und zusätzlich noch mit Küchenkrepp abtupfen.
Aus Bier, Ei und Mehl einen Ausbackteig rühren, der mit Salz und etwas Cayennepfeffer gewürzt wird. Ein oder zwei Stunden ruhen lassen.
Die Zwiebelringe in den Teig tauchen, abtropfen lassen, in dem Kräckermehl wenden, leicht abklopfen und portionsweise im siedenden Fett (175 Grad) ausbacken. Herausnehmen und auf mehreren Lagen Küchenkrepp entfetten.
Beim Servieren kann sich, wer will, mit den Zinken einer Gabel oder mit einem kleinen Löffel etwas Essig darüber träufeln. Es ist durchaus erlaubt, diese Zwiebelringe mit den Fingern zu essen.

Pikante Speckröllchen (Rumaki), ein außergewöhnlicher Snack, Seite 21, 22 ▷

Popcorn

Die deutsche Übersetzung des Wortes, nämlich Puffreis, ist inzwischen so in Vergessenheit geraten, daß ich nur die amerikanische Bezeichnung nenne, die international geworden ist. In keinem amerikanischen Haushalt fehlt ein elektrisches Küchengerät, mit dem man Popcorn macht, so populär ist dort diese Knabberei aus Mais. Fast immer ißt man sie dort salzig und mit etwas Butter übergossen, süß ist Popcorn weniger beliebt, es sei denn, man macht ein Gebäck daraus wie im folgenden Rezept beschrieben

Popcorn-Bällchen
Popcorn Balls

125 g ungepopptes Popcorn, Maiskörner
1 Tasse Zucker (halb weiß, halb braun)
3 EL Honig
1/2 Tasse Wasser
1 EL (12—20 g) Butter
1 Grapefruit

Popcorn in der Microwelle oder einer gedeckten Pfanne zubereiten.
Zucker und Honig in heißem Wasser auflösen, über Mittelhitze so lange rühren, bis die Masse zähflüssig wird und in kleinen Bällchen vom Löffel tropft. Dann die Butter einrühren. Gut die Hälfte dieser Masse über das Popcorn gießen und vorsichtig damit vermengen. Langsam weiter Zuckerlösung zugießen, bis ein formbarer Teig entsteht. Mit gefetteten Händen daraus kleine Bällchen formen. Nicht zu fest dabei drücken, damit die aufgeblähten Körner nicht zerbrochen werden.
Besonders attraktiv ist es, wenn man jedes Bällchen auf einen kleinen Holzspieß steckt und diesen dann in die Grapefruit spießt.

Zum Cocktail serviert man gern pikantes Popcorn:

Cocktail Popcorn

1 Tasse ungepoppte Maiskörner
150 g Butter
1 TL Öl
1 1/2 TL Salz
1 kleine, zerdrückte Knoblauchzehe
4 EL sehr klein gehackter Schnittlauch

In einer Pfanne ein Drittel der Butter nebst dem Öl so erhitzen, daß ein Probe-Korn, das man hineinwirft, sofort aufspringt. Restliche Körner zugeben und sofort den Deckel auflegen. Warten bis alle aufgesprungen, d. h. gepoppt sind. Beiseite stellen. In einem Extra-Pfännchen die restliche Butter mit Salz, Knoblauch und Schnittlauchröllchen auf kleiner Flamme so lange erhitzen, bis das Salz aufgelöst ist. Dann über das Popcorn tröpfeln, umwenden und sofort servieren.

Anmerkungen: Wer die Indianergeschichten seiner Jugendzeit noch nicht vergessen hat, den dürfte es interessieren, daß nachweislich die Cherokesen schon leidenschaftliche Popcorn-Genießer waren.
Heute wird spezieller Mais für Popcorn vor allem in den Bundesstaaten des Mittleren Westens, in Iowa, Nebraska und Indiana angebaut. Dort ist das Weltzentrum des Popcorns.
In den USA gibt es sogar ein Kochbuch, das sich nur mit Popcorn beschäftigt. Eine gute Anregung daraus gilt Hühnersuppen mit Gemüse- oder Nudeleinlage, auf die man Popcorn als ebenso attraktive wie auch wohlschmeckende Garnitur streuen kann.

Pikante Speckröllchen Rumaki

Von diesen pikanten Häppchen wird nur eine Art bei uns gelegentlich zum Empfangsdrink angeboten: *Angels on Horseback.* Ursprünglich waren das in Speck gerollte Austern, inzwischen wird die Füllung weitgehend durch Dörrpflaumen mit Nüssen oder Mango ersetzt. Da es diese Zubereitung unter dem Namen *Anges-à-cheval* schon länger in Frankreich gibt, glaubte ich, sie komme daher. Seit ich aber *Hawaii* und seine kulinarischen Genüsse kenne, bin ich überzeugt, daß dort der Usprung dieser köstlichen Appetithäppchen liegt. Man reicht sie dort in Dutzenden von köstlichen Variationen, die alle der ostasiatischen Küche entsprungen sind. Überall in den Vereinigten Staaten haben diese hawaiianischen Rezepte begeisterte Aufnahme gefunden. Man nennt die gefüllten Speckröllchen *Rumaki.* Die Hawaiianer rümpfen darob die Nase, für sie ist das eine Verballhornung, denn ihre Sprache kennt gar kein »R« und ihre Bezeichnung ist daher *Kumaki.* Wenn ich mich hier an das falsche Wort halte, dann nur, weil es das ist, das man überall sonst in Amerika (und bald auch anderswo) gebraucht.

Rezeptgrundregeln:
Am besten sind die dünnen Scheiben von Frühstücksspeck, die man auch bei uns — oft importiert aus Dänemark — kaufen kann. Sind sie zu lang, werden sie quer geteilt, wodurch man zwei Speckstücke erhält. Ersatzweise kann man Dörrfleisch verwenden, das aber nur ganz schwach geräuchert sein darf; auch gesalzener, durchwachsener Speck (Schweinebauch) ist möglich. Die gefüllten Röllchen können mit in Wasser vorher eingeweichten Holz-Zahnstochern oder Rouladennadeln gespießt werden. So macht man es auf Hawaii. Ich bevorzuge Metall-Grillspieße, die nicht zu lang sind, auf die ich mehrere — 6 bis 10 — Rumaki dicht nebeneinander aufspieße. Nach dem Braten oder Grillen schiebe ich sie mit der Gabel herunter und stecke zum Befestigen und als Handgriffchen Cocktailssticks hinein.
Rumaki können vorher mariniert werden, müssen das jedoch nicht immer. Gegart werden sie entweder in der Pfanne oder unter elektrisch beheizten Grillstäben, wobei sie einmal mindestens umgewendet werden müssen. In Hawaii grillt jeder Koch, der etwas auf sich hält, seine Kumaki auf dem Holzkohlengrill oder gar bei Tisch auf einem Hibachi. Für Garten- oder Balkon-Feste ist das auch bei uns zu empfehlen. — Einige Rumaki werden auch durch Teig gezogen und im tiefen Fett ausgebacken.
Alle Rumaki müssen mindestens warm und immer knusprig angeboten werden. Man kann die Röllchen schon am Vortag füllen, im Kühlschrank aufheben und braucht sie dann nur noch zu braten oder zu grillen.
Nun also, frisch ans Werk! Nutzen sie die Möglichkeiten, die Rumaki bieten! — Auch Rumaki sind — was wir nicht vergessen sollten, eine kulinarische Erfindung, die aus den USA zu uns kam.

Hühnerleber Rumaki Chicken Liver Rumaki

- 1 Paket tiefgefrorene Hühnerleber
- 1 Tasse Sojasauce
- 1/2 Tasse flüssiger Honig
- einige Spritzer Tabasco
- 1 kleine Dose Wasserkastanien (Water chestnuts)
- Frühstücksspeck-Scheiben

Hühnerleber antauen lassen, von Sehnen befreien und in etwa 2 cm lange Stücke teilen.
Sojasauce und Honig verrühren, was besser geht, wenn man beide etwas erwärmt; mit Tabasco leicht schärfen. Hühnerleberstücke einlegen und mehrere Stunden oder über Nacht marinieren. Mehrmals dabei wenden.
In jede Scheibenhälfte 1 Leberstück parallel zu einer halben Wasserkastanie einrollen und kurz in Marinade tauchen.
Diese Rumaki grillt man am besten, wobei man sie mit Alufolie unterlegt. Es ist auch möglich, sie im Backofen bei 240 ° C etwa 20 Minuten zu garen, bis sie knusprig geworden sind.

Kumquat Rumaki

Frühstücksspeck-Scheiben
1 Glas japanische Zwergorangen (Kumquats)
Pinienkerne, am besten vorher leicht angeröstet

Kleine Orangen ganz lassen oder evtl. halbieren, Pinienkerne — 2 bis 4 pro Frucht — hineinstecken. In Speck einrollen und garen.

Aprikosen Rumaki
Apricot Rumaki

Anstelle der Kumquats nimmt man getrocknete Aprikosen, die in Wasser oder Weißwein vorgeweicht wurden. Als Füllung eignet sich ein Stück Frucht aus einem Glas Mango-Chutney.

Lychee Rumaki

Frühstücksspeck-Scheiben
1 Dose Lycheefrüchte (ca. 300 g)
geröstete Erdnüsse, längs halbiert
1/2 Tasse Sojasauce
evtl. grober brauner Zucker

Früchte jeweils mit 2 bis 3 Erdnußkernhälften füllen, in Speck einrollen, aufspießen, nebeneinander legen, mit der Sojasauce begießen und während einiger Stunden mehrmals darin wenden. Vor dem Garen kann man sie noch mit etwas Zucker bestreuen.

Ananas Rumaki
Pineapple Rumaki

Ananas dürfen natürlich in Hawaii nicht fehlen. Dieses Rezept ist als Beispiel gedacht für Rumaki, die im Backteig zubereitet werden. Andere Früchte, wie etwa Bananen oder Birnen oder entsteinte Datteln können ebenfalls als Füllung verwendet werden.

Frühstücksspeck-Scheiben
1/2 frische Ananas, geschält und in Scheiben geschnitten
Salz
1 Tasse Sojasauce
1/2 TL gemahlener Ingwer
2—3 EL Fruchtsaft (Ananas, Orange oder Mango)
Ausbackteig:
2 kleine Eier
1/8 l herber Weißwein
150 g Mehl
Fett zum Ausbacken
3/4 Tasse flüssiger Honig

Ananas in gut 1 cm breite Stücke schneiden. Sojasauce mit Ingwer und Fruchtsaft verrühren. Die Ananasstücke darin einige Stunden marinieren. Gut abtropfen, in Mehl wenden und durch den Ausbackteig ziehen, der aus den angegebenen Zutaten gerührt wurde. Im siedenden Fett bei 175 ° C goldgelb ausbacken. Beim Servieren mit wenig flüssigem Honig beträufeln.

Ein frischer Salat, apart verfeinert mit kalifornischen Rosinen, dazu Guacamole (Avocado-Dip), Seite 29. ▷

CALIFORNIA
U.S.A.

Kalte Fischhäppchen
Fish Appetizer

Dieses überraschende Gericht kann auch auf einzelne Teller, die mit grünen Salatblättern ausgelegt sind, verteilt werden und als pikante, kleine Vorspeise dienen.

20 Barsche (Kretzer aus dem Bodensee, Filets de Perche oder Egli-Filets in der Schweiz)
2 EL Salz
Eiswürfel
Saft 1 Zitrone
2 EL Tomatenmark
1 EL Mayonnaise
1 EL saure Sahne
1 EL Tomatenketchup
1 Spritzer Tabasco
wenig Salz und Pfeffer aus der Mühle

Die Fischfilets quer in ca. 1 cm breite Streifchen schneiden und ins kochende Salzwasser werfen. Etwa 3 Minuten darin bewegen, bis sie ganz weiß sind und sich krümmen.
Herausnehmen und sofort in eine große Schüssel mit Eiswasser befördern, in dem sie bis zur endgültigen Abkühlung bleiben.
Nachdem sie herausgenommen wurden, müssen sie gründlich abtropfen. Dabei mit dem Zitronensaft befeuchten.
Aus den restlichen Zutaten eine nicht zu scharfe Tomatensauce rühren, zu der auch der abgetropfte Zitronensaft von den Filets kommt. Die Fischstückchen erinnern in Aussehen und Geschmack entwas an Langusten. Sie werden mittels Zahnstocher zum Dippen verwendet, oder man serviert sie in kleinen Schalen auf Salatgrün und mit etwas Sauce nappiert als Fisch-Cocktail.

Shrimp-Bällchen
Shrimp Balls

Bei amerikanischen Einladungen steht man oft und lange und offensichtlich recht gern herum, unterhält sich, nippt an seinem Getränk und hat immer mindestens eine Hand zu wenig, wenn man auch noch rauchen oder essen will. Aus diesem Grund haben die Amerikanier sich wohl auch das Händeschütteln bei der Begrüßung abgewöhnt.
Für alle Fälle bei derartigen Gelegenheiten — und wir haben das Party-Herumstehen ja inzwischen auch übernommen — braucht man Party-Häppchen, wie diese Shrimp-Bällchen.

500 g Shrimps oder Scampis, im Zerhacker gemahlen
4 EL sehr fein geschnittener Bleichsellerie
2 EL klein gehackte Wasserkastanien
2 EL geriebene Zwiebel
1 hartgekochtes Ei, durch ein Haarsieb gestrichen
1 Packung Doppelrahm Frischkäse (220 g)
1 EL Hot Chili Sauce (unter diesem Namen auch bei uns zu haben)
Pfeffer aus der Mühle
1—2 TL Zitronensaft
reichlich gehackte Petersilie

Alle Zutaten außer der Petersilie kräftig miteinander vermischen und mindestens eine Stunde in den Kühlschrank stellen. Dann daraus Bällchen formen, die gut 1 cm Durchmesser haben und in gehackter Petersilie so gerollt werden, daß sie einen grünen Überzug bekommen. Bis zum Gebrauch wieder kühlen. Mit Zahnstochern oder Cocktail-Sticks herumreichen oder auf ein Büffet stellen. Die angegebenen Mengen reichen für gut 25 Bällchen.

Maritimer Käseaufstrich
Seafood Cheese Spread

Brotaufstrich nach einem Familienrezept aus dem Bundesstaat Oregon, der nicht nur Wein (neues, aufstrebendes Weinland!) hat, sondern riesige Wälder und eine atemberaubend schöne Küste am Pazifik.

2 Packungen (à 220 g) Doppelrahm-Frischkäse
100 g geriebener Emmentaler Käse
1 TL geriebener Meerrettich
1/2 TL Chilipulver (ersatzweise 1 kräftige Prise Rosenpaprika)
1 Dose Crabmeat (ca. 170 g)
1 kleine Dose kleine Eismeerkrabben (ca. 125 g)
8 EL klein gehackte grüne Paprikaschote
6 EL klein gehackte Frühlingszwiebeln (weiße und hellgrüne Teile, ersatzweise 3—4 EL fein geschnittene Zwiebel)

In einem Schälchen vermischt man zunächst Frischkäse, Reibkäse, Meerrettich und Chilipulver. Alle Flüssigkeit vom Crabmeat abgießen, alle harten Teile herausklauben und das Fleisch zerdrücken. Die kleinen Shrimps entweder hacken oder auch mit der Gabel zerdrücken. Beide so bearbeiteten Doseninhalte nebst Paprikawürfelchen und Frühlingszwiebel zu der Käsemischung geben und alles sehr kräftig miteinander vermischen. Mit Klarsichtfolie bedeckt im Kühlschrank mindestens eine Stunde ruhen lassen.
Zum Anrichten evtl. stürzen oder aus der Schale nehmen und auf eine Platte flach häufeln.
Sehr gut schmeckt dieses Spread, wenn man es beim Anrichten noch mit 4 Eßlöffeln angerösteter, erkalteter Mandelblättchen bestreut. Die angegebene Menge reicht für 8 bis 10 Personen, eignet sich also für ein Party-Büffet.

Dips

Wir haben zwar schon lange unsere Herings- oder Beamten-Stippe, international berühmt wurden jedoch erst in neuester Zeit die amerikanischen Dips. Viele werden von Hausfrauen und Köchen improvisiert und immer wieder abgewandelt. Wie groß ihre Bedeutung für den amerikanischen Alltag ist, kann durch die Tatsache belegt werden, daß ein Hersteller sein Zwiebelsuppen-Pulver zum marktbeherrschenden Renner machte, nachdem er ein Rezept verbreitete, mit dem man aus dem Pulver im Handumdrehen einen wohlschmeckenden Dip machen kann.
Nachfolgend werden einige Beispiele für Dips gegeben, die auch für deutsche Hausfrauen hilfreich sein können, wenn sie Gäste bewirten wollen.

Dip für Gemüse
Auf der Gesundheitswelle hat sich die Sitte verbreitet, rohe Gemüsestücke wie Bleichsellerie, Karotten, Kohlrabischeiben, Paprikastücke oder Blumenkohlröschen als Häppchen zu servieren, die man in Dipsauce taucht und genießt. Gemüse müssen knackig sein, was man durch Einlegen in Eiswasser und anschließendes Abtrocknen erreicht. Man serviert sie in hand- und mundgerechten Stücken, um eine Schale mit Dip-Sauce bunt arrangiert.

Zur Dip-Sauce:
200 g Doppelrahm-Frischkäse (zu ersetzen durch (Mager)Quark, den man unter Umständen in einem Mullsäckchen hat abtropfen lassen)
Milch zum Anrühren
1/2 TL Currypulver
1 Prise Salz und weißer Pfeffer aus der Mühle
1 Messerspitze abgeriebene Zitronenschale
6—8 EL klein gehackte grüne Oliven (es können auch gefüllte sein)

Alle Zutaten kräftig miteinander verrühren und abschmecken. Eine Stunde in den Kühlschrank stellen (oder auch länger), damit sich die verschiedenen Aromen miteinander vermählen.

Anmerkung: Nur ganz selten kann man in den USA Quark kaufen. Man bekommt ihn in deutschen oder jüdischen Geschäften in Großstädten wie New York oder auch fast überall in New Orleans, wohin ihn die französischen Einwanderer gebracht haben. Ansonsten findet man nur Cottage Cheese (Hüttenkäse, den man allenfalls passieren kann, um die Knöllchen loszuwerden). In allen Rezepten findet mat *Cream Cheese* angegeben, der unserem Doppelrahm Frischkäse entspricht. Zuweilen wird auch darauf hingewiesen, daß man den etwas weniger fetten *Farmer's Cheese* ebenfalls verwenden kann.

Broccoli-Dip

Dies ist ein besonderes Rezept aus dem vielfältigen Angebot amerikanischer Dips. Der Broccoli Dip wird heiß serviert. Meistens reicht man ihn als eine Art Vorspeise, er wird in einer Fondue-Kachel heiß gehalten und steht mitten auf dem Tisch. Hier haben wir also eine Art von Fondue-Vorspeise.

300 g gewaschener und geputzter Broccoli

1/2 l kräftige Brühe (Würfelbrühe möglich)

1/4 l saure Sahne

einige Spritzer Worcestershiresauce

1/2 TL Knoblauchpulver

1/2 TL Zwiebelpulver

Broccoli in kleine Stückchen hacken und in der Brühe kochen, bis er gar ist. Herausnehmen und die Brühe auf 1/4 Liter einkochen.
Im Mixbecher einer Küchenmaschine dann Broccoli, Brühe und saure Sahne pürieren. Umfüllen in einen Topf (Fonduekachel) und mit Worcestershiresauce, Knoblauch- und Zwiebelpulver abschmekken. Unter Rühren einige Minuten erhitzen. Dann zu Tisch bringen.
Zum Dippen können rohe Gemüse oder Weißbrotwürfel dienen. Man bediene sich dabei, wenn das in den USA auch nicht oft gemacht wird, am besten seiner Fonduegabeln.

Bohnen-Dip / Bean Dip

2 Tassen weiße Bohnen, Salz und Pfeffer

120 g Schmalz

1 EL zerdrückte (oder geriebene) Zwiebel

1 EL Worcestershiresauce

Tabascosauce nach Geschmack, jedenfalls reichlich

1 TL Knoblauchsalz, Saft 1 Zitrone

Bohnen eine Nacht einweichen, dann abgießen und mit wenig Salz und Pfeffer in frischem Wasser so lange kochen, bis sie gut weich sind. (Man kann dazu auch Bohnenkonserven verwenden, wodurch man sich das Vorkochen erspart).
Schmalz in einer schweren Pfanne erhitzen, Zwiebel zugeben, eine Minute lang andünsten, dann die abgegossenen Bohnen ebenfalls in die Pfanne geben und unter häufigem Rühren so lange anbraten, bis sie ganz leicht gebräunt sind. Evtl. überschüssiges Fett abgießen. Bohnen gut zerdrücken (von Hand oder in der Maschine nicht zu fein pürieren). Mit den restlichen Zutaten abschmecken. Heiß oder warm servieren zu: Käse-Kräckern, Tortilla-Chips oder auch kleinen Hackfleischbällchen.

Tofu-Dip

(siehe nebenstehendes Foto)

Besonders in Kalifornien ist der Einfluß der chinesischen und japanischen Küche sehr stark. Man sagt ja, die beste chinesische Küche würde in San Francisco zubereitet. Deshalb ist es auch nicht verwunderlich, daß Tofu schon lange zum Speisezettel gehört.

250 g Tofu, natur (im Reformhaus erhältlich)
evtl. etwas Milch

2—3 Spritzer Sojasauce, 1 Prise Salz, 2 EL Sesam;

1—2 EL Ketchup, 1 durchgepreßte Knoblauchzehe, frische gehackte Kräuter;

1 kleiner geriebener Apfel, 1 TL milder Curry, etwas Zitronensaft, 1 Prise Salz

Den Tofu (evtl. mit wenig Milch) im Mixer cremig rühren. In drei Portionen teilen und mit den obigen Zutaten vermischen. – Zu Tofu-Dip passen frische Bleichselleriestangen, Chicoréeblätter, Gurkenstifte, Möhrenstifte und vieles mehr.

Dip aus Sonnenblumenkernen
Sunflower-Basil-Dip

100 g Sonnenblumenkerne
4 EL Sonnenblumenöl
1 EL Weinessig
Saft einer Zitrone
2 Bund frisches Basilikum
Salz
Pfeffer aus der Mühle

Sonnenblumenkerne sehr fein hacken, was am besten in einem Elektro-Zerhacker geschieht. Mit Öl, Essig, Zitronensaft sowie dem mit einem Wiegemesser sehr fein zerkleinerten Basilikum vermischen. Abschmecken mit Salz und Pfeffer.
Dieser Dip schmeckt sehr gut zu verschiedenen Fleischsorten, speziell, wenn sie kalt serviert werden. Besonders köstlich zu aufgeschnittenem, kaltem Geflügelfleisch.

Zwiebel-Dip
Onion Dip

Hier ist ein Rezept für den anfangs erwähnten Dip, der einer Beutelsuppe zum ungeahnten Erfolg verholfen hat.

1 Tasse Mayonnaise
1/4 l saure Sahne (auch Joghurt ist möglich)
2 EL Zwiebelsuppen-Pulver aus einem Beutel (je nach Hersteller auch mehr)
3 EL klein gehackte Petersilie

Mayonnaise, saure Sahne und die Mischung aus der Zwiebelsuppen-Packung sehr gut miteinander verrühren. Sollten in dem Beutelinhalt zu große getrocknete Zwiebelstücke sein, so zerdrückt man sie in einem Mörser; kleine Zwiebelstücke sollen allerdings bleiben. Am besten läßt man diesen Dip noch einige Stunden im Kühlschrank stehen, ehe man ihn, mit Petersilie vermischt, serviert.
Dazu Kräcker, Kartoffel-Chips oder Knäckebrotstücke.

Shrimp- oder Lachs-Dip
Shrimp or Salmon Dip

1 Becher saure Sahne (1/4 l)
4 EL Mayonnaise
250 g gekochte Shrimps (auch Nordseekrabben möglich) oder eine Dose mit etwa 200 g Lachs (abgegossen und zerpflückt)
1 EL Kapern, möglichst kleine
1—2 EL geriebene Zwiebel
1 EL Zitronensaft
Salz und weißer Pfeffer aus der Mühle

Alle Zutaten gut miteinander verrühren. Dabei müssen Shrimps oder Krabben vorher sehr klein gehackt werden; die Lachsstücke zerdrückt man mit einer Gabel.
Dieser Dip wird kalt zu Kräckern, kleinen Brezelchen oder auch zu Bleichselleriestücken und Blumenkohlröschen serviert.

Avocado Dip — Guacamole

Über Florida und Texas kam dieses Rezept aus Mittelamerika nach Norden und hat in Windeseile die Vereinigten Staaten erobert. Meist wird es als Dip serviert, kann jedoch auch als Vorspeise gereicht werden.

2 reife Avocados
Saft einer Zitrone
2 TL frisch gepreßter Zwiebelsaft (Knoblauchpresse)
Salz und eine kleine Prise Zucker
1 kleine Prise Cayennepfeffer
1 EL Mayonnaise
evtl. 1—2 EL Doppelrahmfrischkäse

Avocados längs halbieren, Kerne entfernen und das Fruchtfleisch mit einem kleinen Löffel aus der Schale lösen. Grob hacken oder mit einer Gabel zerdrücken. Sofort mit Zitronensaft vermischen. Würzen mit Zwiebelsaft, Salz, ganz wenig Zucker, Cayennepfeffer und Mayonnaise. Falls die Masse zu flüssig ist, Frischkäse einarbeiten.
Ergänzen kann man Guacamole (gesprochen so wie man es schreibt) noch durch kleingehackten Dill und/oder kleingewürfelte Paprikaschote und entkernte Tomate, ebenfalls kleingeschnitten. Dazu reicht man Kräcker oder Tortilla-Stücke.

Käse-Dip Cheese Dip

Dieser Dip kann je nach persönlichem Geschmack durch die Verwendung anderer Käsesorten abgewandelt werden.

150 g Quark
2—3 EL zerkrümelter Roquefortkäse
1 1/2 EL Mayonnaise
1/2 EL geriebene Zwiebel
1 EL süße Sahne oder Crème fraîche
Salz und etwas Worcestershiresauce nach Geschmack

Quark, Roquefort, Mayonnaise, Zwiebel und Sahne gut miteinander verrühren und mit Salz und Worcestershiresauce abschmecken.
Kann serviert werden mit Salzgebäck oder auch rohen Gemüsen; Broccoliröschen schmecken gut dazu.

Weitere Dipmöglichkeiten . . .

Sehr gern reicht man in den USA mundgerechte Stücke von heißer Wurst (Frankfurter, Wienerle, Knackwurst oder heiße Fleischwurst) zu einer roten Cocktailsauce oder auch nur zu Senf, der mit etwas saurer Sahne verrührt wurde und zu dem evtl. noch getrocknete Kräuter und etwas Cayennepfeffer kamen.
Selten fehlen auch *Meatballs,* die warm gereicht werden. Man formt dafür Hackfleisch (vorwiegend Rinderhack), das wie zu Buletten gewürzt wurde, und bei dem man höchstens noch etwas Chutney oder Cayennepfeffer zugefügt hat, zu kleinen Bällchen von etwa 2—3 cm Durchmesser. Diese werden gebraten, was eventuell schon vorher geschehen kann, damit man sie nachher nur im Mikrowellenherd oder in Folie im Backofen aufzuwärmen braucht.
Mit Zahnstochern oder Cocktailsticks zu Cocktailsauce (Rezept 32) reichen.
Das Wort reichen ist hier wörtlich gemeint. Diese warmen Dips, also auch die Würstchenstücke, werden selten auf ein Büffet gestellt. Meistens reicht man sie auf einem Tablett herum, was ein Mitglied der Familie, von Gast zu Gast gehend übernimmt. Heranwachsende Kinder werden so an die Gastgeberrolle gewöhnt.

Taos Pueblo in New Mexico ▷

Eingelegte Wassermelonenrinde Watermelon Pickles

Eine andere Art von Relish, das sehr pikant ist, praktisch aus Abfall hergestellt und wegen der Salzbehandlung *Pickle* genannt wird.

Schale einer mindestens mittelgroßen Wassermelone
4 EL Salz
Sirup aus:
800 g Zucker
1/2 l Apfelessig
1/2 l Wasser
3 Zimtstangen
1 TL Nelken

Aus der Schale der Wassermelone, die außen natürlich gut gewaschen wurde, alle Fruchtfleischteile entfernen. Rinde in kleine Würfel schneiden und über Nacht in 1 Liter Wasser mit 4 Eßlöffeln Salz für 1 kg Rindenwürfel einweichen. Danach das Salzwasser abgießen und die Rinde in frischem Wasser so lange kochen, bis die Würfelchen weich sind. Wieder abgießen.
Inzwischen hatte man einen Sirup vorbereitet, indem man alle oben aufgeführten Zutaten in 3 Liter Wasser gab. Dazu kommen die vorgekochten Rindenwürfel. Alles zusammen erhitzen und ohne Deckel so lange kochen, bis der Sirup klar und dickflüssig wird, so daß man ihn wirklich als Sirup bezeichnen kann.
In sterilisierte Schraubgläser füllen, verschließen und im siedenden Wasserbad 10 Minuten einkochen.

Hinweis: Die Zimtstangen kann, wer will, herausfischen. Nötig ist es nicht; sie geben mehr Aroma ab, wenn sie in den Gläsern bleiben und erst beim Verzehr mitsamt den Nelken entfernt werden.

Rote Cocktail Sauce Red Coctail Sauce

Sie ist in der Neuen Welt allgegenwärtig. Vor allem Shrimps, Fischstücke und sogar frische Austern sind ohne sie undenkbar. Der Feinschmecker wird das häufig bedauern, muß jedoch zugeben, daß eine derartige, hausgemachte Sauce dem Ketchup haushoch überlegen ist. Vor allem kann jeder sie nach seinem persönlichen Gusto verändern.

2 Tassen Ketchup (also doch!)
2 Messerspitzen Knoblauchpulver (man kann es weglassen oder auch mehr nehmen oder es durch frische, durchgedrückte Zehen ersetzen)
2 Messerspitzen Zwiebelpulver (oder frische, durchgedrückte)
1—2 EL geriebener Meerrettich (frisch oder aus der Tube)
1—2 EL Zitronensaft
1—2 TL Worcestershiresauce
Salz, Pfeffer aus der Mühle und Tabasco nach Geschmack
Beliebte weitere Zutaten sind: geriebener Apfel und/oder ein Schuß Whiskey. Auch Mayonnaise ist zusätzlich möglich.

Alle Zutaten miteinander vermischen. Schon nach einer Viertelstunde sind alle Geschmackskomponenten miteinander verbunden und die Sauce kann genossen werden.

Cranberry Sauce

Der Name dieser Sauce, die man besonders gern zum gebratenen Truthahn reicht, ist in beiden Sprachen — was die Schrift anbelangt — gleich, nur ausgesprochen wird er unterschiedlich. Sauce spricht der Amerikaner »Soß« aus, kurz und knapp das »O«.

1/4 l herber Rotwein aus dem Sonoma Valley, Cabernet Sauvignon
200—250 g Zucker je nach Säure der Cranberries
1/2 Zimtstange
6 Tassen (1 1/2 l) Cranberries, frisch oder gefroren
Abrieb von 1 Apfelsine (unbehandelt)

In einem Topf mit dickem Boden Wein, Zucker und Zimt zusammen zum Kochen bringen. Gelegentlich umrühren und dann für 3 Minuten nur noch leicht köcheln lassen. Verlesene, gewaschene und gut abgetropfte Cranberries zusammen mit der abgeriebenen Apfelsinenschale zugeben, wieder zum Kochen bringen und dann noch etwa 10 Minuten köcheln lassen. Abkühlen lassen und den Zimt herausfischen. Diese Sauce hält sich gut mehrere Tage.
Die Zugabe von Wein ist für die amerikanische Küche eine Neuheit, die im kalifornischen Weinland ausprobiert wurde und großen Anklang findet.

Moosbeeren-Würzsauce Cranberry Relish

Moosbeeren sind Verwandte der Preiselbeere, die in den USA sehr beliebt sind, Cranberries heißen und in riesigen Plantagen angebaut werden. Interessant ist die Ernte, bei der man erst die Beeren auskämmt, dann die ganzen Felder überflutet, um fast mühelos die aufschwimmenden Cranberries abheben zu können.
Seit einigen Jahren kann man auch in Deutschland amerikanische Cranberries kaufen.

80 g Zucker
8 EL Orangensaft
250 g Cranberries
1 TL abgeriebene Schale einer unbehandelten Apfelsine

Zucker und Orangensaft in 3 Eßlöffeln Wasser auf kleiner Hitze miteinander verrühren. Ist der Zucker aufgelöst, Cranberries und Orangenschale zugeben und zum Kochen bringen. Gelegentlich umrühren. Nach knapp 5 Minuten sind die Beeren alle aufgeplatzt, aber noch nicht zu weich. In einem Glas erkalten lassen, verschließen und im Kühlschrank aufheben.
Cranberry-Relish hält sich so mehrere Tage; es schmeckt ausgezeichnet zu warmem und kaltem Fleisch und es beweist, daß die amerikanische Küche auf diesem Gebiet mehr zu bieten hat als nur Tomatenketchup.

Bagels und Doughnuts, Rezepte Seite 37, 38 und 39. ▷

Pikante Maismarmelade
Corn Relish

Auch an deutschen Tischen findet man gelegentlich Geschmack an würzenden Beigaben, die meistens süß-sauer und recht scharf sind und in Gläsern gekauft werden können. Chutneys und Tomatenketchup gehören in diese Kategorie von Beigaben, die man in Amerika *Relishes* nennt. Jeder Supermarkt bietet davon über ein Dutzend Arten an, trotzdem setzen noch viele Hausfrauen ihre Ehre darein, Relish selbst zu machen. Hier ist ein altes Rezept aus dem vorigen Jahrhundert, das immer noch gern benutzt wird. Hoffentlich bald auch in Deutschland!

8 Maiskolben (Zuckermais)
1 große Zwiebel
3 rote Paprika ohne Kerne und Stielansätze
2 grüne Paprikaschoten, ebenso vorbereitet
1 Stange Bleichsellerie, Fäden abgezogen
1 EL Salz
1/4 l heller Weinessig
1/4 l Wasser
100 g Zucker
2 EL Senfkörner
2 EL Senfpulver

Maiskolben ohne Blätter und Seidenfäden in (leicht gezuckertem) Wasser 15 Minuten kochen, abkühlen lassen und die Körner von den Kolben schaben. Am besten macht man das mit dem Rücken eines kräftigen Messers.
Alle anderen Zutaten zusammen in einen Topf geben und auf Mittelhitze 15 Minuten ganz schwach kochen. Maiskörner dazu schütten, umrühren und weitere 10 Minuten gerade eben am Kochen halten. In sterilisierte Schraubgläser füllen, verschließen und eine halbe Stunde in einem Topf mit kochendem Wasser haltbar machen. Danach hält sich das Relish im kühlen Keller mindestens zwei Jahre . . . wenn es nicht lange vorher gefuttert wird.

Apfelmus
Apple Butter

Das ist eine besonders haltbare Form von Apfelmus, das in den USA auch als *Apple Sauce* bezeichnet wird. Enthält es noch kleine Apfelstücke, spricht man auch von *Apple Compote.* Bei uns ist Apfelmus fast nur als Dessert oder Beilage zu Kartoffelpuffern bekannt, in Amerika wird es als *Relish* (Würzsauce) serviert, diese *Apple Butter* ist z. B. eine traditionelle Beigabe zum *Thanksgiving-Day-Truthahn,* besonders in Pennsylvania bei den aus Deutschland eingewanderten Volksgruppen.

1 1/4 l Apfelsaft
2 kg säuerliche, aromatische Äpfel, geschält und ausgestochen
500 g brauner Zucker, am besten Rohrzucker
1/2—1 TL gemahlene Nelken
2 TL gemahlener Zimt
1/2 TL gemahlener Piment (Nelkenpfeffer)

Apfelsaft etwa eine halbe Stunde kochen, um ihn auf die Hälfte zu reduzieren.
Äpfel grob hacken und im Apfelsaft bei schwacher Hitze gut 30 Minuten garen, bis die Stückchen ganz weich sind.
Alles durch ein Haarsieb drücken und wieder in den Topf füllen. Zucker und Gewürze zufügen. Unter ständigem Rühren etwa 45 Minuten auf schwacher Hitze solange köcheln, bis die Mischung dick wird. In sterilisierte oder wenigstens mit kochendem Wasser ausgespülte Gläser füllen und verschließen.
Apple Butter hält sich im kühlen Keller monatelang. Sie schmeckt nicht nur zu Truthahn sondern auch zu anderem Geflügel als Beigabe.

Anmerkung: Zuweilen gibt man zu dem Apfelsaft auch noch einen mehr oder weniger kräftigen Schuß Apfel- oder Wein-Essig.

Amerikanisches Frühstück

Frühstück wird sehr individuell gestaltet. Es gibt Leute, die nur ein Glas Fruchtsaft oder eine Tasse Kaffee trinken.

Wenn ich es wage, vom sogenannten normalen Frühstück zu sprechen, dann gebe ich folgende Bestandteile, aus denen drei bis fünf ausgewählt werden:

Fruchtsaft, meistens Orange oder Grapefruit oder eine halbe Grapefruit.

Zwei Eier als Rühr- oder Spiegeleier; Spiegeleier werden entweder als *»sunny side up«* (Sonnenseite oben, also unsere Spiegeleier) oder *»over«* bestellt, was »umgedreht« bedeutet, also auf beiden Seiten gebraten. Gekochte Eier sind so gut wie unbekannt.

Zu den Eiern gibt es immer Toast (Weiß- oder Roggenbrot), Butter und Marmelade. Dazu kommen sehr häufig Bratkartoffeln (siehe Rezept *Hashed browned,* S. 45) und zwei oder drei kroß angebratene Scheiben Frühstücksspeck, seltener Schinken oder kleine Würstchen.

Getränk ist fast immer Kaffee, nur selten Tee oder Kakao. Kaffee wird so lange nachgeschenkt, wie man will. An Stelle der Eier nebst Beilagen wird oft auch Brei aus Haferflocken oder Maisgrütze bestellt, zu dem es kalte oder heiße Milch gibt. Zuweilen nimmt man auch Honig.

Sehr beliebt sind Pfannkuchen, zu denen es entweder Ahornsirup oder Heidelbeerkompott gibt.

Weitere Frühstücksspeisen sind andere, aufwendigere Eierzubereitungen oder verschiedene süße Gebäcksorten, von denen warme *Muffins* oder *Bisquits* besonders beliebt sind.

Eine weit verbreitete Frühstücksspeise sind *Cereals,* von denen *Corn Flakes* die bekanntesten sind. Man ißt sie mit kalter Milch und Zucker oder Rosinen oder frischen Früchten. Während wir in Europa diese Frühstückssitte übernommen haben, führten die Amerikaner Müsli aus Europa ein.

Noch eine Besonderheit: Geschäftliche Versammlungen, etwa von der Industrie- und Handels-Kammer oder auch von Herrengesellschaften finden oft um 8 Uhr als Frühstück statt; punkt 9 Uhr ist es zu Ende, und alle eilen an ihre Arbeitsplätze.

Frühstückskringel Doughnuts and Bagels

Das eine Gebäck ist süß, das andere salzig. Beide sind so beliebt, daß es selbst in Kleinstädten Spezialbäckereien gibt, die nur entweder *Doughnuts* oder *Bagels* herstellen und verkaufen. Bis vor gut 50 Jahren wurden beide meistens von den Hausfrauen selbst gebacken, dann lieferten Großbäckereien so gute Qualitäten, daß sich die Heimbäckerei kaum noch lohnte. Inzwischen sind die kommerziell hergestellten *Doughnuts* und *Bagels* nach Ansicht vieler ihrer Fans so degeneriert, daß es sich wieder lohnt, sie in der eigenen Küche zu backen.

Beide Gebäckarten haben eine hochinteressante Geschichte, die bei den Rezepten kurz skizziert wird.

Doughnuts

Teignüsse, wie der Name sagt, sind es gar nicht, sondern Teigringe aus süßem Hefeteig. Ähnliches Gebäck wurde in den USA durch die aus Deutschland gekommenen Einwanderer in *Pennsylvania* populär. Dort bekommt man heute noch in Gasthäusern gelegentlich ein Gebäck, das den amerikanischen Namen *»Fasnachts«* trägt (wobei das »ch« als »k« ausgesprochen wird. Das sind ganz einfach Fastnachtskrapfen oder Berliner. Sie wurden einst auch in Amerika traditionsgemäß am Donnerstag vor Fastnacht, dem »schmutzigen Donnerstag« gebacken, wandelten sich dann aber zum ganzjährigen Genuß.

Wie und wo und wann kam jedoch in die deutsche Fastnachtskrapfen das Loch, das sie zur amerikanischen Spezialität machte?

Darüber gab es so viel Streit, daß 1941 in New York eine offizielle *Doughnut-Debatte* stattfand. Man einigte sich auf einen *Mr. Hanson Crockett Gregory,* seines Zeichens Seekapitän, als den Erfinder. Er hat-

te sich lange darüber geärgert, daß Teigballen, die man in seinem Haus backte, oft einen speckigen Teigkern hatten. Deshalb griff er ein und puhlte ein Loch in die Mitte. Die Familie war glücklich, die Nachbarn machten es nach und bald folgte die ganze Nation. Das denkwürdige Ereignis fand statt im Küstenstädtchen *Rockford, Maine.* Am Geburtshaus des Erfinders prangt inzwischen eine Bronzetafel, die an die Erfindung des Teiglochs anno 1847 erinnert.
Jede Hausfrau kann den Teig wie für Fasnachtsküchle oder Berliner Pfannkuchen zubereiten, oder wie folgt:

500 g Mehl
1 1/2 Päckchen Trockenhefe
3/8 l Milch
70 g Zucker
60 g Butter oder Pflanzen-Backfett
3 Eigelb
1 Prise Salz
Fett zum Ausbacken
Zucker oder Zuckerguß zur Außenbehandlung der fertigen Doughnuts

Mehl in eine Schüssel sieben, Trockenhefe darüberstreuen. In einem Topf Milch, Zucker und Butter (Backfett) auf kleiner Hitze miteinander verrühren. Die Mischung lauwarm zum Mehl gießen, verrührte Eigelb und Salz ebenfalls zufügen und mit dem Knethaken der Küchenmaschine den Teig rühren. Sollte er zu naß werden, noch etwas Mehl zufügen, ist er zu trocken, einige Eßlöffel Milch oder Wasser. Auf bemehltem Brett noch einmal gut kneten, zur Kugel formen und in eine mit Öl ausgestrichene Schüssel legen, darin drehen, zudecken und an warmem Ort zur doppelten Höhe aufgehen lassen.
Dann nochmals kneten, nochmals (15 Minuten) gehen lassen, dann portionsweise auf einem Backbrett etwa fingerdick ausrollen und mit einem *Doughnut Cutter* (der in jedem US-Haushalt vorhanden ist) Ringe ausstechen. Wer kein Spezialgerät hat, der kann sich zweier Rund-Ausstecher verschiedenen Durchmessers bedienen (einer etwa 8 cm, der andere ca. 5 cm). Auf bemehltem Brett nochmals eine knappe Stunde gehen lassen, dann nacheinander im siedenden Fett bei etwa 180 ° C ausbacken, bis sie aufgehen und beidseitig goldbraun sind. Mit Zukker, Zimtzucker oder Zuckerguß überziehen.

Anmerkung: Diese *Doughnuts* haben im 1. Weltkrieg Militärgeschichte gemacht; in Frankreich erfreute die Heilsarmee amerikanische Soldaten mit einem großen *Doughnuts*-Backfest. Danach nannte man amerikanische Soldaten *Doughboys«.* — *Doughnuts* sind das am meisten gegessene amerikanische Gebäck des 20. Jahrhunderts. Und zum besonderen Genuß werden sie gern in Kaffee getunkt.

Ahornsirup für Pioniere

Ein bekannter amerikanischer Restaurantkritiker hat die nachfolgend beschriebene Eßweise als *Vermont Madness,* also Vermont-Tollheit, bezeichnet. Dies sei ein warnender Hinweis für alle, die sich daran wagen wollen, und es soll auch unterstreichen, daß die Amerikaner in ihrer Mehrheit keinen so sehr verschrobenen Geschmack haben. Die seltsame Speisekombination dürfte auf die Indianer zurückgehen, die ihren Ahornsirup mit allem und zu allem verzehrten — allerdings hatten sie noch keine *Doughnuts* und Gewürzgurken.

Für eine Versuchsportion:
1/4 l Ahornsirup
3 Doughnuts
2—3 eingelegte Gewürz- oder Salzgurken

Ahornsirup wird nach dem Originalrezept um etwa ein Drittel eingekocht, man kann ihn aber auch so verwenden, wie er aus der Flasche kommt, muß ihn allerdings stark erhitzen und dann in ein Schälchen gießen. Doughnuts tunkt man vor jedem Bissen hinein. Zwischen den verschiedenen Doughnut-Sirup-Bissen genießt man ein Stückchen Gurke — alles in echter Pionierart natürlich aus der Hand.

Bagels

Sie haben etwa die Form von *Doughnuts,* sind vielleicht eine Idee kleiner im Durchmesser. Sehr bald werden sie auch bei uns auftauchen, auf der letzten ANUGA (Weltmesse der Ernährung in Köln) bot ein erster amerikanischer Aussteller eine Backmischung dafür an.

Eingefleischte *Bagel*-Liebhaber klagen darüber, daß die Qualität des Gebäcks stark nachgelassen habe, es sei viel zu zart und weich geworden. Ich persönlich bin stets froh, wenn ich *Bagel* bekomme, die mich nicht an Zement erinnern, aber ich bin natürlich kein Kenner, sondern nur ein gelegentlicher Schnabulierer.

Bagel ißt man nicht nur zum Frühstück, sondern auch als Lunch, also Mittagessen. Die wohl beste und auch beliebteste Verzehrart ist: quer durchschneiden, vielleicht toasten, vor allem aber jede Schnittfläche dick mit Frischkäse bestreichen und darauf noch Scheiben oder Stückchen von Räucherlachs legen. Den weißen Käse nennt man *»schmeer«* und den Lachs nicht *smoked salmon,* sondern *»lox«,* beides jiddische Worte.

Damit sind wir beim Ursprung der *Bagels.* Sie haben ihre Hochburg in *New Yorks »Lower East Side«,* dem alten jüdischen Viertel. Sie gelten als jüdisches Gebäck, das längst auch von Nicht-Juden geschätzt wird. Bezüglich der jüdischen Herkunft habe ich gewisse Zweifel. Ich bin im Frankfurter Westend aufgewachsen, habe jedoch nie *Bagels* oder ein ähnliches Gebäck bei jüdischen Freunden gesehen. Auch keines meiner deutschen, jüdischen Kochbücher erwähnt sie. Als man mir sagte, *Bagels* seien ein ostjüdisch-polnisches Backwerk, habe ich mehrere polnische Kochbücher gewälzt, wurde aber auch dort nicht fündig, obwohl eine amerikanische Quelle behauptet, *Bagels* wären bereits 1610 in einem Krakauer Dokument erwähnt.

Wie dem auch sei, wer *Bagels* genießen will, hier ist das Rezept, dessen Besonderheit ist, daß das Gebäck kurz in Wasser gekocht wird.

Hinweis: In den USA findet man heute neben diesen einfachen Bagels auch welche, in deren Teig Kümmel, zerdrückter Knoblauch, Kräuter oder braun angeröstete kleine Zwiebelwürfelchen eingearbeitet wurden.

1 Päckchen Trockenhefe
4 EL warmes Wasser
1 Prise Zucker, ca. 450 g Mehl
12 EL warmes Wasser
4 EL Erdnußöl
1 Ei, verkleppert mit 1 EL kaltem Wasser

Trockenhefe mit 4 Eßlöffel warmem Wasser und wenig Zucker für etwa 10 Minuten an einen zugfreien Ort stellen, bis die Mischung aufschäumt.

In eine Rührschüssel gut 3/4 des Mehls schütten und eine Grube in die Mitte drücken. Zum Hefeansatz weitere 12 Eßlöffel warmes Wasser rühren, dann alles in die Mehlgrube gießen. Öl zugeben und alles schnell und gründlich verarbeiten.

Der Teig wird zunächst zu naß sein, deshalb arbeitet man eßlöffelweise mehr Mehl ein, bis er sich von der Schüssel löst und auf einem bemehlten Backbrett geknetet werden kann. Das muß mit einiger Ausdauer gut 10 Minuten lang geschehen.

Den Teig dann zur Kugel formen und in eine Schüssel legen, die mit wenig Öl ausgestrichen wurde. Teig darin wenden, dann mit einem Tuch bedecken und an einem warmen Ort mindestens 1 Stunde gehen lassen.

Ist er auf den doppelten Umfang aufgegangen, knetet man ihn nochmals kurz durch und zerpflückt ihn in kleine Stücke, von denen jedes zu einer kleinen Rolle geformt werden muß, die fingerdick (kein Holzfällerfinger) und etwa 20 cm lang ist. Zum Ring legen und die Enden gut zusammendrücken. Mit dem übrigen Teig gleichermaßen verfahren.

In etwa 3 Liter schwach kochendes Salzwasser (1 TL Salz pro Liter Wasser) jeweils 2 Ringe mit einem Schaumlöffel einlegen und ca. 3—4 Minuten vorgaren. Dabei einmal umdrehen. Herausnehmen, wieder mit dem Schaumlöffel, und auf leicht gefettete Teller oder Porzellanplatten legen, bis alle Ringe vorgekocht sind. Dann auf leicht gebutterte Backbleche legen, Oberflächen mit verkleppertem Ei einpinseln und im vorgeheizten Ofen bei 225° C eine gute Viertelstunde backen.

Es gibt Bagelfreunde, die das Gebäck am liebsten essen, wenn es gerade aus dem Ofen gekommen ist, andere lassen es erst einige Stunden ruhen.

Eier Benedict
Eggs Benedict

Dieses klassische amerikanische Frühstücks- oder Brunch-Gericht stammt aus der Nobelgastronomie, wird jedoch heute in einfachen Restaurants ebenso wie im Familienkreis serviert. Es entstand im berühmten New Yorker Restaurant *Delmonico* auf Anregung eines Börsenmaklers, dessen Namen *Benedict* das Rezept bis heute trägt und unsterblich gemacht hat.
Normalerweise werden pro Person zwei Eier Benedict auf einem Teller serviert.

Pro Person:

2 Hälften eines englischen Muffins, siehe Seite 205

1–2 TL Butter

2 nicht zu dünne Scheiben gekochter Schinken, die etwas größer sind als der Muffindurchmesser

2 Eier

3–4 EL warme Sauce hollandaise

Die Muffinhälften toasten und noch heiß mit Butter bestreichen. Schinkenscheiben auflegen und jeweils ein verlorenes Ei, das 3 Minuten gekocht wurde, aufsetzen. Mit Hollandaise überziehen.

Variationen
Inzwischen hat dieses Rezept den Preis für seine Popularität in Gestalt vieler Abwandlungen bezahlen müssen:

- Anstatt Schinken wird angebratener Frühstücksspeck verwendet.
- Anstatt Englischer Muffins werden Toastscheiben verwendet.
- Zusätzliche Garnitur durch Trüffelscheiben.
- Hollandaise wird mit mildem oder scharfem Paprika bestreut.

Eier in Cremesauce
Creamed Eggs

50 g Butter

3 EL Mehl

knapp 1/2 l Milch

1/2 TL Senfpulver sowie die gleiche Menge Salz

6 hartgekochte Eier

Toastbrot oder English Muffins (Seite 205)
Butter und gehackte Petersilie

In einem kleinen Topf mit dickem Boden die Butter zerlassen, Mehl zugeben und so lange rühren, bis ein leichter Kuchenduft aufsteigt. Kalte Milch portionsweise unter ständigem Rühren zugießen, bis eine cremige Sauce entstanden ist. Senfpulver und Salz einrühren und alles zusammen auf kleiner Hitze 5 Minuten köcheln. Die Eier sehr grob hacken und dann zugeben. Alles zusammen gut erhitzen. Über Toastbrotscheiben oder aufgeschnittenen *English Muffins,* die man beide buttern sollte, anrichten und mit Petersilie bestreuen.

Maismehl-Waffeln
Cornmeal Waffels

Waffeln sind mindestens so beliebt wie bei uns. Schon vor dem Jahr 1800 wurde in den USA die erste Waffel-Party veranstaltet. Noch heute ist das eine beliebte Form der Einladung. Die Gäste drängen sich dazu in der Küche, backen sich ihre Waffeln in mehreren elektrischen Waffeleisen selbst und stellen aus einer Fülle vorbereiteter Beilagen ihre eigenen Waffelspeisen zusammen.
Die Waffelteige unterscheiden sich kaum von den unseren, einer jedoch ist typisch amerikanisch und könnte unsere deutsche Waffelbäckerei bereichern, er enthält Maismehl, die Waffeln daraus sind besonders knusprig und schmackhaft.

250 g Mehl	1 großes Ei
120 g Maismehl	2 EL flüssige, jedoch nicht mehr heiße Butter
2 1/2 TL Backpulver	gut 1/8 l Buttermilch
1 TL Salz	140 g Mehl
1/2 l Milch	1 TL Backpulver
4 EL geschmolzene Butter	1 Messerspitze Backsoda
3 Eier, getrennt	2 EL Zucker
1—3 EL Zucker	1 Prise Salz
Fett für das Waffeleisen	Öl oder Butterschmalz zum Braten

Mehl, Maismehl und Backpulver miteinander vermischen und in eine Rührschüssel sieben. Salz, Milch und geschmolzene Butter einrühren.
Die Eigelb leicht schlagen und ebenfalls in den Teig rühren. Die Eiweiß zu steifem Schnee schlagen, dabei den Zucker einrieseln lassen. Eischnee unter den Waffelteig heben.
Im gefetteten Waffeleisen nacheinander goldbraun backen.
Alle Waffeln schmecken heiß am besten. Man kann sie mit frischem Obst und Sahne genießen oder nur mit Puderzucker; auch der in den USA so beliebte Ahornsirup schmeckt gut dazu.
Unsere Abbildung zeigt Gorgonzola-Creme und Aprikosen-Creme mit Sonnenblumenkernen, jeweils mit Doppelrahmfrischkäse und etwas Creme fraîche verrührt und mit Pfeffer bzw. Zitronenschale und Orangensaft abgeschmeckt.
In *Virginia* gibt es ein beliebtes Sonntagsfrühstück, das aus Maismehl-Waffeln besteht, auf die man ein pikantes Nieren-Ragout gehäuft hat.

Buttermilch-Pfannkuchen
Buttermilk Pancakes

Nicht nur Kinder, sondern auch seriöse Geschäftsleute lieben diese süße Speise zum Frühstück. In jeder Gaststätte, die zum Frühstück offen hat, werden sie serviert.

Das Ei gut verkleppern, anschließend Butter und Buttermilch einrühren. Getrennt davon das Mehl mit Backpulver, Backsoda, Zucker und Salz vermischen; in die flüssige Mischung schütten und kurz verrühren. Es macht gar nichts, wenn noch einige Klümpchen im Teig sind.
Fett in der Pfanne zerlassen und mit einer Schöpfkelle jeweils drei Kleckse hineinlaufen lassen, die zu kleinen Pfannkuchen stocken. Auf beiden Seiten hellbraun braten. Auf Küchenkrepp entfetten und möglichst heiß servieren.
Dazu reicht man Ahornsirup oder flüssigen Honig, die reichlich auf die Pfannkuchen geträufelt werden. Oft wird auch Heidelbeerkompott dazu gegessen.
Beim Anrühren des Teigs muß man bedenken, daß die Pfannkuchen dünner werden, je reichlicher man Milch zugibt.

Anmerkung: In jedem amerikanischen Supermarkt kann man Beutelpackungen mit fertigen Zutatenmischungen für *Buttermilk Pancakes* kaufen, die nur noch mit Milch oder Wasser angerührt und gebraten werden müssen. Dieses Angebot zeigt, wie verbreitet solche Pfannkuchen auch in den Familien zum Frühstück sind.

Maismehlwaffeln, Rezept Seite 40/41, mit Aprikosencreme (auf Frischkäse-Basis mit Orangensaft) und Blue Cheese Cream, jeweils mit gehackten Sonnenblumenkernen bereichert. ▷

Pfannkuchen-Variationen
Pancake Variations

Die Frühstückspfannkuchen können auch mit Milch anstelle der Buttermilch zubereitet werden. Dann verzichtet man auf Backsoda und verdoppelt die Menge des Backpulvers.

Buchweizen-Pfannkuchen
Buckwheat Pancakes

Gleiches Rezept wie für Buttermilch-Pfannkuchen, jedoch mischt man dabei das Mehl zur Hälfte mit Buchweizenmehl.

Heidelbeer-Pfannkuchen
Blueberry Pancakes

Gleiches Rezept wie Buttermilch-Pfannkuchen. Man mischt jedoch in den Teig gut 1 Tasse gewaschene, abgetropfte Heidelbeeren. Verwendet man tiefgefrorene Früchte, so taut man sie nicht ganz auf, damit sie keinen Saft ziehen. Heidelbeeren aus dem Konservenglas muß man vor der Verwendung gut abtropfen lassen.
Für Heidelbeer-Pfannkuchen gibt man gern füssigen Honig an den Teig und läßt den Zucker ganz oder teilweise weg.

Süßkartoffel-Pfannkuchen
Sweet Potato Pancakes

Ein Rezept aus Pennsylvanien und von deutschen Einwanderern stammend, deren Hausfrauen selbst heute nach 300 Jahren die Lieblingsgerichte ihrer alten Heimat nicht vergessen haben.
Philadelphia — erste US-Hauptstadt und heute Hauptstadt des Staates — ist für seine Brezeln immer noch berühmt. Die weitere Umgebung ist Knödel-Land, Blinzen sind ebenso bekannt wie Schnitz und Knepp, die ihren deutschen Namen behalten haben wie Zimtsterne oder Springerle, während der Pfälzer Saumagen zu *»Dutch Goose«* wurde.
Auch Sauerkraut und Schmierkäs' haben bei den Pennsylvania Dutch ihre alten Namen behalten — Sauerkraut sogar überall im Land bis hin nach Alaska und Hawaii.
Wie vielfach in den USA, wurden europäische Gerichte mit Zutaten der neuen Welt ausprobiert. So entstanden auch diese Kartoffelpfannkuchen.

6 mittelgroße Süßkartoffeln
1 Prise Salz
ca. 50 g Mehl
3 Eier
Pflanzenfett oder Öl zum Braten

Kartoffeln schälen und reiben (von Hand oder mit der Maschine). Mit Salz, Mehl und geschlagenen Eiern vermischen. Im heißen Fett portionsweise braten und auf Küchenkrepp entfetten.
Dazu reicht man traditionsgemäß Ananaspüree: Man gießt den Saft aus einer Dose Ananasstücke ab, verrührt vier Eßlöffel davon mit 1/2 Teelöffel gemahlenem Zimt, ebensoviel Muskatnuß und zwei Eßlöffeln Stärkemehl. Den restlichen Saft erhitzen, Fruchtstücke, zwei Eßlöffel braunen Zucker sowie Stärkemehl-Mischung zufügen. Rühren, bis das Püree dickt. Warm zu Pfannkuchen servieren.

Scrapple

»Es ist ein Wunder, daß unsere Stadt überleben konnte, ehe die Deutschen Ende des 17. Jahrhunderts einwanderten und *Scrapple* mitbrachten«, schreibt ein Historiker der Stadt Philadelphia. Er nennt die Einwanderer *Pennsylvania Dutch.*
Scrapple erinnert an ein Münsterländer Schlachtessen (Panhas), was verwundert, da die deutschen Einwanderer Pennsylvaniens vorwiegend aus der Pfalz kamen.
Scrapple war ein Frühstücksessen, wird jedoch jetzt häufiger am Mittag oder Abend gegessen.

Kleinfleisch vom Schwein (auch an Knochen sitzend)
Schweineherz und 2 Schweinsfüße (alles Fleisch zusammen sollte kleingeschnitten 6 Kaffeetassen füllen)
2 TL Salz
2 TL geschroteter Pfeffer
1/2 TL gerebeltes Basilikum
1/2 TL Thymian (getrocknet)
500 g Maismehl

Alles Fleisch in reichlich Wasser mit Salz, Pfeffer und Basilikum drei Stunden lang kochen. Es muß fast von den Knochen fallen.
Brühe abgießen, aufheben, entfetten.
Fleisch von Knochen und Fett befeien, sehr klein schneiden oder durch den Fleischwolf drehen. In 3 Liter Brühe geben (evtl. mit Wasser auffüllen). Mit Basilikum und Thymian abschmecken und aufkochen. Maismehl in dünnem Strahl zugeben und einrühren. Auf schwacher Hitze eine Stunde köcheln. Evtl. nachwürzen. In eine rechteckige Form füllen, erkalten lassen, in Scheiben schneiden und im abgeschöpften Fett goldbraun braten.
Mit Sirup servieren. Zuweilen wird Scrapple auch mit Ketchup gegessen.

Amerikanische Bratkartoffeln Hashed brown Potatoes

Bestellt man sie im Restaurant, so sagt man meistens nur *»hashed browns«.* Man bestellt sie fast ausschließlich zum Frühstück. Die größten deutschen Bratkartoffel-Fans sind baß erstaunt, daß man ihre Lieblingskartoffeln in den USA als Beilage zu Spiegeleiern oder Rühreiern auf den Frühstückstellern findet. Sie ähneln sehr stark den Schweizer Röstis und schmecken am besten, wenn sie reichlich braune Kruste haben. Leider bekommt man sie häufig viel zu blaß.

4 mittelgroße, gekochte Pellkartoffeln
40 g Butter und 2 EL Öl
1 EL sehr fein gehackte Zwiebel
Salz und Pfeffer aus der Mühle

Die Kartoffeln sollten nicht zu weich gekocht sein, sie können auch vom Vortag stammen. Kartoffeln schälen und in kleine Würfel oder feine Streifen schneiden oder grob raffeln. Butter — zunächst nur 30 Gramm — zusammen mit 1 Eßlöffel Öl in einer beschichteten Pfanne mit dickem Boden erhitzen, Kartoffeln über den ganzen Boden verteilen und leicht zusammendrücken, so daß sie einen dicken Pfannkuchen bilden. Dabei salzen und pfeffern. Auf nicht zu großer Hitze gut 10 Minuten braten, bis sich auf der Unterseite eine Kruste gebildet hat. Pfanne dabei einige Male heftig schütteln und evtl. auch mit einer Schaufel die Kartoffeln leicht anheben. Flachen Kartoffelkuchen in der Mitte mit einem Spatel (Bratschaufel) durchtrennen oder sogar vierteln und die einzelnen Teile umwenden. Sie werden anschließend wieder zusammengedrückt und leicht gesalzen. Man hebt sie auch an und gibt das restliche Fett darunter. Weitere 10 Minuten in der Pfanne lassen, bis sich auch auf der zweiten Seite eine Kruste gebildet hat.

Frühstücksspeck knusprig zu braten

Weiß man, wie es gemacht wird, ist es ganz einfach! Die Speckscheiben müssen in die kalte Pfanne gelegt werden, die dann nur auf Mittelhitze aufgeheizt wird. Speck mehrmals wenden. Tritt zu viel Fett aus, so gießt man das noch während des Bratens – vielleicht sogar mehrmals – weg.
Kroß gebratene Speckscheiben immer auf mehreren Lagen Küchenkrepp entfetten, ehe man sie serviert.

Knusprig gebratener Frühstücksspeck wird in Amerika nicht nur als Beilage zu Eiern verwendet, sondern auch erkaltet in mehr oder weniger kleine Stücke zerkrümelt.
Kleine Stückchen des gebratenen Specks werden dann sehr gern als Zutat über verschiedene Salate gestreut. Zu Kartoffelsalat schmecken sie besonders gut, und sie sind gleichzeitig eine attraktive Garnierung. Auch zum Bestreuen von Broten mit Frischkäse sind sie sehr beliebt. Weiterhin können sie für verschiedene Brot- und Gebäcksorten (z. B. Bagels, Rezept S. 39) in den Teig zur Aromatisierung eingearbeitet werden.

Belegte Brote Sandwiches

Man könnte ein dickes Buch über die Geschichte und weltweite Vielfalt dieser Speiseform schreiben. Sie würde anfangen mit dem *Earl of Sandwich* (1718–98), der als Staatsbeamter versagte und trotzdem unsterblich wurde, weil er sich, um sein Kartenspiel nicht unterbrechen zu müssen, belegte Brote an den Spieltisch bringen ließ – und so zum Erfinder des *Sandwichs* wurde.
Überall in der Welt kennt man den *Sandwich* inzwischen, doch nur in Amerika wurde er zu einer eigenständigen Speisegruppe aufgemöbelt und trieb erstaunliche kuliniarische Blüten.
Die amerikanischen Sandwiches sind eine ausgesprochene Landesspezialität. Amerikaner, die unsere Stullen kennenlernen, lächeln mitleidig über den mageren, einfallslosen Belag; Deutsche schütteln den Kopf, wenn sie die gestapelten Beläge der *Sandwiches* sehen, die beim Reinbeißen Maulsperre verursachen. Dabei wird diese amerikanische Form überladener belegter Brote hauptsächlich von den Lebensmittelgeschäften gepflegt, die *»Delicatessen«* heißen und als deutsche Läden (Delikatessengeschäfte) im frühen 19. Jahrhundert in den amerikanischen Städten begannen, eine große Rolle zu spielen. Inzwischen sind sie längst nicht mehr aus dem Leben in den USA wegzudenken. Zur Mittagszeit bilden sich dort Käuferschlangen, wenn die in der Nachbarschaft Beschäftigten sich ihren *Lunch-Sandwich* kaufen.
Sandwiches sind in Amerika das beherrschende Mittagessen, es gibt Speiserestaurants die zur Lunchzeit gar nichts anderes auf der Karte haben. Außerdem ißt man einen *Sandwich* auch noch als kleine Mahlzeit zwischendurch.

Amerikanische Sandwichkunde

Brot: Weiß- oder Roggenbrot ist möglich. Die Rinden können dranbleiben oder abgeschnitten werden. Die Scheiben werden vorher oder nach dem Belegen getoastet, sie können aber auch natur bleiben. – Auch Brötchen, englische Muffins und Stangenweißbrot sind möglich. Neuerdings erfreuen sich *Tortillas* und vor allem die kleinen, runden arabischen Fladenbrote, *Pita,* steigender Beliebtheit.

Pitabrote lassen sich auseinanderziehen, sodaß zwischen Ober- und Unterseite eine Tasche entsteht, die bequem gefüllt werden kann. Sogar *Croissants* oder Hörnchen werden zuweilen zu pikanten Sandwiches verwendet.

Material zum Bestreichen: Die Hauptfrage ist hier: Butter oder Mayonnaise? Salomonische Lösung: beides! Die Mayonnaise ist besonders beliebt, weil sie die belegten Brote saftig macht. Zuweilen verwendet man auch Doppelrahm-Frischkäse. Zusätzlich kommen dann noch in Frage: Senf, Tomatenketchup oder Relishes.

Beläge: Fast alles Eßbare ist möglich. Immer gehört Blattsalat dazu, entweder ganze Blätter oder kleingeschnittene Streifen davon. Das ist etwas, was wir uns merken und nutzbar machen sollten; Salatgrün gibt jedem belegten Brot mehr Frische. Hier werden einige der gebräuchlichsten Beläge genannt:
Tomaten- und/oder Gurkenscheiben, auch von Gewürzgurken;
Scheiben von kaltem Braten und Geflügel sowie Zunge;
alle erdenklichen und verfügbaren Wurstsorten;
Scheiben oder Späne aller Hart- und Schnittkäse;
Schinken, Corned Beef und luftgetrocknetes Fleisch;
Sardinen in Öl, verschiedene Räucherfische;
hartgekochte Eier in Scheiben, andere Eizubereitungen;
pikante Salate mit Geflügel, Fleisch, Wurst, Fisch und Krustentieren sowie aus Eiern oder Gemüsen;
Sauerkraut (siehe Reubensandwich, Rezept S. 49);
warme Steaks und Geflügelscheiben;
warme Ragouts von Fisch, Fleisch und Gemüse.
Man bedenke, daß Hamburger und Hot Dogs, die ja in Brötchen serviert werden, auch eine Art Sandwich sind.

Zusammensetzung: Hier gibt es drei Kategorien: offene, Doppeldecker und Dreidecker. Zu den offenen zählen viele Peanutbutter-Sandwiches sowie alle Brotscheiben, die belegt und dann überbacken werden, und die wir »überbackene Toasts« nennen. Doppeldecker sind die gebräuchlichsten. Berühmtester Dreidecker ist der Club Sandwich (siehe Rezept S. 47), den man, wie auch einige Doppeldecker, mit Zahnstochern zusammensteckt, damit er besser zu handhaben ist. Doppeldecker werden gern diagonal durchgeschnitten, wodurch man zwei große Dreiecke erhält; Dreidecker schneidet man ebenso, manchmal sogar zweimal, wodurch kleinere Dreiecke entstehen.

Spezialformen: Solche Sandwiches sind meist neuerer Art, sie entstanden aus dem Wettbewerb, bei dem jeder Anbieter seine Konkurrenten durch immer größere und dickere Exemplare übertrumpfen wollte. Angeboten wurden sie unter speziellen Namen, von denen sich vier im allgemeinen Sprachgebrauch behauptet haben; alle bezeichnen supergroße Sandwiches:
Hero (gespr. Hiro)
Submarine (Sabmerine)
Hoagy (Hogi)
Grinder (Greinder)
Nur für die Bezeichnung *Hero* gibt es eine sinnvolle Erklärung: man muß ein wahrer Held sein, wenn man es wagt, eine derartige Speisemasse mit den Zähnen zu attackieren.
Heros und auch die anderen Super-Sandwiches werden mit Stangenweißbrot zubereitet, das längs durchgeschnitten wird, und bei dem man dann noch die untere und obere Kruste aushöhlt, um mehr Belag, besser Füllung, hineinpacken zu können. Die reich ausgestattete Weißbrotstange wird quer in Stücke von bis zu 25 cm Länge geschnitten, die aus der Hand gegessen werden.

Es folgen Rezepte für einige berühmte Sandwiches.

Club Sandwich

Pro Sandwich:

3 Toastbrotscheiben, leicht getoastet

30 g Butter

2 EL Mayonnaise

2 Salatblätter

einige Scheiben gekochte, kalte Hühnerbrust

4 Scheiben Tomate

1–2 Scheiben durchwachsener Frühstücksspeck, kroß gebraten, entfettet und erkaltet (Seite 46)

Salz und Pfeffer

Zwei Brotscheiben auf einer, die dritte auf beiden Seiten mit Butter bestreichen. Eine der einseitig gebutterten und die doppelseitig bestrichene zusätzlich mit der Mayonnaise überziehen und darauf jeweils ein Salatblatt drücken. Die unterste Scheibe mit der Hühnerbrust belegen, die doppelseitig bestrichene darauf setzen und deren Salatblatt mit Tomatenscheiben sowie gebratenem Speck belegen. Mit letzter, nur einseitig gebutterten Scheibe belegen, leicht zusammendrücken, diagonal in Dreiecke schneiden, diese mit Zahnstochern zusammenstecken.
Die einzelnen Beläge werden beim Zusammensetzen je nach Geschmack mit Salz und Pfeffer gewürzt.
Die Art der hier genannten Beläge ist nicht bindend; oft verwendet man auch gekochten Schinken, kalten Braten und Käsescheiben.

Poor Boy Sandwich

Dies ist eine Spezialität aus *New Orleans,* die man allerdings auch anderswo in den USA trifft, wo das Wort jedoch nur einen Super-Sandwich der Hero-Kategorie bezeichnet. Auch in New Orleans gibt es kein bestimmtes Rezept für den *Poor Boy,* da es bei der Zubereitung vorwiegend darum geht, die Reste aus allen Ecken des Kühlschranks zu verwerten. Ich gebe deshalb nur Grundrichtungen an.
Ein französisches Weißbrot, Baguette, wird längs geteilt, die beiden Teile werden leicht ausgehöhlt. Zur Füllung gehören Mayonnaise und streifig geschnittene Salatblätter sowie Tomatenscheiben. Dazu können kommen — allein oder miteinander vermischt: Krebse, Shrimps, Austern, kalter Fisch, Bratkartoffeln, Schinken, gekochtes Fleisch und fast immer reichlich gebundene Fleischsauce. Die Sauce wird warm über kalte Zutaten geträufelt. Beim Servieren teilt man die Brotstange dann quer in zwei oder drei Teile . . . und serviert reichlich Servietten dazu.

Denver-Sandwich

(auch Western Sandwich genannt)

Dies ist eine chinesische Kreation, die sich vor allem Cowboys gern schmecken ließen. Die Rinderhirten beschäftigten oft chinesische Köche, die bereit waren, für geringen Lohn zu arbeiten, und einer von denen machte ein chinesisches Omelett zum Sandwichbelag. Das geschah im Wilden Westen, in der Nähe von *Denver,* daher der Name.

Pro Sandwich:
2 Scheiben Roggenbrot
40 g Butter
1 EL gehackte Zwiebel
1 EL gehackte Paprikaschote oder Bleichsellerie
2 EL kleine Streifchen gekochter Schinken
2 kleine Eier
Salz und reichlich Pfeffer aus der Mühle
2 TL Senf, mittelscharf

Eine Brotscheibe mit Butter bestreichen. In der restlichen Butter Zwiebel, Paprikawürfelchen und Schinkenstreifen angehen lassen, bis die Zwiebel gut glasig ist. Verklepperte Eier zufügen und zu einem Omelett backen, das saftig bleiben muß und mit Salz und Pfeffer pikant abgeschmeckt wird. Das Omelett auf die gebutterte Brotscheibe legen, die zweite Brotscheibe mit Senf bestreichen und auflegen, leicht andrücken.

Reuben Sandwich
(gesprochen Ruben)

Dieses Sandwich gilt als Meisterwerk und mehrere Männer nehmen die Vaterschaft für sich in Anspruch. Der älteste von ihnen, *Mr. Arnold Reuben* betrieb in *New York* ein bekanntes Restaurant und behauptet, diesen Sandwich für die Hauptdarstellerin eines Charly-Chaplin-Films schon 1914 kreiert zu haben. Er verwendete Schinken und Krautsalat. Das jüngste Erfindungsdatum ist nicht genau bekannt, es dürfte etwa 1930 gewesen sein. Im *Blackstone Hotel* in *Omaha, Nebraska,* traf sich allwöchentlich eine Gruppe von Herren zum Pokerspiel. Zu allgemeinem Vergnügen und Genuß wurden gelegentlich Sandwichwettbewerbe ausgetragen, bei denen jeder der Herren seine eigene Zusammensetzung konstruierte. Ein Gemüsegroßhändler namens *Reuben Kay* kombinierte dabei Sauerkraut mit Corned Beef und Schweizer Käse, und seine Erfindung wurde bald eine beliebte Spezialität des Hotels. Der große Durchbruch aber kam erst 1956 als eine Kellnerin des Hotels mit dieser Kreation den großen Nationalen Sandwich Wettbewerb gewann. Das führte dazu, daß man den *Reuben Sandwich* heute in jedem *Delicatessen* oder Restaurant bekommen kann.

Pro Sandwich:
2 Scheiben Roggenbrot oder Pumpernickel (das sind amerikanische Brotsorten, die keine Ähnlichkeit mit unseren gleichnamigen haben, denn sie sind zwar grau oder dunkelbraun, aber weich wie jedes andere amerikanische Brot)
35 g Butter
1 große Scheibe Schweizer Käse
2 Scheiben Corned Beef
3—5 EL Sauerkraut
2 EL Russian Dressing (siehe Rezept S. 128)

Eine Brotscheibe mit wenig Butter bestreichen und mit einer Scheibe Corned Beef und einer Scheibe Schweizer Käse belegen. Darauf wird das Sauerkraut, das man evtl. etwas ausdrücken muß, gehäuft und mit dem Dressing beträufelt. Zum Abschluß kommen die zweite Corned-Beef-Scheibe und Brotscheibe darauf. Die restliche Butter wird auf die Brot-Außenseiten gestrichen, und dann kommt der Sandwich kurz unter die Grillstäbe, um beidseitig leicht getoastet zu werden; das Innere soll kalt bleiben.

Peanutbutter Sandwiches

Sie sind fast immer *»open faced«,* also offene, bestrichene Brotschnitten. Diese Sandwiches werden auch zum Frühstück gern gegessen, vor allem von Kindern.

In allen Fällen wird Weißbrot oder getoastetes Weißbrot mit Peanutbutter, die bei uns Erdnußcreme heißt, bestrichen; darauf kommen dann je nach persönlichem Geschmack süße oder pikante weitere Aufstriche.

Peanutbutter

- ○ mit flüssigem Honig
- ○ mit Gelee (Brombeergelee besonders beliebt)
- ○ mit dünnen Scheiben von Bleichsellerie
- ○ mit aufgeklappten Ölsardinen, deren Mittelgräte entfernt wurde
- ○ mit Mayonnaise (am besten auf Toast)

und — und — und . . . Erdnußcreme scheint die Brotschmiere der unbegrenzten Möglichkeiten zu sein.

Hawaiianische Tofusuppe, Seite 56. ▷

Suppen

Amerikanische Fischsuppe
Fish Chowder

Dieses Rezept stammt von der Atlantikküste.

400 g Fischfilet (Schellfisch oder auch Rotbarsch)
1/4 l Fischfond (fertig zu kaufen oder selbst aus Abgängen gekocht)
3 mittelgroße Kartoffeln, geschält
4—6 Scheiben Frühstücksspeck
1 Zwiebel, halbiert und in dünne Scheiben geschnitten
1 Stange Bleichsellerie ohne Fäden und in dünne Scheibchen geschnitten
1 zerdrücktes Lorbeerblatt
20 g Butter
3/8 l Milch
Salz und weißer Pfeffer aus der Mühle

Fischfilets in dem Fond, zu dem noch 1 Tasse Wasser gegeben wurde, in etwa 15 Minuten gar köcheln. Flüssigkeit abgießen und aufheben. Die Filets in kleine Stücke zerteilen.
Die Kartoffeln würfeln oder in Scheibchen schneiden und in der Fischbrühe weichkochen.
Frühstücksspeck in der Pfanne kroß anbraten, herausnehmen und auf Küchenkrepp entfetten. Im Speckfett Zwiebel und Sellerie so lange anbraten, bis die Zwiebel beginnt, gelb zu werden.
Zu den Kartoffeln und ihrer Brühe gibt man Zwiebel, Sellerie, Fischstücke sowie das Lorbeerblatt. Butter und Milch einrühren. Mit Salz und Pfeffer abschmecken und noch gut 5 Minuten köcheln lassen.
Beim Anrichten die einzelnen Portionen mit dem in kleine Stückchen gebrochenen, angebratenen Speck bestreuen.

Muschelsuppe, Bostoner Art
Boston Clam Chowder

Sehr häufig nennt man diese berühmte Muschelsuppe auch *«New England Clam Chowder«;* ich habe sie immer wieder in der Metropole dieses Teils der USA, im altehrwürdigen und für seine Zubereitung von Meeresgenüssen berühmten Boston gegessen und nenne sie also auch danach.
Man beachte unbedingt die konkurrierende *Clam Chowder* aus *New York* (folgendes Rezept).
Schwierigkeiten kann bei uns die Beschaffung der richtigen Muscheln machen. Schon an anderen Küsten der Vereinigten Staaten gibt es dabei Probleme. In *New England* verwendet man Muscheln, die man *Cherrystones* nennt, oder die etwas größeren *Quahog Clams,* die man der Einfachheit halber auch als *Chowder Clams* bezeichnet. Bei uns sollte man nach Junomuscheln fragen oder Venusmuscheln oder Vongole. Das Herauslösen aus den Schalen ist schwierig, deshalb schlage ich vor, Muscheln in Dosen zu kaufen. Der kleine Aromaverlust ist bei der Chowderzubereitung unerheblich.

4 Scheiben Salzspeck oder Dörrfleisch
30 g Butter
1 kleingeschnittene Zwiebel
3 Tassen aus der Schale entfernte Muscheln nebst ihrem Saft oder der Konservierungsflüssigkeit
1 gehäufter EL Mehl
2 mittelgroße Kartoffeln, geschält und gewürfelt oder in halbe Scheibchen geschnitten

1 Prise Thymian, getrocknet
1/4 l Milch (oder halb Milch, halb Sahne)
Salz und weißer Pfeffer aus der Mühle
20 g Butter

Speck in kleine Streifchen schneiden und in einem großen Topf mit dickem Boden auslassen. Wenn er durchsichtig wird, die Butter zugeben. Im geschmolzenen Fett die Zwiebel glasig werden lassen. Dabei ständig rühren, damit die Ränder nicht verbrennen. Inzwischen hat man den Muschelsaft oder die Flüssigkeit aus der Dose auf 1/2 l Flüssigkeit mit Wasser aufgefüllt. Damit ablöschen. Kartoffeln und Thymian einstreuen und auf kleiner Flamme etwa 20 Minuten kochen, bis die Kartoffeln weich sind. Muschelfleisch kleinhacken und zugeben. Nach nur 2—3 Minuten die Milch zugießen und die Suppe gerade zum Kochen kommen lassen, dabei umrühren. Vom Feuer nehmen, mit Salz und Pfeffer würzen, abschmecken und die Butter auf der *Clam Chowder* schmelzen lassen. In Tassen servieren.

Hinweis: Man kann auch den angebratenen Speck aus dem Fett nehmen, ehe man die Zwiebeln zufügt, ihn beiseite stellen und beim Anrichten über die Chowderportionen verteilen.
Abwandlung: Zu Zeiten, da es noch unmöglich war, in Deutschland Chowdermuscheln zu finden, die den Neu-England-Originalen ähnlich waren, habe ich als Notbehelf Miesmuscheln für diese Chowder verwendet. Um den Geschmack auszugleichen, gab ich einige zerdrückte Wacholderbeeren und (zusammen mit der Zwiebel) 1 kleingeschnittene Knoblauchzehe zu. Mir und vielen meiner Freunde hat das geschmeckt. Die Hausfrauen und Köche aus New England mögen mir verzeihen!

Muschelsuppe nach der Art von New York
New York Clam Chowder

Obwohl die Stadt *New York* sehr viel größer ist als *Boston,* ist ihre *Clam Chowder* meiner Beobachtung nach in den USA nicht so populär, wie die aus *New England.* Gut ist sie aber auch, wovon Sie das folgende Rezept hoffentlich überzeugen kann.

Zutaten wie für *»Boston Clam Chowder«* (s. o.) mit folgender Änderung: Anstelle der Milch wird eine kleine Dose geschälte Tomaten (420 ml) nebst Saft verwendet. Tomaten dabei klein schneiden. Es ist auch ratsam, etwas mehr Thymian zu verwenden. Keine Butter am Schluß mehr zufügen.
Zu dieser *Clam Chowder* ißt man — wie auch zu der aus Boston — ungesalzene Kräcker, wenn erhältlich *Oyster Cracker.*

Avocadocreme
Cream of Avocado Soup

Eine köstliche Suppe, die man sowohl kalt als auch warm genießen kann.

4—5 Tassen kleingeschnittenes Avocado-Fruchtfleisch
2 TL Zitronensaft
1/4 l heiße Hühnerbrühe
1/8 l herber Weißwein (Riesling oder Weißburgunder)
je 8—10 EL süße und saure Sahne
Salz, weißer Pfeffer
1 Prise Zucker

Die Avocadostücke mit Zitronensaft beträufeln; das geschieht zum Aromatisieren und auch, damit sie nicht schwarz werden. Im Mixbecher der Küchenmaschine die Hühnerbrühe mit Weißwein vermischen. Vorbereitete Avocadostückchen zusammen mit der Flüssigkeit im Mixbecher pürieren. In eine Schüssel gießen. Die Sahne gut damit verrühren. Mit Salz, Pfeffer und ganz wenig Zucker abschmekken. Wer es mag, kann auch noch etwas mehr Zitronensaft zugeben.
Gut gekühlt servieren. Dabei ist es möglich, noch einen kleinen Klecks Sahne aufzusetzen und diesen mit geschnittenem Dill zu bestreuen.
Soll die Suppe heiß serviert werden, so kann man sie erwärmen, muß jedoch darauf achten, daß sie nicht zum Kochen kommt, weil dann die Avocados bitter schmecken.

Kürbis-Suppe
Pumpkin Soup

Auf amerikanischen Eßtischen sind Gerichte aus Kürbissen noch viel häufiger zu finden, als auf den unseren. Als Kürbisfest kann man in den USA *Halloween* bezeichnen, das von den Kindern am 31. Oktober gefeiert wird. Sie ziehen mit Laternen aus ausgehöhlten Kürbissen von Haus zu Haus und heischen kleine Gaben. Kürbislaternen kennen wir am Martinstag (11. November), die amerikanische Sitte geht jedoch auf einen alten irischen Brauch zurück und ist in der Neuen Welt seit 1840 nachzuweisen. Zu *Halloween* bereitet man besonders gern Speisen aus Kürbisfleisch zu, denn das fällt ja beim Aushöhlen der dicken Früchte reichlich an.
Da man zu *Halloween* gern Gäste einlädt, ist dieses Rezept für 8 Personen berechnet:

750 g Kürbisfleisch, gewürfelt
gut 1 l Hühnerbrühe
1 EL (15 g) Butter
1 EL Mehl
2 EL brauner Zucker
Salz und weißer Pfeffer aus der Mühle
2 Messerspitzen gemahlener Ingwer
2 Messerspitzen gemahlener Zimt
150 g magerer gekochter Schinken in feinen Streifchen
1 Becher Schlagsahne (200 ml)

Kürbisfleisch in der Brühe 15 Minuten kochen, dann alles durch ein feines Sieb passieren. Aus Butter und Mehl ein Stück Mehlbutter kneten, in die köchelnde Suppe reiben und verrühren. Abschmecken mit Zucker, Salz, Pfeffer, Ingwer und Zimt.
Unmittelbar vor dem Servieren die Schinkenstreifchen in der Suppe erhitzen und 3/4 der Sahne einrühren. Nicht mehr kochen lassen. Beim Anrichten auf jede Portion einen Eßlöffel geschlagene Sahne setzen (siehe nebenstehendes Foto).

Anmerkung: Wer den Geschmack mag, kann die Menge des Ingwers erhöhen, damit dieses pikante Gewürz deutlicher zu schmecken ist.

Amerikanische Kräutersuppe
Arugula Soup

In den USA kennt man schon lange Arugula (ausgesprochen wie geschrieben, betont auf dem ersten »u«). In Frankreich und Italien ist dieses würzige Kraut, das fast schon ein Salat ist, längst bekannt. Neuerdings bekommt man es bei uns und in Samenhandlungen unter dem Namen Rucola – Salatrauke, aber auch beim »Italiener« auf dem Markt. Es selbst zu ziehen ist kein Problem, selbst wenn man nur Blumenkästen für die Fensterbank hat. Es wuchert wie Unkraut und kann bis zur Frostzeit geschnitten werden. Sein Geschmack ist sehr angenehm würzig, er verfeinert auch jeden Blattsalat.

400 g Kartoffeln, geschält und gewürfelt
400 g Lauchstangen
1/2 l Wasser gemischt mit 1/4 l kräftiger Fleischbrühe (Würfelbrühe)
ca. 3 Tassen junge Arugula/Salatrauke-Blätter, dicht gepackt
Salz, weißer Pfeffer und etwas Knoblauchpulver
evtl. 1 Tasse Sahne

Kartoffelwürfel in die Flüssigkeit geben. Lauch putzen, die weißen und hellgrünen Teile in dünne Ringe schneiden und ebenfalls zugeben. Alles zusammen etwa 25 Minuten kochen.
Arugula/Rauke grob hacken, zur Suppe geben und alles zusammen nochmals 10 Minuten köcheln. In der Küchenmaschine oder mit dem Mixstab pürieren. Wieder in den Topf geben, würzen und nochmals gut erhitzen. Nach Wunsch kurz vor dem Anrichten Sahne einrühren.
Man kann die einzelnen Portionen noch mit wenigen Streifchen von frischen Arugula/Rauke-Blättern bestreuen.

Hawaiianische Tofusuppe
Bean curd Soup

Wer schon lange neue Rezepte für Tofu, den Sojabohnenquark, suchte, der findet hier eines, das ebenso einfach wie schmackhaft ist.

3/4 l kräftige Hühnerbrühe
1 kleine Dose Bambussprossen (ca. 150 g Nettoeinwaage), auch Bambusschößlinge genannt
100 g frischer Spinat (oder 50 g Arugulablätter/Rauke)
100 g Champignons, geputzt und in Scheibchen
2—3 Tassen Tofuwürfelchen (ca. 1 cm Kantenlänge)
Salz und weißer Pfeffer aus der Mühle

Brühe zum Kochen bringen, Bambussprossen in Stückchen oder Scheibchen (gut 1 cm dick) schneiden, Spinat waschen und von allen Stielen befreien und streifig schneiden. Beide Gemüse zusammen mit den Champignons in die Suppe geben und gut 5 Minuten sanft köcheln lassen. Zuletzt Tofu einrühren, mit Salz und Pfeffer abschmecken und servieren, sobald die Tofuwürfelchen gut heiß geworden sind.

Hinweis: Der Erfolg dieser Suppe hängt von der Güte der Hühnerbrühe ab, die pikant gewürzt sein sollte; in Hawaii geschieht das häufig auch mit etwas zerquetschter Ingwerwurzel.

Austerncremesuppe
Oyster Bisque

Die Cremesuppe ist entwickelt aus einem der beliebtesten amerikanischen Austerngerichte, dem *Oyster Stew*, das mit sehr viel weniger Milch zubereitet wird und sowohl Vorspeise als auch Hauptgericht sein kann.

30 g Butter
1 TL geriebene Zwiebel
1 kleine zerdrückte Knoblauchzehe
1 kräftige Prise Selleriesalz
1/3 l Austern mit ihrem Wasser (auch mit weniger ist diese Suppe zuzubereiten, was allerdings die Intensität ihres Geschmacks mindert)
3/4 l Milch
1/4 l Sahne
Salz und weißer Pfeffer aus der Mühle
evtl. 2 Eigelb
gehackte Petersilie und etwas süßes Paprikapulver

Die Butter in einem Topf zerlassen, den man in ein Wasserbad stellen kann. Zwiebel und Knoblauch darin auf kleiner Hitze einige Minuten angehen lassen. Selleriesalz darüberstreuen. Den Topf vom Feuer nehmen. Austern nebst Wasser zufügen, Milch und Sahne zugießen und in ein heißes — nicht kochendes — Wasserbad setzen. Mit Salz und Pfeffer abschmecken. Wenn die Milch gut heiß ist, und die Austern an der Oberfläche aufschwimmen, ist die Bisque fertig. Man kann sie noch mit den verquirlten Eigelb legieren.
Beim Servieren Petersilie und Paprika darüberstreuen.

Hinweis: Die Austern dürfen auf keinen Fall kochen, dadurch wäre der feine Geschmack ruiniert. Am besten mit Kräckern servieren; in den USA gibt es kleine, runde Kräcker, die den Namen *Oyster Cracker* tragen.

Kalte Lauchsuppe
Vichyssoise

Dies ist eine berühmte französische Suppe der internationalen Küche — die jedoch aus Amerika stammt. Aufgetischt wurde sie erstmals gegen Ende des 1. Weltkriegs anläßlich eines Gala-Dinners im *Ritz Carlton Hotel* in *New York*. Der dortige Küchenchef, *Louis Diat,* hatte sich bei der Herstellung auf eine heiße Bauernsuppe seiner Heimat gestützt, diese passiert und kalt servieren lassen. So erhielt Frankreich, das einst den Amerikanern diplomatisch und militärisch zu ihrer Unabhängigkeit verholfen hatte, über ein Jahrhundert später kulinarische Entwicklungshilfe aus den USA.

30 g Butter
1 mittelgroße, gewürfelte Zwiebel
4 Lauchstangen, geputzt, nur die weißen Teile
2 Stangen Bleichsellerie
2 mittelgroße Kartoffeln
3/4 l Hühnerbrühe (zur Not aus Würfeln)
1 kleines Sträußchen grob gehackte Petersilie
1/4 l süße Sahne
Salz und gemahlener weißer Pfeffer
2 EL kleine Schnittlauchröllchen

In einem Suppentopf mit dickem Boden die Butter schmelzen und darin die Zwiebel glasig werden lassen. Die in Scheibchen geschnittenen Lauchstangen sowie den ebenfalls klein geschnittenen Sellerie hinzufügen, unter Rühren noch knapp 10 Minuten auf kleinem Feuer lassen. Kartoffelwürfel zugeben und sofort mit der Hühnerbrühe ablöschen. Petersilie einrühren und alles zusammen etwa 25 Minuten schwach kochen, bis die Kartoffeln weich sind.
Durch ein Haarsieb abgießen und alle Einlagen pürieren, am einfachsten im elektrischen Mixer, wobei man etwas Brühe zusetzt. Gemüsepüree mit der Brühe vereinen. Mit Salz und Pfeffer würzen, Sahne einrühren und sehr gut kühlen. Vor dem Servieren noch einmal die Würzung prüfen, dann mit Schnittlauch bestreuen.

Senats-Bohnensuppe
Senate Bean Soup

Das Ungewöhnliche an dieser sehr guten Bohnensuppe ist deren Name und Geschichte. *Senator Henry Lodge* hat sie nach dem ersten Weltkrieg in Washington beliebt gemacht. Welches andere Land kann sich schon rühmen, daß eine Bohnensuppe nach seinem Senat (Oberhaus des Parlaments) benannt ist!?

300 g kleine, weiße Bohnen (navy oder pea beans)
1 Scheibe gekochter Schinken von 200 g, gewürfelt
1 zerriebenes Lorbeerblatt
4 zerdrückte Körner Nelkenpfeffer
einige Umdrehungen Pfeffermühle
1 Prise gemahlene Nelken
1 grob gehackte Zwiebel, 1 Prise Salz
1 kleingewürfelte, geschrappte Möhre
sowie 2 Tassen Selleriewürfelchen (Staudensellerie oder Knolle)
1 Tasse zerdrückte, gekochte Kartoffeln oder 2 EL Püreepulver
1—2 Tassen geröstete Brotwürfelchen (Croutons)
2 EL gehackter Schnittlauch

Bohnen über Nacht einweichen, dann abgießen und mit 1 1/2 Liter Wasser in einen großen Topf geben. Lorbeerblatt, Nelkenpfeffer, Pfeffer, Nelkenpulver, Zwiebel und wenig Salz zusammen mit dem Schinken zufügen. Unter gelegentlichem Umrühren gut 2 Stunden (bis die Bohnen weich sind) sachte köcheln lassen. Während der letzten 30 Minuten Möhre und Sellerie mitgaren. Ganz zum Schluß Kartoffeln (Püreepulver) einrühren. Danach abschmecken.
Beim Anrichten mit Röstbrotwürfeln und Schnittlauch bestreuen. Zuweilen wird die Suppe zur Hälfte oder ganz püriert. Ist sie zu dick geworden, verdünnt man gern mit etwas Milch.

Kräftige Erdnußsuppe, Seite 61. ▷

Maiscremesuppe
Corn Chowder with Herbs and Ham

Chowders sind typisch amerikanische Gerichte, sie können mehr Suppen oder aber auch Eintöpfen ähneln. Fast alle Rezepte dafür kommen von der Atlantikküste, sie können mit Fleisch, Fisch, Krustentieren, Muscheln oder auch nur Gemüsen zubereitet sein. — Der so ur-amerikanisch klingende Begriff *Chowder* ist allerdings französischen Ursprungs, abgeleitet von *Chaudière*. Fischer, die von der bretonischen Küste nach Amerika auswanderten, brachten derartige Suppenkessel mit, ebenso Rezepte für Fischsuppen. So entstanden die Chowders.
Dieses Rezept wurde an der Westküste entwickelt, im kulinarischen Zentrum des Weingutes *Fetzer* von dem Chefkoch des Restaurants *Prairie* in Chicago.

1 EL Öl
1 große, geschälte Kartoffel in Scheiben
1 kleine Dose Maiskörner (300 g) nebst Flüssigkeit
1 kleine Karotte, geschrappt, gewaschen, in Scheiben
1—2 EL sehr klein geschnittene Zwiebel
1/2 l Milch oder 1/4 l süße Sahne
1 EL Instant Hühnerbrühe (Granulat)
je 1 Prise getrockneter Thymian, Estragon, nebst 1 Lorbeerblatt und 4 zerdrückten Pfefferkörnern in einem Mullbeutelchen oder in einem Tee-Ei
1/4 l Hühnerbrühe
1 kleine Kartoffel, geschält, gewürfelt (1 cm)
4 EL eingelegte, gewürfelte rote Paprikaschote
1 kleine Dose Maiskörner (300 g)
Salz, weißer Pfeffer aus der Mühle sowie 2 EL frische Kräuter, kleingeschnitten (Thymian, Basilikum, Petersilie in Auswahl)
100 g geräucherter, magerer Schinken (Lachsschinken)

In einem großen Topf mit dickem Boden das Öl erhitzen und darin Kartoffelscheiben, Maiskörner, Karotte und Zwiebelwürfelchen unter ständigem Rühren angehen lassen. Ablöschen mit der Flüssigkeit aus der Maisdose, Milch oder Sahne und Instant Hühnerbrühe-Granulat. Gewürzmischung im Tee-Ei zufügen und die Hühnerbrühe zugießen. Zum Kochen bringen und eine gute halbe Stunde auf mittlerer Hitze garen, bis die Gemüse weich sind. Kräuter entfernen und den restlichen Topfinhalt im Mixer pürieren. Die Kartoffelwürfelchen getrennt in gesalzenem Wasser 15 Minuten kochen, abgießen. Zusammen mit der gewürfelten Paprikaschote und den Maiskörnern aus der zweiten Dose nebst einigen Eßlöffeln ihrer Flüssigkeit zu der Suppe geben. Mit Salz und Pfeffer würzen und abschmecken. Alles zusammen sehr gut heiß werden lassen.
Beim Anrichten die einzelnen Portionen mit gehackten Kräutern und einigen feinen Streifchen des Schinkens bestreuen.

Papayasuppe
Papaya Soup

Hawaii ist immer für Attraktionen gut, auch solche kulinarischer Art. Papayas wachsen dort in Hülle und Fülle, vollreif kommen sie zum Frühstück auf den Tisch und sind mit etwas Zitronensaft und vielleicht auch Zucker von einmaligem Wohlgeschmack, den sich kein Besucher entgehen lassen sollte.

30 g Butter
1 kleingeschnittene mittelgroße Zwiebel
1 große Papaya, geschält, entkernt und gewürfelt
1 kleine Handvoll Kresse (möglichst Brunnenkresse)
1 TL Salz, 1/2 l Wasser
1/4 l Milch
1/8 l süße Sahne
1 EL Stärkemehl
weißer Pfeffer aus der Mühle
Kresseblätter zum Garnieren

Butter in einem Topf mit dickem Boden zerlassen und darin die Zwiebel so lange rühren, bis sie glasig ist. Papaya, Kresse und Salz zufügen und noch wenige Minuten weiterrühren. Ablöschen mit dem Wasser und auf geringer Hitze zugedeckt etwa 1 Stunde köcheln lassen. Vom Feuer nehmen, etwas abkühlen lassen und dann in der Küchenmaschine pürieren oder durch ein Haarsieb passieren. Wieder aufsetzen, Milch und Sahne zugießen und erhitzen, nicht kochen. Stärkemehl mit ganz wenig kaltem Wasser anrühren und in der Suppe verquirlen, um eine leichte Bindung zu erreichen. Mit Pfeffer und evtl. noch etwas Salz abschmecken.
Beim Anrichten mit Kresse bestreuen.

Papaya gibt es auch bei uns zu kaufen. Da sie alle unreif geerntet wurden, haben sie nie das volle Aroma, ergeben jedoch eine ausgezeichnete Suppe, mit der man die verwöhntesten Gäste überraschen kann.

Einfache Erdnuß-Suppe
Old Fashioned Peanut Soup

- 1 große Zwiebel, geschält und grob geschnitten
- 2 große Karotten, geschrappt und grob geschnitten
- 3/4 l kräftige Hühnerbrühe
- 4 EL Reis, ungekocht
- 1 Prise Cayenne
- Salz nach Geschmack und 1 Prise weißer Pfeffer, gemahlen
- 1 Tasse (1/8 l) Erdnußcreme

Zwiebel und Karotten in der Hühnerbrühe zugedeckt 45 Minuten kochen, etwas abkühlen lassen und im Mixer pürieren.
Wieder in den Suppentopf gießen, aufs Feuer stellen, Reis einrieseln lassen und zum Kochen bringen. Würzen mit Cayenne, Salz und Pfeffer. Nach gut 15 Minuten, wenn der Reis gar ist, die Erdnußcreme einrühren.
Die Suppe heiß servieren.
Gehackte Kräuter oder etwas Paprikapulver können zur Garnierung darauf gestreut werden.

Kräftige Erdnuß-Suppe
Country Peanut Chowder

Das ist eine Suppe, die in den angegebenen Mengen eine ganze Mahlzeit für 4 Personen sein kann. Die Kombination der Zutaten ist für uns ungewöhnlich, jedoch unbedingt einen Versuch wert.

- 2 EL Öl (am besten natürlich Erdnußöl, wenn schon, denn schon)
- 1/2 Zwiebel, kleingeschnitten
- 2 Dosen Maiskörner (Inhalt jeweils etwa 500 g)
- 1/8 l Erdnußcreme (es sollte der *»crunchy«* Typ sein, der ganz kleine Nußstückchen enthält; falls hier nicht zu finden, zerstampfe man einige Erdnüsse grob und mische sie unter die Creme — oder man kann auch ohne Stückchen auskommen)
- 1/4 l Milch
- 1 TL Salz
- 1 kräftige Prise weißer Pfeffer
- 125 g geraspelter Chesterkäse (Cheddar) — ersatzweise halb Emmentaler, halb Parmesan oder auch 150 g Chester-Scheibletten

Öl in einem großen Topf mit dickem Boden erhitzen und darin die Zwiebel glasig werden lassen. Mais und Erdnußcreme damit verrühren. Milch zugießen und alles gut miteinander verrühren. Salzen und pfeffern. So lange auf dem Feuer lassen, bis die Suppe gerade zu köcheln beginnt. Käse einstreuen und so lange rühren, bis er geschmolzen und eine glatte Suppe entstanden ist.

Variante: Anstatt Käse grob geraspelte Zucchini (ca. 300 g) nur kurz in der Suppe heiß werden lassen. Jede Portion mit gehackten Erdnüssen und Zucchinischalen-Rauten bestreuen.

Frisch aus dem Wasser

Fische, Austern, Muscheln, Krebse, Hummer

Forelle mit Kürbissauce
Grilled Trout with Pumpkin Sauce

Auch dieses Rezept stammt aus dem Kochstudio des *Fetzer Weinguts*, in dem man mit Meisterköchen aus ganz Amerika vor allem eine, für das Land neue, Wein-Küche entwickelt. Der Schöpfer dieses Rezeptes kommt aus Chicago, heißt *Michael Foley* und betreibt dort unter seinem Namen ein Feinschmeckerrestaurant.

4 EL sehr kleingehackte Zwiebel oder Schalotten
4 EL kleingeschnittener Lauch, nur weiße Teile
4 EL kleingeschnittener Bleichsellerie (Stangen von Fäden befreit)
10 g Butter
1/4 l Kürbispüree (aus in Salzwasser gekochten Kürbisstücken)
1 Prise gemahlener Zimt
1 Prise gemahlener Pimentpfeffer
1 Prise Muskatblüte
1 Prise getrockneter Thymian
1 Lorbeerblatt
1 Glas (gut 1/8 l) herber Weißwein
1/2 l Fischfond (fertig im Glas zu kaufen)
je 4 EL süße Sahne und Crème fraîche
Salz und weißer Pfeffer aus der Mühle
4 Forellen à 300 g, ausgenommen und gewaschen
Öl zum Grillen

Die drei erstgenannten Gemüse in Butter so lange auf kleiner Hitze schmoren, bis sie gar sind, etwa 5 Minuten. Danach Kürbispüree, alle Gewürze und die Kräuter hinzufügen. Umrühren und im geschlossenen Topf noch 5 Minuten garen. Wein und Fischfond zugießen und auf geringer Mittelhitze eine gute halbe Stunde etwas einkochen lassen, die Brühe muß merklich andicken. Danach in dünnem Strahl die süße Sahne einrühren und weitere 10 Minuten reduzieren. Dabei mehrfach rühren. Mit Salz und Pfeffer abschmecken.
Forellen mit Öl einpinseln, innen und außen leicht salzen und pfeffern und 5–7 Minuten insgesamt grillen. Man kann die Fische auch im vorgeheizten Backofen bei 180 Grad in knapp 10 Minuten garen. In die reduzierte Sauce Crème fraîche einrühren und auf die Forellen verteilen.

Klippfisch-Küchlein
Salt Cod Cakes

Ein berühmtes Rezept aus New England. Der Bundesstaat *Massachusetts* ist besonders für seinen gesalzenen Kabeljau berühmt. Am 17. März 1784 hat man ihm sogar ein Denkmal gesetzt. Ein holzgeschnitzter Kabeljau, bemalt und über einen Meter lang wurde feierlich im *State House* zu *Boston* aufgehängt, »als Denkmal der Bedeutung des Kabeljaufangs für dieses Commonwealth«, zu dem es damals ja noch de jure gehörte. Noch immer ziert es das Regierungsgebäude. Kabeljau ist heute zwar nicht mehr so zahlreich vor der dortigen Küste, wie er einmal war, trotzdem reichen die Fänge noch aus, daß dieser Fisch in immer wieder anderer Zubereitung auf die Tische der Neu-Engländer kommt. Bei uns ist er in getrockneter Form inzwischen so selten geworden, daß Verwirrung bei der deutschen Bezeichnung gang und gäbe ist. Deshalb sei betont: Stockfisch ist ohne Salzbehandlung getrocknet, Klippfisch ist gesalzen und getrocknet. Im Fischgeschäft bekommt man ihn höchstens auf Bestellung. In Läden für spanische und portugiesische Gastarbeiter findet man ihn immer.

400 g Klippfisch
4 mittelgroße Kartoffeln, mehlig kochend
1 mittelgroße Zwiebel, kleingehackt
50 g Butter
3 Eigelb
schwarzer Pfeffer aus der Mühle
1 TL Senfpulver
einige Spritzer Worcestershiresauce
3—4 EL Mehl
6—8 dünne Scheiben durchwachsener, leicht geräucherter Speck
Zur Garnitur: Zitronenspalten, Sauce tartare und eventuell ausgebackene Petersilie

Dies ist ein Feinschmeckerrezept, es gibt auch einfachere Zubereitungsarten.
Klippfisch in Stücke brechen und ca. 2 Tage in mehrfach gewechseltem Wasser (mindestens jeweils 2 Liter) einweichen. Abtropfen lassen, in reichlich kaltem Wasser aufsetzen und 5 Minuten mehr ziehen als kochen lassen. Abtropfen lassen, Wasser wegschütten, Fisch in kleine Stückchen zerteilen und dabei nach Grätenresten absuchen. Etwa ein Drittel der Fischstückchen mit einer Gabel zerdrücken.
Kartoffeln schälen, kleinschneiden und in leicht gesalzenem Wasser weich kochen. Abgießen, gut abdampfen lassen und zerstampfen. Zwiebeln in der Butter auf kleiner Mittelhitze hellgelb werden lassen. Mitsamt der Bratbutter und dem Fisch zu den noch warmen Kartoffeln geben und vermischen. Eigelb, Pfeffer, Senfpulver und Worcestershiresauce gut mit der Masse verarbeiten. Würzung prüfen. Aus dem Teig 4—8 bulettenähnliche Küchlein formen, etwas flach drücken und in Mehl wenden. Am besten läßt man sie 1—4 Stunden im Kühlschrank ruhen.
Inzwischen Speckscheiben beidseitig so lange anbraten, bis sie kroß werden, herausnehmen und auf Küchenkrepp entfetten. Im Speckfett die Küchlein braten, ungefähr 2 Minuten pro Seite. Zum Schluß die Speckstreifen noch in der Pfanne heiß werden lassen, evtl. halbieren und zu den Salt Cod Cakes servieren. Sehr apart ist es, wenn man Petersilie fritiert und ebenfalls beigibt. Zur Abrundung Zitronenspalten und Sauce tartare.

Hinweis: Verfallen Sie bitte nicht in den Fehler, den die meisten Köche auf beiden Seiten des Atlantiks in schöner Eintracht leider viel zu häufig machen, indem sie dünne Zitronenscheiben servieren, die kein Mensch ausdrücken kann, ohne die Fisch-Küchlein zu zermanschen oder sich die Finger naß zu machen.

Klippfischsalat
Codfish Salad

Wer die Küchlein aus Klippfisch probiert hat, ist vielleicht wieder auf den Geschmack gekommen und würde gern diesen so lange vergessenen Genuß in anderer Form wiederholen. Für alle Fälle folgt noch ein Rezept. Es ist ganz anders und kommt auch nicht aus *New England,* sondern aus dem südlichsten Zipfel der USA, aus *Florida.* Dorthin haben es die Kubaner gebracht, vor allem jene, die vor Castro geflohen sind und inzwischen *Miami* zu einer spanisch sprechenden Stadt machen.

500 g Klippfisch
5 EL Essig
Salz und weißer Pfeffer aus der Mühle
8 EL Olivenöl
2—3 große Tomaten
2 große Zwiebeln
einige grüne oder schwarze Oliven

Den Klippfisch in kaltem Wasser mehrmals kurz hintereinander gründlich waschen, dann 1—2 Tage in reichlich, zuweilen gewechseltem kaltem Wasser weichen und entsalzen. Schließlich in reichlich kochendes Wasser stecken, aufwallen lassen, vom Feuer nehmen und ziehen lassen, bis der Fisch weich ist. Evtl. noch einmal ganz kurz auf kleinste Hitze zurückstellen.

Nach dem Abkühlen wird der Fisch in Fitzelchen, halb so groß wie Pommes frites zerpflückt. Dabei Haut und Gräten vollends entfernen.

Essig, Salz und Pfeffer in einem Schälchen verrühren, Öl kräftig unterrühren, damit eine glatte Marinade entsteht. Die Hälfte davon über die Fischstückchen gießen und diese darin wenden und etwa 15 Minuten ziehen lassen.

Inzwischen die Tomaten waschen, abtrocknen und in kleine Keile schneiden. Zwiebeln schälen und in Ringe schneiden.

Den Klippfisch auf vier Salatteller verteilen, mit Tomaten und Zwiebelringen belegen und den Rest der Marinade darüberträufeln. Noch etwas Salz und frisch gemahlenen Pfeffer darauf streuen und die Oliven als Garnierung an den Rand setzen.

Dazu ißt man weißes, krustenreiches Brot und hat so eine außergewöhnliche Vorspeise.

Geschwärzter Fisch
Blackened Fish

Hier ist eines der ganz wenigen wirklich neuartigen Fischrezepte, die es auf der Welt gibt. Es kommt aus *New Orleans* und hat sich in Windeseile über ganz Nord-Amerika ausgebreitet. Dabei wurde der Ehrgeiz nachkochender Küchenchefs so angestachelt, daß man inzwischen auch anderes Meeresgetier sowie Schlachtfleisch und Geflügel jeder Art *»blackened«* anbietet. Nicht immer ist es so gut wie der *Blackened Fish,* den der Inhaber-Küchenchef von *K. Paul's Louisiana Kitchen, Paul Prudhomme,* erfunden hat. Mr. Prudhomme ist dadurch zum Star der berühmten Chefs von New Orleans geworden, und er rückte gleichzeitig auf in die Spitze der Spitzenklasse amerikanischer Kochkünstler.

Zum Rezept ist zu vermerken, daß es sich durch die typische *creol-cajun* Würzung auszeichnet, einmalig jedoch ob seiner küchentechnischen Behandlung ist. *Blackened Fish* muß in einer schweren Eisenpfanne, so wie sie Großmutter benutzte, gebraten werden, nachdem der Pfannenboden weißglühend aufgeheizt wurde. Die Zubereitung eignet sich nur für Spezialküchen; moderne Abzugshauben oder gar über dem Herd eingebaute Mikrowellengeräte würden dabei Schaden leiden. Wer sich bei uns privat an *Blackened Fish* wagt, der gehe ins Freie, wo weder die Gefahr eines Zimmerbrandes besteht, noch etwaige Rauchmelder durch die aufquellenden Wolken aktiviert werden können.

Der klassische Fisch für die Schwarz-Garmethode ist *Redfish* aus dem Golf von Mexiko. Wir müssen uns dafür vom Fischhändler eine möglichst festfleischige andere Sorte empfehlen lassen. Schwertfisch, schwarzer Heilbutt, Seezunge, Thunfisch, Blauleng oder auch Lachs kämen in Frage. Man braucht Filetscheiben. Rezept Seite 68.

Big Sur, südlich von San Francisco. ▷

Pro Person:
1 Scheibe festfleischiges Fischfilet von etwa 1 1/2 cm Dicke und 150—200 g Gewicht
ca. 3—4 EL gewürzte Buttersauce
Gewürzte Buttersauce für ca. 12 Portionen (Reste halten sich im Kühlschrank 2—3 Wochen und können auch für andere Rezepte verwendet werden):
250 g Butter
4 EL Zitronensaft
1/2 TL Salz
1 TL schwarzer Pfeffer aus der Mühle
2 Messerspitzen Cayenne
1 gehäufter TL fein zerriebener, getrockneter Thymian

Die Fischfilets müssen so zugeschnitten sein, daß sie überall die gleiche Dicke haben und die Ränder glatt und gerade sind; heraushängende Zipfelchen würden unweigerlich verbrennen.
Filets im Kühlschrank mehrere Stunden sehr kalt werden lassen. Erst nachdem die Eisenpfanne glühheiß ist, Fischfilets aus dem Kühlschrank nehmen, sorgfältig abtrocknen, in der warmen, gewürzten Buttersauce wenden, wenig abtropfen lassen und sofort in die Pfanne legen. In einigen Augenblicken schon wird die Unterseite geschwärzt sein, dann umwenden und die andere Seite braten. Der gesamte Vorgang dürfte nicht viel länger als 1 Minute dauern.
Möglichst nie mehr als zwei Filets gleichzeitig in die Pfanne legen. Nach dem Bratvorgang auf vorgewärmter Platte im Ofen warmhalten. Pfanne kurz vom Feuer nehmen und mit viel Papier auswischen, damit alle schwarzen Partikel entfernt werden, ehe die nächsten Portionen geschwärzt (gebraten) werden. Zum Schluß die Pfanne wieder gründlich auswischen, zurück aufs Feuer setzen, einige Augenblicke erneut aufheizen, dann pro Fischfilet, das serviert werden soll und bereits geschwärzt ist, 2–3 Eßlöffel der warmen, gewürzten Butter in die Pfanne gießen, diese 4—5 mal schwenken und dabei auch die Butter schwarz(braun) werden lassen. Sofort über die Fischfilets gießen, die am besten inzwischen auf vorgewärmte Teller gelegt und mit Zitronenhälften und Petersiliensträußchen garniert wurden. Dazu schmecken weißer Reis, Salzkartoffeln oder Weißbrot und ein grüner Salat.
Die gewürzte Buttersauce wird hergestellt, indem man die Butter in einem kleinen Töpfchen schmelzen läßt, alle anderen Zutaten einrührt und noch einige Minuten auf kleiner Mittelhitze läßt, damit die Gewürze sich der Butter mitteilen können. Dabei mehrmals rühren. Zum Eintauchen der Fischfilets (an denen sie gut haftet, wenn diese sehr kalt sind) die Würzbutter gut lauwarm auf einen tiefen Teller oder in ein flaches Schälchen gießen.
Bitte Vorsicht beim Auflegen der Filets auf die heiße Pfanne, es kann gefährlich spritzen und rauchen. Gut ist es, wenn man einen passenden Deckel bereit hält, mit dem man, falls eine Flamme hochschlagen sollte, diese sofort ersticken kann. Und — keine Angst vor Mühen und Risiken der Zubereitung, sie lohnen sich für ein sensationelles Grillerlebnis, das Schwärzen.

Zwerg-Wels ausgebacken Southern Fried Catfish

Seit einiger Zeit wird bei uns in Deutschland auch Catfish im Handel angeboten. Im Emsland wird eine ähnliche Spielart des Welses gezüchtet. Der lateinische Name des amerikanischen Catfishs ist Ictalurus nebulosus, auf deutsch Zwergwels. Diese Angabe soll helfen, den Fisch zu identifizieren.
Catfish gibt es in den USA schon lange. Vor allem in den Südstaaten verzehrte man ihn mit Begeisterung. Seit kurzem wird er in Teichen und Becken gezüchtet und hat sich schnell das ganze Land erobert. Innerhalb von 5 Jahren hat sich sein Konsum verdoppelt. Eines der Erzeuger-Zentren ist das *Mississippi-Delta.* Ich persönlich schätze besonders den Catfish aus dem *Okochobee-See* in Florida. Der Catfish verdankt seine Beliebtheit sicher der Tatsache, daß er festes Fleisch, kaum Fett und keine störenden Gräten hat. Sein Geschmack ist angenehm neutral, er wird mit dem von Hühnerbrüsten verglichen. Die Fische werden nur etwa 30 cm lang, ihr Gewicht liegt unter einem Pfund — während der deutsche Wels (Waller) mehrere hundert Pfund schwer werden kann.

Catfishes kommen immer ohne den erschreckend häßlichen Kopf in den Handel, man kann die Filets in Wein und Aromaten garten und den Sud durch Sahne verfeinern. Das typisch amerikanische Catfish-Vergnügen hat man jedoch, wenn man die ganzen Fische (ohne Kopf natürlich) oder Filets verspeist, nachdem sie paniert und ausgebacken wurden. Überall in den Südstaaten gibt es spezielle Catfish-Restaurants.

Pro Person rechnet man 4—6 ganze Fische oder die entsprechende Zahl Filets. Die ganzen Fische haben einen etwas kräftigeren Geschmack, man ißt sie gern mit den Händen und hat dann keine Mühe das Fleisch von der Mittelgräte zu knabbern. Ganze Fische müssen natürlich ausgenommen sein. Fast immer werden sie enthäutet. Die Haut hat keine Schuppen.

Maismehl vermischt man mit Salz und weißem Pfeffer.

Die Fische (Filets) werden in Milch gewendet, abgetropft und dann in der Maismehlmischung gewälzt.

Im 185 Grad heißen Fett (sehr oft Schmalz, aber auch Öl ist möglich) sind sie in 3—5 Minuten gar, goldbraun und knusprig.

Man kann die Zwerg-Welse auch erst in Mehl wenden, dann in mit etwas Wasser verschlagenem Ei und schließlich in gewürztem Maismehl. Die Maismehlpanierung ist unerläßlich.

Zu ausgebackenem Catfish werden traditionsgemäß *Hush Puppies* gereicht, die im gleichen Fett wie die Fische (sehr wichtig) ausgebacken wurden. (Siehe Rezept S. 159)

Außerdem gehört *Cole Slaw* — Weißkrautsalat dazu (Rezept S. 137). Amerikaner der nördlichen Regionen essen nicht selten Tomatenketchup dazu. Südstaatler bevorzugen den dezenteren Geschmack von Remoulade. Reichlich Zitronenachtel gehören ebenso dazu wie sehr viele Papierservietten. Neuerdings findet man immer häufiger *French fries,* also Pommes frites, als weitere Beilage, auf die der Fischliebhaber jedoch verzichten kann — nicht jedoch seine Kinder, die dazu ungeheure Mengen Ketchup verzehren.

Austern
Oysters

In den USA sind Austern sehr viel häufiger auf dem Eßtisch zu finden als bei uns, was kein Wunder ist, denn sie sind sehr viel billiger. In amerikanischen Kochbüchern findet man Dutzende von Rezepten mit Austern.

Vergessen Sie nicht, in diesem Buch nach *Hangtown Fry* Ausschau zu halten! — Die Eisenbahn machte es möglich, nicht nur frisches Obst und Gemüse und Fleisch, sondern auch so verderbliche Güter wie Austern in alle Winkel des riesigen Landes zu befördern. Das Jahr 1877 ist ein denkwürdiges in der amerikanischen Geschichte, weil der erste Kühlwagen eines *Mr. Gustav W. Swift* von *Chikago* aus auf die Schienenreise ging. Damals begann sich das Leben der Amerikaner durch sehr viel besseres Essen, lies frische Produkte, grundlegend zu verändern.

Europäische Gourmets rümpfen oft die Nase angesichts der amerikanischen Gewohnheit, Austern zu kochen, zu braten und zu backen. Obwohl diese Gewohnheit tatsächlich weit verbreitet ist, sollte man daraus nicht folgern, die Amerikaner seien kulinarische Barbaren. Der wahre Grund für die vielen heißen Austerngerichte dürfte wohl im Geschmack zahlreicher einheimischer Austern zu suchen sein. Vor allem die von den südlichen Küsten sind recht geschmacklos. So kommt es, daß ich gestehen muß, in den Südstaaten tatsächlich von der scharfen, roten Sauce Gebrauch gemacht zu haben, die dort überall zu rohen Austern *»on the half shell«* serviert wird.

An der nördlichen Atlantikküste und vor allem aber in den Bundesstaaten nördlich von *Kalifornien,* in *Oregon* und *Washington State,* genießt man die frischen Austern lieber roh — schaut mit Verachtung auf die südstaatliche Austernkocherei. Als Nutznießer des kalten Pazifikwassers kann man das gut machen.

Wer Austern liebt, der sollte, falls er nach New York kommt, auf keinen Fall versäumen, eines der berühmtesten Austernlokale der Welt zu besuchen, die *Oyster Bar* in der *Grand Central Station.* Dafür verzichte ich gern aufs Empire State Building!

Austern Rockefeller
Oysters Rockefeller

Überall in der Welt kennt man diese Austernzubereitung. Sie entstand in *New Orleans* im berühmten Restaurant *Antoine's.* Es gibt keinen Anhaltspunkt dafür, daß der bekannte Ölmillionär dort Gast gewesen ist und ihm also dieses Gericht gewidmet wurde. Wahrscheinlich wählte man den Namen wegen der großen Buttermenge, die bei der Zubereitung nötig war — ein Gericht, an Butter so reich wie *Rockefeller* an Dollars.
Es gibt ein Originalrezept unsicherer Herfkunft, in dem kein Spinat zu finden ist, sondern nur frische Kräuter wie Kerbel und Estragon. Heute verwenden fast alle amerikanischen Küchenchefs Spinat; einen fand ich, der mischte Spinat mit grünen Salatblättern, um den strengen Spinatgeschmack zu mildern. Ich war so begeistert davon, daß ich diese Rezeptur hier empfehle.

6 EL sehr fein gehackter Spinat
4 EL sehr fein gehackte Salatblätter
3 EL fein gehackte Schalotten (ersatzweise Zwiebeln oder Frühlingszwiebeln
2 TL in dünne Blättchen geschnittene Bleichsellerie
je 1 Prise Estragon, Basilikum und Kerbel (frisch am besten, ansonsten eine kleine Prise getrocknete Kräuter)
2—3 EL frische Brösel (wenn es ausgetrocknetes Paniermehl sein muß, dann bitte wenigstens Mutschelmehl!)
200 g Butter
je 1 Spritzer Tabasco und Worcestershiresauce
Anchovispaste
24 Austern, möglichst solche mit breiten Schalen
grobes Salz

Alle Zutaten vom Spinat bis zu den Kräutern in einen Zerhacker geben und nochmals zerkleinern oder gegebenenfalls mit einem Wiegemesser bis fast zur Püreekonsistenz bearbeiten.
In einer Rührschüssel dieses püreähnliche Gehäck zusammen mit den Bröseln, der Butter, Tabasco und Worcestershiresauce zu einer glatten Paste verarbeiten. Abschmecken und evtl. fehlendes Salz in Form von Anchovispaste zufügen.
Die Austern öffnen, tiefe Schalenunterteile sehr gut waschen und etwas trocknen. In jede Schale eine Auster setzen.
Den Backofen auf 225 ° C vorheizen. Ein Backblech dick mit grobem Salz bedecken, jeweils 4 oder 6 Austern ins Salz drücken und ganz kurz — etwa 2 Minuten in den Ofen schieben. Wieder herausnehmen, auf jede Auster einen Eßlöffel der Buttermischung setzen und solange weiter garen, bis die Mischung geschmolzen ist und kleine Bläschen zeigt, etwa 6—8 Minuten. Man kann die Austern auch unter den Grillstäben zubereiten.

Austern Bienville
Oysters Bienville

Auch hinter diesem Namen vermutet man natürlich ein französisches Gericht, was es allerdings nur hinsichtlich des Namens und der Herkunft des Küchenchef-Erfinders ist.
Wie viele andere Austernzubereitungen stammt auch diese aus *New Orleans* und zwar aus *Arnaud's Restaurant.* Der aus Frankreich stammende Küchenchef nannte sie nach einem Landsmann, der einst — wie viele andere Franzosen — in der Geschichte der Stadt eine bedeutende Rolle gespielt hatte.
Dieses Gericht wird häufig als kleine Vorspeise serviert, bei der man pro Person nur 3 Austern rechnet. Bei den deutschen Austernpreisen wird dieser Vorschlag wahrscheinlich gern befolgt.
Die Grundzüge der Zubereitung entsprechen denen der »Austern Rockefeller« und werden hier deshalb abgekürzt erklärt.

◁ Austern Rockefeller, Rezept siehe oben.

4 EL klein geschnittene Frühlingszwiebeln

50 g Butter

4 EL Mehl

gut 1 Tasse Fischfond (gibt es fertig zu kaufen)

4 EL herber Weißwein

1 geschlagenes Eigelb

Salz und weißer Pfeffer aus der Mühle

1 Tasse gekochte Scampis (Shrimps), fein gehackt

1 Tasse gehackte Champignons

1 EL fein gewiegte Petersilie

1 Spritzer Worcestershiresauce

12 Austern

Die Zwiebel in einem Töpfchen mit dickem Boden in der Butter etwa 5 Minuten unter Rühren angehen lassen, sie darf nicht braun werden. Mehl einrühren, bis ein leichter Küchenduft zu riechen ist, ohne daß das Mehl Farbe genommen hat. Mit Fischfond und Wein ablöschen. Einige Minuten auf dem Feuer weiterrühren, dann wegnehmen und den Eidotter einrühren. Dabei mit Salz und Pfeffer abschmecken. Wieder auf kleine Hitze setzen. Unter Rühren Scampis und Champignons zugeben. Wenn alles heiß ist, kommen noch Petersilie und Worcestershiresauce in die Mischung.

Austern einzeln in die unteren Schalen setzen, diese auf das vorgeheizte Salz setzen, die Sauce auf den Austern verteilen und im Backofen bei 180 ° C gut 10 Minuten garen.

Sehr oft wird vor dem Garen noch jede Auster mit etwas Bröseln und mildem Paprikapulver bestreut; darauf gibt man noch ein kleines Flöckchen Butter.

Austernragout
Scalloped Oysters

Ein sehr schmackhaftes Vorgericht, das sich großer Beliebtheit erfreut und problemlos (und auch ohne großen finanziellen Aufwand) bei uns auf den Tisch gebracht werden kann.

125 g Butter

3—4 Tassen zerdrückte Kräcker (einzelne Stückchen etwa erbsengroß, einige werden dabei zu Mehl, einige bleiben größer, das macht gar nichts)

300 g ausgelöste Austern, das sind gut 1/3 l*

1 kleine Prise Salz

1 kleine Prise Cayenne

4 EL süße Sahne oder Crème double

Butter schmelzen, Kräckerbrösel zugeben und so verrühren, daß sie die flüssige Butter einsaugen. — Man kann die Kräcker mit den Fingern, im Mörser oder aber auch unter einem Wellholz sehr gut zerbröseln.

Ein feuerfestes Geschirr, in dem man das Gericht nachher auch serviert, mit einer Lage gebutterter Brösel versehen, darauf die Austern verteilen. Die Sahne mit etwas Salz verrühren (Vorsicht, die Kräcker waren evtl. schon gesalzen!), Cayenne und 3 Eßlöffel Austernwasser. Zwei Drittel davon über die Austern träufeln. Mit den restlichen Bröseln bedecken und darauf die verbleibende Sahnemischung tröpfeln.

Im vorgeheizten Ofen bei 220 ° C 25 Minuten backen. Beim Servieren kann man noch ganz wenig süßes Paprikapulver darüberstreuen, das nur der Garnierung dient.

* Die Anzahl der Austern kann nicht angegeben werden, da sie sehr unterschiedlich groß ausfallen; ich verwende mit Erfolg Austernfleisch, das aus konservierten, ganzen Austern besteht, die **nicht** geräuchert sind; Inhalt pro Döschen ca. 100 g, im Delikateßhandel zu beziehen.

Austern-Omelett
Hangtown Fry

Kein Wunder, daß ein Gericht mit einem so absonderlichen Namen, den man etwa mit Galgenstadt-Pfanne übersetzen könnte, weite Beachtung findet. Die Geschichte des *Hangtown Fry* ist recht abenteuerlich und höchstwahrscheinlich sogar wahr. *Hangtown* war ein Städtchen im kalifornischen Goldland. In den wilden Zeiten des Goldfiebers wird es öfters vorgekommen sein, daß ein Übeltäter dem Namen des Ortes alles Ehre macht, weil er gehängt werden mußte. Als Henkersmahlzeit hatte er das Recht, sich das Beste, Teuerste zu wünschen. Für einen Übeltäter waren das gebratene Eier und Austern, wobei frische Hühnereier im Goldgräberland wahrscheinlich teurer waren als Austern.
Dadurch wurde nicht nur ein berühmtes amerikanisches Rezept geschaffen, sondern auch eine regionale Kochtradition, die sich daraus entwickelte. Ich habe in alten Goldgräberorten, heute Weindörfern, zu Füßen der *Sierra Nevada* mehrmals Ragouts vorgesetzt bekommen, in denen Fleisch oder Gemüse mit Austern gemischt waren.

Für 2 Personen:

- 25 g Butter
- 4—8 Austern, je nach Größe
- 2 EL Mehl
- 1 verkleppertes Ei
- 3 EL fein zerdrückte Kräcker (wie Paniermehl)
- 4 Eier
- Salz und frisch gemahlener Pfeffer
- 4 Scheiben knusprig gebratener Frühstücksspeck

Die Butter zerlassen. Austern nacheinander in Mehl, Ei und den zerdrückten Kräckern wenden. Knusprig braten, dabei einmal wenden. Eier mit 2 Eßlöffeln kaltem Wasser mit einer Gabel schlagen, mit Salz und Pfeffer würzen und über die Austern gießen. Etwas rühren. Sobald die Oberfläche gerade beginnt anzuziehen, wie jedes Omelett zusammenschlagen und sofort servieren.

◁ Meeres-Krebse, die kulinarisch in Amerika eine viel größere Bedeutung haben als bei uns, gibt es in vielen Arten. Die bekannten »Blue Crabs« kommen vor allem aus Baltimore.

△ Berühmt sind die Austernbänke vor der Küste des Bundesstaates Maine.

Gewürzter Muscheltopf
Spicy Steamed Mussels

Kalifornien ist wohl der Teil Amerikas, in dem die meisten jungen Küchenchefs seit einigen Jahren die Landesküche bereichern. Im kleinen Ort *Sebastopol* im *Sonoma Valley* haben *Jenny* und *Mark Malicki* in ihrem Restaurant die ersten Stufen des Ruhms bereits erklommen. Althergebrachtes verbinden sie mit fernöstlichen Geschmacksnoten. Ihr Muscheltopf ist ein gutes Beispiel dafür.

Gut 1 Kilo Muscheln, gebürstet und entbartet
2 EL Olivenöl
1 fein geschnittene Zwiebel, 1 geraffelte Karotte
2 Knoblauchzehen, durch die Presse gedrückt
1 EL sehr fein geschnittene Ingwerwurzel
1 TL klein geschnittene, scharfe Gewürzpfefferschote (Chili)
1/2 TL gemahlene Kurkuma (Gelbwurz)
3 TL gemahlener (oder im Mörser zerstoßener) Koriander
je 1/8 l Wasser und herber Weißwein (Chardonnay)
1 kleine Tomate, enthäutet, entkernt und klein gewürfelt
Saft 1/2 Zitrone
1/2 Büschel frischer Cilantro* (ersatzweise glattblättrige Petersilie)

Alle geöffneten Muscheln auslesen und wegwerfen. Öl in einem großen Topf erhitzen. Nacheinander Zwiebel, Karotte, Knoblauch und Ingwer zufügen. Auf nicht zu starker Hitze etwa 5 Minuten angehen lassen. Chilis, Kurkuma und Koriander zugeben und noch etwa 1 Minute kurz anrösten. Wasser und Wein zugießen und weitere 5 Minuten kochen. Muscheln und Tomatenwürfelchen in den Topf geben, zudecken, gelegentlich schütteln. Die Muscheln sind gar, wenn sie sich geöffnet haben. Jene, die geschlossen bleiben, wegwerfen. Zitronensaft über den Muscheltopf träufeln.

Muscheln auf vier Teller verteilen, ebenso die Brühe. Mit Cilantro oder Petersilie bestreut servieren. Dazu Weißbrot und denselben Chardonnay reichen, der zum Dünsten verwendet wurde.

* Aus Asien stammende Pflanze mit würzig scharfem Geschmack.

Jakobsmuscheln in Basilikumrahm
Scallops with Basil

Jakobsmuscheln sind in den USA sehr viel populärer und billiger als bei uns. Mit einigen Champignons »gestreckt« schmeckt dieses Gericht trotzdem köstlich.

3 Frühlingszwiebeln (nur weiße und hellgrüne Teile)
2 Knoblauchzehen, 40 g Butter
1 gehäufter EL kleingeschnittenes Basilikum
8 mittelgroße Champignons, geputzt und in Scheiben
Salz und gemahlener weißer Pfeffer
400–500 g geputzte Jakobsmuscheln, halbiert oder geviertelt
1/8 l süße Sahne, 2 EL trockener Sherry
2 Eigelb
einige kleine Basilikumsträußchen

Frühlingszwiebeln und Knoblauch schälen und kleinschneiden. In einer schweren Pfanne oder in einem feuerfesten Geschirr, in dem auch serviert werden kann, die Butter zergehen lassen. Zwiebeln und Knoblauch auf geringer Hitze unter Rühren anziehen lassen. Basilikum einstreuen und zwei bis drei Minuten rühren. Champignons zugeben, salzen und einige Minuten weiterrühren, bis die Champignons knapp gar sind. Jakobsmuscheln einrühren und nur gut heiß werden lassen.
Sahne, Sherry und Eigelb gut verrühren, leicht salzen und pfeffern und einrühren. Nur noch ganz kurz sachte garen, keinesfalls kochen. Beim Anrichten mit Basilikumblättern oder kleinen Blättersträußchen garnieren.
Dazu gibt es Reis oder Weißbrot.

Taschenkrebs-Küchlein
Crab Cakes

Leider spielen in deutschen Fischgeschäften und auch Küchen die Krebse aus dem Meer kaum eine Rolle. In den USA sind sie eine beliebte Delikatesse, ja, mehr als das: sie werden oft und gern in vielerlei Zubereitungsarten gegessen. Es handelt sich dabei um verschiedene Verwandte unserer Taschenkrebse. Berühmt sind die *Dungeness Crabs* von der pazifischen Nordwestküste, sowie die Krebse aus dem Atlantik, für die Amerikas größte Bucht am Atlantik, *Chesapeake Bay*, Heimat ist. Die beiden Bundesstaaten *Virginia* und *Maryland* sind Anrainer der Bucht und somit auch bekannt für ihre Seekrebse. Die Stadt *Baltimore* hat die bekanntesten Spezialitätenrestaurants, das Städtchen *Crisfield* in Maryland veranstaltet alljährlich ein großes Crab-Festival, auf dem sogar eine *Miss Crustacean* gekrönt wird.
Die überall in den USA servierten *Crab Cakes* sind zweifellos das bekannteste Rezept, das den Vorteil hat, daß man es auch mit konserviertem Krebsfleisch ohne großen Verlust an Wohlgeschmack zubereiten kann.
Ein *Hinweis* noch: Im deutschen Sprachgebrauch gehen die Worte Krebs und Krabbe wild durcheinander, und sie können ganz verschiedenes Getier bezeichnen. Deshalb halten wir uns am besten an die Bezeichnung Taschenkrebs.

400—500 g Krebsfleisch aus der Dose
1 Tasse gut zerdrückte, ungesalzene Kräcker oder ganz frische Brösel aus rindenlosem, nicht getrocknetem Weißbrot
je 1/2 TL Salz und weißer Pfeffer aus der Mühle
1/2 TL Senfpulver
1 TL sehr fein gehackte Frühlingszwiebel mit etwas vom grünen Teil (oder 1 TL zerdrückte Schalotte)
1 TL Worcestershiresauce
2 EL Mayonnaise
1 großes Ei, gut verquirlt
1 Tasse feingemahlene, frische Brösel
reichlich Öl zum Braten

Aus dem Krebsfleisch sorgfältig alle harten Splitter herausklauben, und es in kleine Fasern zerpflücken. Dazu kommen Brösel oder Kräcker, Salz, Pfeffer, Senfpulver, Worcestershiresauce, Zwiebel und Mayonnaise. Alles gut miteinander vermischen und dabei das Ei einarbeiten. Sollte der Teig zu weich sein, muß man noch etwas Brösel einkneten. Acht flache Küchlein formen und in den restlichen Bröseln wenden, diese ganz leicht andrücken. Die Küchlein zwischen Pergamentpapier oder Klarsichtfolie etwa 1 Stunde im Kühlschrank ruhen lassen.
In einer Pfanne so viel Öl erhitzen, daß es gut 1 cm hoch steht, *Crab Cakes* auf beiden Seiten goldbraun braten. Auf Küchenkrepp entfetten.
Mit Zitronenvierteln und Remouladensauce servieren. Frischer, grüner Salat ergänzt die *Crab Cakes* vorteilhaft.

Hinweis: Da ich diese Krebs-Küchlein liebend gern esse, habe ich sie in Dutzenden von Restaurants überall in den Staaten immer wieder bestellt, obwohl ich leider oft enttäuscht worden bin. Die Qualität hängt sehr von der Güte und Frische der Brösel ab, die man deshalb jeweils frisch herstellen sollte, was in der elektrischen Küchenmaschine keine große Mühe macht. Beim Ausbacken dann noch darauf achten, daß sie nicht zu lange gegart werden, was sie zu sehr austrocknet.

Florida Steinkrebse
Stone Crabs

In *Miami Beach* gibt es an der Südspitze dieser Halbinsel ein Etablissement mit Namen *»Joe's Stone Crab Restaurant«*. Es ist sicher der älteste Feinschmecker-Treffpunkt Floridas, besteht nämlich als Familienbesitz seit 1913 und ist eine Institution. Wer Florida besucht hat und dort keine *Stone Crabs* aß, der war gar nicht richtig in Florida. Die Inhaber verfügen über eine eigene Flotte von über 30 Schiffen zum Fang der Delikatessen. Dabei wird den Tieren nur jeweils eine Schere ausgebrochen und gleich an Bord gekocht. Die Krebse wirft man zurück ins Meer, die Schere wächst nach, und pro

Tier kann man in zwei Jahren drei Scheren »ernten«, wie man das nennt. Die einzelnen Scheren sind gedrungen, fast so dick wie ein Hähnchenbein, und haben eine harte Panzerschale, die mit einem Hammerschlag zum Aufplatzen gebracht wird. Das Fleisch halte ich dem des Hummers für weit überlegen im Geschmack. Man taucht es zum Verzehr in zerlassene Butter oder in eine Spezialsauce.
Als ich mich zum ersten Mal an *Stone Crabs,* die es nur an der Südküste Floridas gibt, delektierte, war das ein so billiger Genuß, daß ich mir drei Tage hintereinander ein halbes Dutzend, ohne mit der Wimper zu zucken, leisten konnte. Heute muß ich für jede derartige Portion mehr als dreißig Mark zahlen — und immer noch ist der Hochgenuß diesen Preis wert. Außerhalb Floridas sind *Stone Crabs* so gut wie nie zu bekommen, so lohnt es sich lediglich, das Rezept der Spezialsauce zu skizzieren, die es bei *Joe's* in *Miami Beach* gibt. Ich habe in der Küche dort mit den Augen und am Tisch mit der Zunge gestohlen, sodaß ich mich dafür verbürgen kann, mit meinem Rezept dem Original recht nahe zu kommen. Für Hummer oder Riesengarnelen ist diese Sauce ebenfalls köstlich zum Dippen.

Stone Crab Sauce

2 EL Sahne
3 TL Senfpulver
1 kräftige Prise Salz
etwas weißer Pfeffer aus der Mühle
1/4 l Mayonnaise
einige Spritzer Worcestershiresauce

Sahne mit Senfpulver, Salz und Pfeffer gut verrühren, dann in die Mayonnaise geben und alles zusammen mit einer Gabel schlagen. Die Sauce muß dabei glatt und leicht werden. Abschmecken mit Worcestershiresauce. Zimmerwarm servieren.
Die Stone Crabs werden bei gleicher Temperatur verzehrt, nachdem man sie vor jedem Bissen in die Sauce getunkt hat.
Ich habe zuweilen auch noch 2 Teelöffel Zitronensaft an die Sauce gegeben, was den Geschmack vielleicht noch etwas pikanter machte.

Weichschalige Atlantikkrebse Soft Shell Crabs

In *Maryland* und *Virginia* sind *Soft Shell Crabs* köstliche Vorboten des Frühlings. Die Seekrebse stoßen zwischen Anfang April und Mitte Mai ihre harten Schalen ab, wachsen ein Stück und überziehen sich dann wieder mit einem neuen Panzerkleid. Für kurze Zeit sind sie ohne Schalen (soft shell, weichschalig, stimmt also nicht ganz) und werden zu Delikatessen, die mit Stumpf und Stiel verzehrt werden. Hier kaufen wir sie tiefgefroren sowie bratfertig — und das ganzjährig. Meistens sind das recht kleine Exemplare, von denen etwa drei Stück eine Vorspeise darstellen. Alle, die mir in den Spezialitäten-Restaurants rings um die *Chesapeake Bucht* vorgesetzt wurden, waren so groß, daß zwei zum Hauptgericht reichten. Es kann aber durchaus sein, daß kleinere im Geschmack sogar besser sind. Beim nachfolgenden Rezept gehe ich von der erfahrungsgemäß in Deutschland verkauften Größe aus, sodaß die angegebenen Mengen für 4 Personen zur Vorspeise reichen.

12 tiefgefrorene Soft Shell Crabs (ca. 500 g)
Saft von 1 Zitrone
150 g Mehl
1/2 TL Salz
1/2 TL frischgemahlener weißer Pfeffer
je 1 Prise Cayenne und Senfpulver (vom letzteren kann es etwas mehr sein)
125 g Butterfett
40 g Butter
4 halbe Zitronen
4 EL gehackte Petersilie

Die Krebse waschen, trockentupfen und mit der Hälfte des Zitronensafts beträufeln. Mehl mit Salz, Pfeffer, Cayenne und Senfpulver vermischen. Abgetropfte Krebse darin wenden, überschüssiges Mehl abklopfen und die Krebse im heißen Butterschmalz portionsweise braten, je Seite gut 2 Minuten, bis sie

goldbraun sind. Die Butter in der ausgeleerten und ausgewischten Bratpfanne braun werden lassen, mit restlichem Zitronensaft verrühren und über die Krebse gießen. Beim Servieren mit Zitronenhälften garnieren und mit Petersilie bestreuen.
Dazu reicht man Weißbrot und grünen oder Tomaten-Salat.

Hummer Newberg
Lobster Newberg

Erfahrene Gourmets werden gebeten, nicht zu glauben, beim Namen des Gerichts einen Fehler entdeckt zu haben. Auf den meisten internationalen Speisekarten findet man die Schreibweise »*Newburg*« — die im amerikanischen gleich ausgesprochen wird. Ich halte mich jedoch an *Craig Claybourne's Food Encyclopedia*, in der die *Newberg*-Schreibweise begründet wird.
Die Zubereitungsart mit Sahne und Ei entstand im berühmten *Delmonico-Restaurant* in *Manhattan* (New York). Ursprünglich hieß sie nach ihrem Schöpfer «*Wenberg*«. Als der Gastronom später Ärger mit ihm bekam, rächte er sich und drehte die erste Silbe des Namens um — also Newberg. Wir wollen Mr. Ben Wenberg nachträglich die Ehre antun und berichten, daß er kein Küchenchef, sondern der Kapitän eines Schiffes und begeisterter Hobbykoch war. Anno 1876 brachte er seinem Freund Delmonico das Hummerrezept als Mitbringsel aus der Karibik mit. Es wurde zum Renner im berühmten New Yorker Restaurant und schließlich ein Welterfolg.
Die Zubereitungsart wurde inzwischen auch ausgedehnt auf alle möglichen Fische, Shrimps und auch Scallops (Jakobsmuscheln).

An Stelle von Hummer kann man auch Languste verwenden. Hummerfleisch aus der Dose ist möglich, schmeckt natürlich nicht so gut wie frisches. Auch tiefgefrorener Hummer kann gekauft, gekocht und dann ausgelöst werden.

100 g Butter (ein Teil davon kann, wenn man sie findet, Hummerbutter sein)
1 TL sehr fein geschnittene oder in der Knoblauchpresse zerdrückte Schalotte
8 EL trockener Madeira (oder trockener Sherry)
1/4 l süße Sahne
1/2 TL Salz
1 Prise Cayenne
3 Eigelb
800 g gewürfeltes, gekochtes Hummerfleisch

Butter erhitzen und die Schalotten unter ständigem Rühren auf geringer Hitze gut glasig werden lassen. Mit Madeira ablöschen. Die Sahne langsam zugießen, einige Minuten auf kleiner Hitze weiterrühren, am besten mit dem Schneebesen. Würzen mit Salz und Cayenne. Vom Feuer nehmen und mit den geschlagenen Eigelb legieren. Hummerstücke zugeben und auf kleiner Hitze so lange rühren, bis sie gut heiß geworden sind. Nicht mehr kochen lassen, da sonst die Sauce gerinnt.
In Porzellanschälchen anrichten und Reis dazu reichen, oder gleich neben Reis auf einen Teller geben. Es ist auch möglich und stilgerecht, wenn Hummer Newberg auf Toastbrot gereicht wird. Inzwischen gibt man ihn sogar in kleine Blätterteigpastetchen, was in »Delmonico's Restaurant garantiert nicht gemacht wurde. Dafür hat man immer gern den Hummer mit etwas süßem Paprikapulver bestreut angerichtet.

Hinweis: In den USA sind zwar Hummer und Languste billiger als bei uns, trotzdem immer noch so teuer, daß clevere Hausfrauen auf den Ausweg verfallen sind, frische Champignons in halbe Scheibchen zu schneiden, mit etwas Zitronensaft zu beträufeln und dann in der Sauce vor Zugabe der Hummerstücke zu garen. Das Ergebnis ist für den Geschmack annehmbar und für den Geldbeutel vorteilhaft.

Maine Lobster ist in Amerika der Hummer — Florida Lobster hingegen Languste.

Gegrillter Hummer
Broiled Lobster

Hummer und Langusten spielen in der amerikanischen Küche eine sehr viel größere Rolle als bei uns. Trotzdem führt die Bezeichnung *Lobster* zur Verwirrung, denn sie kann sowohl für Hummer als auch für Languste stehen. Allenfalls macht man eine Unterscheidung, indem man Hummer als *Maine Lobster* (siehe nebenstehende Abb.) bezeichnet; Langusten, die keine Scheren haben, heißen dann *Florida Lobster.* Ein anderer Name ist *»Spiny Lobster«.* Die einfachste Zubereitung und gleichzeitig eine der köstlichsten ist, sie zu grillen.

Pro Person:
Je nach Größe der Tiere 1/2 oder 1 Hummer (oder Languste)
50 g Butter

Die einzige Schwierigkeit der Zubereitung könnte das Töten des Hummers sein. Das kann geschehen, indem man ein festes, scharfes Messer zwischen Kopf und Schale tief einsticht. Man kann auch den ganzen Hummer mit dem Kopf voran in reichlich kochendes Wasser tauchen, wodurch er sehr schnell getötet wird.

Hummer auf den Rücken, also die Schalenseite, legen. Durch die ganze Länge des Körpers in der Mitte einen tiefen Schnitt machen, sodaß man die beiden Hälften auseinanderklappen kann. Außer dem harten Sack nahe dem Kopf ist alles am Hummer eßbar. Am besten den schwarzen Faden im Rücken entfernen. Die grünschwarzen Teile *(Tomally, Leber)* sowie der orangefarbene Rogen sind köstlich, sie bleiben drin.

Die Butter zerlassen. Etwas davon über die Schnittfläche träufeln. Hummerhälften auf dem Rost unter den vorgeheizten Grillstäben mit der Fleischseite nach oben grillen. Das dauert 5 bis 15 Minuten, je nach Größe und Alter des Tieres. Die Scheren, durch Schläge mit einem Hammer zum Aufspringen gebracht, werden neben dem Schwanz gegrillt. Das ausgelöste Fleisch tunkt man, Häppchen für Häppchen, vor dem Verzehr in zerlassene Butter.

Fleischgerichte

Von Steaks bis Alligator-Frikadellen

Amerikanische Steaks
Steaks cut the American Way

Gebratene oder gegrillte Fleischscheiben sind garantiert keine deutsche Spezialität, wir haben noch nicht einmal ein eigenes Wort dafür und müssen die englische Bezeichnung *Steak* benutzen.
In den USA gehören Steaks zu den beliebtesten kulinarischen Genüssen. Die Geschichte des Landes ist eng mit ihnen verbunden. Die berühmten *Cowboys* hätte es nicht gegeben, wäre nicht der amerikanische Hunger auf Rindfleisch gewesen, der dazu führte, daß riesige Herden durchs Land getrieben wurden, oft über Hunderte von Kilometern. Ganz sicher waren die Steaks, die daher stammten, kein zarter Genuß. Die Zähne der Cowboy-Naturburschen konnten wohl noch am ehesten damit fertig werden; aber auch in den Städtern muß noch genügend Pionierkraft lebendig gewesen sein, sodaß sie die Steak-Liebe der Nation pflegen und weitertragen konnte. Außerdem entwickelte man eine ganze Reihe von Rezepten, bei denen die Rindfleischscheiben sowohl gebraten als auch nocht geschmort wurden, um zart zu werden (Beispiel: Swiss-Steak, S. 88).
Inzwischen ist die Steakqualität in den USA sehr gut, bestimmt besser als bei uns in Deutschland. Die Bauern dort sind entweder *Dairy Farmer* oder *Cattle Farmer*, von denen die einen nur Milch produzieren, die anderen sich ausschließlich auf Fleischerzeugung spezialisieren. Ihr Vieh kommt längst nicht mehr von den endlosen Weiten des Graslandes direkt in den Schlachthof, sondern frißt sich seine Fleischqualität in Maststationen an, in denen der Mais eine große Rolle spielt. Einige Bundesstaaten, wie etwa *Florida*, das eine große aber unbekannte Viehzucht hat, schicken ihre Rinder nach Texas, wo sie zum berühmten *Texas Beef* gemästet werden. Für seine guten Steaks ist unter Genießern auch *Nebraska* bekannt. Allerdings behaupten Steak-Kenner, daß die Fleischqualität in jüngster Zeit nachgelassen habe. Das mag am Schnellmastverfahren liegen, hat seinen Hauptgrund jedoch wohl in dem neuzeitlichen Wunsch der Verbraucher nach besonders magerem Fleisch. Der Genießer muß der Gesundheitswelle Tribut zollen: die kräftig marmorierten Steaks, die einzig und allein vollsaftig und zart bleiben, werden auch in Amerika immer seltener.
Was man liebt, für das findet man viele Namen. So ist es mit den Steaks in den USA. Wir kommen im großen und ganzen mit drei Bezeichnungen aus: Beefsteak, Rumpsteak und Filetsteak. Die beiden ersten stehen für die gleiche Fleischscheibe aus dem Roastbeef (wodurch die Benennung Rumpsteak, Rump = Hüfte) unsinnig wird.
In Amerika kennt man mehr als drei Dutzend Steaknamen, die sich zwar in der Bedeutung gelegentlich überschneiden, vorwiegend jedoch ganz bestimmte Teile des Rindes in festgelegter Schnittart bezeichnen. Ebenso wie bei uns, wo die Namen einzelner Teilstücke von Fleisch regional sehr unterschiedlich sein können, gibt es auch in den USA in den einzelnen Landesteilen abweichende Namen für einige Steaks. Erschwert wird dem deutschen Genießer weiterhin das Erkennen verschiedener Steaks durch die ganz andere Art, in der amerikanische Metzger das Schlachtvieh zerlegen.

Die folgende Aufstellung nennt die gebräuchlichsten Steakarten und soll die Identifizierung erleichtern helfen.

Sirloin Steak — ist immer ohne Knochen, entspricht unserem Beefsteak, wird aus dem Roastbeef geschnitten.
Davon gibt es folgende Unterteilungen:
Club Steak — als allgemeine Bezeichnung (die auch andere Steaks benennen kann)
Strip Steak — das auch folgende andere Namen hat:
New York Cut oder
New York Strip Steak — beide letztgenannten Bezeichnungen sind seltsamerweise in New York selbst nicht gebräuchlich.
Delmonico Steak — nach dem berühmten Restaurant in New York benannt; wird meistens aus dem Endstück des Roastbeefs geschnitten, kann weniger zart sein, hat jedoch ein ausgezeichnetes Fleischaroma.

Steaks aus dem Rücken, jedoch mit Knochen geschnitten, sind typisch amerikanisch. Man findet sie inzwischen manchmal auch in deutschen Metzgereien.
Die folgende Aufzählung geht von vorne nach hinten, also von der Schulter (Hohe Rippe) bis zur Hinterkeule (Blume, Kluft):

Club Steak — erste von insgesamt drei möglichen Bezeichnungen; kleinstes Steak dieser Gruppe
T-Bone Steak — aus dem Mittelteil, mittlere Größe wird jedoch zuweilen auch besonders groß geschnitten
Porterhouse Steak — größtes der drei, fast immer besonders dick geschnitten, sodaß es mindestens eine Zwei-Personen-Portion darstellt, da es 4 cm bis 8 cm mißt; die drei letztgenannten Steaks zeigen die gleiche Grundform mit dem Mittelknochen; zum Roastbeeffleisch kommt noch ein Stück des Filets auf der anderen Knochenseite
Filetsteaks — diese haben das zarteste Fleisch, leider jedoch nicht das kräftigste Fleischaroma, was sie für wahre Kenner nicht zu den beliebtesten macht.
Tenderloin Steak — gleichbedeutend mit der Bezeichnung Filet Steak.
Da das Filet vorne fast spitz ist, dann dicker wird und hinten im Filetkopf endet, werden daraus unterschiedlich große Steaks geschnitten; ihre Bezeichnungen werden von vorne nach hinten aufgezählt, sie entsprechen den europäischen Namen:
Filet Mignon — kleinstes
Tournedos — mittelgroß
Chateaubriand — wird bei uns auch doppeltes Filet-Steak genannt.

Aus dem vorderen Teilstück des Rindes kommen weitere beliebte Steaks. Sie können mit oder ohne Knochen angeboten und serviert werden. Ihre Namen:

Rib Steak — großes Steak aus der Hochrippe (auch Ochsenkotelett genannt); meistens mit Knochen, da es so einen kernigeren Fleischgeschmack hat
Rib Eye Steak — aus dem besten Stück der Hochrippe; wird es ohne Knochen angeboten, so kann es auch den Namen Delmonico Steak tragen
Minute Steak — ein Rib Eye Steak, das immer ohne Knochen geschnitten ist; besonders fettarm und nicht übermäßig dick
Entrecôte — dieser Name wird zuweilen auch für ein (entbeintes) Rib Eye Steak benutzt
Club Steak und Prime Rib — Namen, die ohne besondere Spezifikation auch für Rib Steaks verwendet werden

Auch Fleisch aus dem unteren Rippenbereich wird häufig zu Steaks geschnitten. Es sind vor allem:

Flank Steak — stammt aus der Flanke, Rinderlappen, also dem Fleischteil unterhalb vom Filetstück; ist recht zäh, man sollte es nur verwenden, wenn es von sehr jungen Tieren stammt und es dann immer nur kurz, fast noch blutig, also »rare« braten.
Chuck Steak — Kurzrippensteak; kann sehr kernig schmecken und ist, wenn von bester Fleischqualität, auch recht zart.

Aus dem hinteren Teil des Rindes stammen drei bekannte Steak-Arten:

Rump Steak — nicht mit unserem sogenannten Rumpsteak zu verwechseln, da es aus der Hüfte, dem Hüftdeckel geschnitten wird; nicht sehr populär, kann aber gut sein und ist immer preiswert
Round Steak und Bottom Round Steak — beide stammen aus der Kugel oder Blume und gelten qualitätsmäßig nur als Steaks zweiter Wahl; können, wenn sie sehr gut abgehangen sind, empfehlenswert sein; werden meistens als Schmorbraten oder Rouladen zubereitet und sind dann immer ausgezeichnet.

Vorgeschriebene Klassifizierung des Rindfleischs Grades of Beef

Diese Klassifizierung ist offiziell und verläßlich; sie wird durch Stempel bescheinigt.

Prime — beste, herausragende Qualität, in Supermärkten (in denen die meisten Amerikaner ihr Fleisch kaufen) kaum zu finden. Steaks dieser Güteklasse werden entweder an Top-Restaurants oder in speziellen Lebensmittelmärkten oder aber auch in Spezial-Metzgereien verkauft. Fleisch recht fett.
Choice — die am weitesten verbreitete Qualität, auch für Steaks; Fleisch ist weniger fett und/oder marmoriert als solches der Prime-Kategorie, jedoch immer noch sehr gut.
Good — für Steaks nicht geeignet; akzeptabel für Zubereitungen mit langer Garzeit; möglich sind Filet-Steaks.
Commercial und Utility — davon kann man allenfalls Filets kaufen; wird kaum angeboten.

Zubereitung und Garzustände Cooking Methods and Stages

Grillen über Holzkohle — Broiling over charcoal
Gibt den köstlichsten Fleischgeschmack, erfordert einiges an Können und Erfahrung sowie große Aufmerksamkeit und wurde von den Männern zum beliebten Hobby gewählt.
Wegen des Aufwandes, den Holzkohlenfeuer erfordern, wird immer häufiger auf Gasgrills, die eine Auflage von dauerhaften Eierbriketts haben, gebraten.

Grillen im Backofen — Broiling with electricity
Bei uns kennt man diese Garmethode kaum, sie ist jedoch besonders zu empfehlen. In Amerika wird sie in der Küche bevorzugt. Sind die Grillstäbe sehr gut vorgeheizt und heiß genug, werden unter ihnen Steaks besonders saftig — wenn sie nicht zu dünn geschnitten sind; mindestens 3 cm Dicke sollten sie schon auf den Rost bringen.

Braten in der Pfanne — Pan-broiling
Ist in den USA längst nicht so vorherrschend wie in deutschen Küchen; wird diese Methode angewandt, so achtet man darauf, eine schwere Pfanne zu benutzen, die sehr stark vorgeheizt wird; oft verwendet man kein Fett, streut aber eine dünne Lage Salz in die Pfanne, ehe man das Steak einlegt.

Garzustand — Stage of doneness
Selbst im bescheidensten Restaurant ist es selbstverständlich, daß beim Bestellen nach dem gewünschten Garzustand gefragt wird. In den meisten Fällen entspricht dann auch das Steak den speziellen Wünschen. In einem kleinen, aber berühmten Steakhaus baten mich amerikanische Freunde einst, ich möge doch bei der Wirtin, die selbst servierte, mein Steak *»well done«* bestellen. Ich tat ihnen den Gefallen... und mußte sofort unter verachtenden Blicken erzittern; die Wirtin bedeutete mir, ich möge gefälligst ein anderes Lokal aufsuchen, bei ihr gäbe es keine solche Barbarei wie *»steaks, well done«*.

Rare — entspricht dem französischen *»saignant«* ist aber im Fleischkern nicht ganz so roh wie in Frankreich. (Die theoretisch bestehende Garstufe *»very rare«* spielt in der amerikanischen Praxis kaum eine Rolle).

Medium — ist die bei uns am häufigsten gewünschte Zubereitungsart. In Amerika begnügt sich keine Bedienung mit einer derartigen Bestellung; es wird sofort gefragt: *rare or well?*

Medium rare — wir bezeichnen das oft auch als »englisch gebraten« oder *»à point«*, das Fleisch ist in seinem Kern gerade nicht mehr roh, jedoch im Innern noch deutlich rot; so ist auch der Saft gefärbt, der beim Schneiden heraustropft.

Medium well — wird von besonders zartfühlenden Wesen gewählt, denen blutroter Saft ein Greuel ist; Steaks sind innen nur noch rosa.

Well done — bedeutet durchgebraten; ein Steak hat dann keinen Steakgeschmack mehr und wird auch zäh.

Planked Steak – das ist kein Gargrad; so wird ein Steak bezeichnet, das auf einer gut gealterten und gewässerten Hartholzplanke befestigt wurde, um, schräg vor ein Holzfeuer gestellt, zu garen; diese Methode ist bei Picknicks sehr beliebt; an der Küste sucht man sich dafür Treibholz.

Apropos – Als versierte Steakvertilger wissen die Amerikaner natürlich sehr genau, daß die Zartheit eines Fleischstücks nicht nur von dessen Qualität und dem langen Abhängen bestimmt wird, sondern auch von der Schärfe des Messers, mit dem man es beim Essen angeht. Selbst in einfachen Restaurants und im Familienkreis werden zum Steak besondere, sehr scharfe Steakmesser serviert.

△ Steaks – von vorne, Mitte (im Uhrzeigersinn): Sirloin, Rib eye, T-bone, Tenderloin und Strip.

Gefülltes Filetsteak
Carpetbag Steak

Dieses Steak ist so außergewöhnlich und so köstlich, daß sich der finanzielle Aufwand für die Austern lohnt. Niemand weiß genau, woher der Name kommt. Man hat vermutet, es handle sich um ein australisches Rezept, was sicher nicht stimmt. *Carpetbag* ist eine alte Reisetasche, aus einem zusammengelegten Teppich gefertigt, mit Bügel und Handgriff versehen. Das Steak wird an den Küsten der Südstaaten am häufigsten serviert.

- 4 Filetsteaks etwa 2 1/2 cm dick
- 12 Austern (das kann eine gute Qualität Dosen-Austern sein, 4 davon sollten große, geräucherte Austern sein)
- Pfeffer aus der Mühle, Salz
- 2—3 EL Butterschmalz oder Öl
- 4 EL Weinbrand
- 1/8 l Rinderfond (als Fertigprodukt in Gläsern zu kaufen)
- 1/4 l Sahne oder Crème double
- einige Stengel Petersilie

Die Steaks seitlich mit einem Einschnitt versehen und je 2 frische Austern einschieben. Trocken getupfte Steaks beidseitig pfeffern und in der heißen Pfanne braten. Erst nach dem Anbraten salzen. Jede Minute wenden, insgesamt etwa 10 Minuten braten. Fertige Steaks warm halten. Weinbrand in die Pfanne gießen, kurz abbrennen lassen (flambieren), dann die Brühe (Fond) zugießen und den Bratsatz loskochen. Austernwasser und Sahne zufügen, verrühren. Geräucherte Austern in der knappen Sauce erhitzen und auf die Steaks verteilen. Sauce angießen. Mit Petersilie garnieren.

Anmerkungen: Wer sein Steak sehr wenig durchgebraten haben will, der brate die frischen Austern ganz kurz in Butter an, ehe er sie einsteckt.

In *Louisiana* gibt man zu den Austern manchmal noch ein Stückchen Roquefortkäse in die Steaks, wodurch jedoch der zarte Austerngeschmack übertönt wird.
Man kann als Sauce auch eine Béarnaise, die man mit dem Austernwasser aufgeschlagen hat, zu den *Carpetbag Steaks* reichen.

Schweizer Steak
Swiss Steak

Dieses Steak hat ganz und gar nichts mit der Schweiz zu tun; wie es zu seinem Namen kam, bleibt wohl für immer in den dunkelsten Ecken amerikanischer Farmküchen verborgen. Das ändert jedoch nichts an der Tatsache, daß man mit diesem Rezept auch die zähesten Steaks zu butterzarten Fleischgenüssen machen kann. Für uns ist dieses Rezept ein wahrer Segen, denn nun können wir doch das geschmacklich gute Bullenfleisch genießen, ohne unsere Kauwerkzeuge zu strapazieren.

- 600 g Steaks aus der Oberschale (oder auch aus der Blume) etwa 3 cm dick geschnitten
- 1 Knoblauchzehe
- Mischung aus: 4 EL Mehl, 1 TL Salz, 2 Messerspitzen Pfeffer und 2—3 kräftigen Prisen Senfpulver
- 4 EL Schmalz oder Pflanzenöl
- 1 mittelgroße Zwiebel in Scheiben
- 1 Karotte, geschrappt und geraffelt
- 1/4 l Fleischbrühe (Würfelbrühe)
- 1 Lorbeerblatt
- 6 Nelkenpfefferkörner, grob zerdrückt
- 1 Prise Zucker
- 2 Tomaten, enthäutet und entkernt (oder aus der Dose)
- 2 EL Mehl, vermischt mit etwas Salz und Pfeffer

Die Ränder der Steaks einschneiden, damit sie sich später nicht aufwerfen, und nacheinander folgendermaßen behandeln: Auf ein Fleischbrett legen und die Oberfläche dick mit der Mehlmischung bestreuen; mit dem stumpfen Rücken eines Fleischbeils oder (sogar besser) mit der Kante einer dicken Untertasse kräftig kreuz und quer bearbeiten; die Mehlmischung muß ins Fleisch eingearbeitet werden. Steak drehen, andere Seite ebenso bearbeiten. In einer großen, schweren Pfanne das Fett erhitzen (früher nahm man nur Schmalz, heute ist Öl beliebter) und die Steaks auf beiden Seiten kräftig anbraten. Während der letzten Minuten Zwiebel und Karotte zugeben. Dann Fleischbrühe zugießen und nacheinander Lorbeerblatt, Nelkenpfeffer, Zucker und Tomaten zufügen. Zudecken und eine gute Stunde schmoren.
Die Steaks, die so zart sein müssen, daß man sie mit der Gabel teilen kann, herausnehmen und auf einer Platte warmhalten. Die Flüssigkeit in der Pfanne auf etwa 3/8 Liter mit warmem Wasser oder Brühe auffüllen. In einem kleinen Schraubglas 1/8 Liter kaltes Wasser mit den 2 Eßlöffeln Mehl, die mit Salz und Pfeffer vermischt wurden, so kräftig schütteln, daß eine glatte Flüssigkeit entsteht. Diese unter Rühren in die Pfanne gießen und einige Minuten kochen. Die gebundene Sauce durch ein Sieb passieren und über die Steaks gießen.
Mit Kartoffelpüree servieren.

Hinweis: Zuweilen wird die Sauce zum Schluß noch mit etwas Worcestershiresauce abgeschmeckt, sie hat jedoch diese Aufmöbelung meistens gar nicht nötig.
Die Technik, die hier zum Andicken der Sauce beschrieben wird, ist in den USA sehr gebräuchlich. Man kann sogar kleine, extra dafür bestimmte Schüttelbecher kaufen, um Mehl mit Wasser darin zu vermischen.

Geschmorte Zwerchrippe
Braised Short Ribs

Ein Fleischgenuß, den wir kaum kennen, der in Amerika jedoch sehr geliebt ist. *Short Ribs* werden daheim und in Restaurants angeboten.

2—3 kg Zwerchrippe vom Rind (Querrippe), vom Metzger auf eine Knochenlänge von etwa 10 cm gesägt, überschüssiges Fett abgeschnitten, Stücke aus jeweils 2 oder 3 Rippen geschnitten
40 g Schmalz
1 TL Salz
Pfeffer aus der Mühle
1 große, gewürfelte Zwiebel
1 Möhre, geschrappt und in Scheiben geschnitten
1 Prise Thymian
1/4 l Tomatensaft
1 EL Tomatenmark
ca. 1/2 l Fleischbrühe (Würfelbrühe möglich)
1 Lorbeerblatt
2—3 EL Worcestershiresauce
einige Spritzer Weinessig

Rippenstücke zusammen mit dem Schmalz in eine möglichst großflächige Bratreine legen, salzen und pfeffern und im Backofen bei größter Hitze etwa 20 Minuten anbraten. Dabei einmal wenden. Die Rippen sollen gebräunt werden. Zwiebel und Karotte zufügen, umrühren und weitere 5 Minuten im Ofen lassen. Überflüssiges Fett abgießen. Tomatensaft mit Tomatenmark verrühren, zusammen mit der Hälfte der Brühe zugießen. Lorbeerblatt und noch etwas Salz und Pfeffer sowie Thymian zugeben und zugedeckt bei 180° C noch eine gute Stunde im Ofen schmoren lassen. Fleisch dabei zweimal umdrehen und evtl. Brühe nachgießen. Sobald das Fleisch so weich ist, daß es sich leicht von den Knochen löst, nimmt man es heraus und stellt es warm. Die Sauce durch ein Haarsieb passieren. Bratsatz in der Reine mit wenig Brühe loskochen und ebenfalls zur Sauce geben. Diese abschmecken mit Worcestershiresauce und Weinessig und zum Anrichten über das Fleisch gießen.

Gefülltes Filetsteak, Seite 88. ▷

24

Since 1857
Buena Vista
USA
1986
Carneros
CABERNET
SAUVIGNON
75 cl

Rotes Pökelfleisch-Haschee
Red Flannel Hash

Der amerikanische Name dieser Speise ist ebenso ungewöhnlich wie lustig, nennt er doch ein Haschee nach roter Flanell-Unterwäsche, die einstmals unbedingt zur Winterbekleidung gehörte. Ein englischer Freund sagte mir, daß ihn dieses Gericht an sein heimatliches *«Bubble and Squeak«* erinnere. Ich muß dabei an Labskaus denken. Wenn ich in den USA Freunde zu Labskaus einlade, dann erkläre ich ihnen, das sei eine Luxusausgabe von *Red Flannel Hash.* — Da die Seefahrt in New England eine ebenso große Rolle spielte wie in Norddeutschland, könnten tatsächlich beide Gerichte aus derselben Kombüse stammen.

- 40 g Butter oder Schmalz
- 2 mittelgroße Zwiebeln, klein geschnitten
- 3 große Pellkartoffeln, geschält und kleingewürfelt
- 1 1/2 Tassen gekochte und gewürfelte Rote Bete
- 1 Büchse Corned Beef (340 g Inhalt)
- 1/8 l saure Sahne
- Salz und Pfeffer aus der Mühle

In einer schweren Pfanne, die möglichst beschichtet sein sollte, das Fett erhitzen.
Die Zwiebeln, gewürfelten Pellkartoffeln, Rote Bete mit dem zerdrückten Corned Beef vermischen. Saure Sahne einrühren und dabei mit Salz und Pfeffer kräftig abschmecken. Alles in der Pfanne zu einem großen, dicken Pfannkuchen (wie Schweizer Rösti) zusammendrücken. Auf nicht zu starker Hitze so lange braten, bis am Boden eine schöne, braune Kruste entstanden ist. Flachen Deckel auflegen, Pfanne und Deckel zusammen mit einem Wuppdich umdrehen. Pfanne wieder auf den Herd setzen, evtl. noch etwas Fett hineingeben und das Haschee vom Deckel aus so hineingleiten lassen, daß die gebackene Seite oben ist. Wenn die Unterseite ebenfalls schön braun und knusprig geworden ist, sofort servieren. Dazu gehören Sauerkonserven sowie Krautsalat.

Hochrippenbraten
Standing Rib Roast

Die Hochrippe ist bei uns sowieso nur etwas für Kenner, die um den ausgezeichneten Geschmack und die Saftigkeit dieses Rindfleischstücks wissen. So gut wie unbekannt ist ein festlicher Braten, den man in den USA ganz besonders schätzt.
Für 4 Personen lohnt es sich kaum, ein solches Fleischstück zu braten. Mit den hier angegebenen Zutaten werden gut 6 Personen satt und glücklich.

- 2 1/2 kg Hochrippe in einem Stück und mit den Knochen
- 1 TL getrockneter Thymian
- 1 TL getrockneter Majoran
- 8 Pfefferkörner
- 4 Wacholderbeeren
- einige Spritzer Tabasco
- 1/8 l Öl, 3 EL Zitronensaft
- Salz

Alles Fett an der Hochrippe lassen, denn es hilft, daß beim Braten das Fleisch saftig bleibt. Beim Anrichten oder auf dem Teller ist es früh genug zum Wegschneiden.
Thymian, Majoran, Pfefferkörner und Wacholderbeeren in einem Mörser fein zerreiben. Tabasco und in dünnem Strahl nach und nach Öl zugießen. Dabei heftig rühren. Zum Schluß noch Zitronensaft zufügen. Es muß eine streichfähige Würzpaste entstehen. Auf allen Seiten den Braten massierend damit einreiben. In Folie eingepackt über Nacht in den Kühlschrank legen. Vor dem Braten muß er auf Zimmertemperatur gebracht werden.
Den Backofen auf 250° C vorheizen. Den Braten mit Knochenseite nach unten auf einen Rost legen, über der mit 2 Tassen Wasser gefüllten Fettwanne. Nach 20 Minuten muß die Temperatur auf 175° C reduziert werden. Jetzt salzen, nach 75 Minuten müßte der Braten dann noch sehr rosa sein; nach 90 Minuten sollte er innen nur noch einen zarten rosa Schimmer haben; nach 2 Stunden ist er durchgebra-

ten und schmeckt natürlich nicht mehr so gut, wie nach kürzerer Garzeit.
Während des Garens sollte es nicht nötig sein, den Braten zu begießen, da die Fettschicht diese Aufgabe übernimmt. Evtl. muß man noch etwas Wasser in die Fettwanne gießen, damit das abtropfende Fett nicht verbrennt. Legt man Zwiebelscheiben und Scheiben von Möhren und Selleriestücke in die Fettwanne, so kann man aus deren Inhalt nachher eine herrliche kurze Sauce machen, die natürlich entfettet werden muß.
Der Braten sollte unbedingt 5 bis 10 Minuten vor dem Tranchieren ruhen, wobei man ihn mit Alufolie abdeckt. Beim Schneiden stellt man ihn gern so, daß die Knochenreihe senkrecht steht. Die Scheiben werden also waagerecht abgeschnitten, dabei geht dann kein Tropfen vom herrlichen Fleischsaft verloren.
Zu Rib Roast schmecken »Baked potatoes« und Rosenkohl.

Schweinebraten New Orleans
Orange Glazed Pork Roast

Beim Kochen sollte man nicht unbedingt den Jazz-Fans folgen und »Nu Orleens« sagen. Die meisten Amerikaner betonen nämlich sehr nachdrücklich den Anfangsbuchstaben »O«.
Jeder Schweinebraten bekommt durch die nachfolgend vorgeschlagene Zubereitung das einmalige Flair der berühmten Stadt in Louisiana.

Zuerst die Orangen-Glasur zusammenrühren:
4 EL Orangenmarmelade, 4 EL Orangensaft
4 EL Rôtisseur-Senf (oder scharfen Senf)
und 2 EL brauner Zucker
Für den Braten braucht man für 6 Portionen:
Ca. 1 kg Schweinebraten (knochenloses Kotelettstück)
3 Knoblauchzehen oder auch mehr
Salz und Pfeffer aus der Mühle
1 TL gerebelte Salbeiblätter (getrocknete)
1 EL getrockneten Rosmarin
1/4 l Orangensaft, 1 Spritzer Tabasco
1 kräftigen Schuß Orangenlikör (Grand Marnier)

In den Braten kleine Einschnitte machen, vor allem auf der fetten Seite, und mit längs zerteilten Knoblauchzehen spicken. Salz, Pfeffer, Salbei und Rosmarin miteinander vermischen und allseitig auf dem Braten mit Hilfe des Handballens festdrücken. Auf einem Rost über der Fettwanne im vorgeheizten Ofen bei 180 ° C ca. 2 Stunden braten. Dabei 15 Minuten vor Ende der Garzeit mit der Glasur bestreichen. Während der fertige Braten unter Alu-Folie kurz ruht, werden Bratsaft und Kruste in der Fettwanne auf dem Herd mit Orangensaft losgekocht. Sauce abschmecken mit Tabasco und Orangenlikör. Getrennt zum Braten reichen, den man mit Minze- oder Salbei-Blättern sowie Orangenscheiben garniert.

Würzmischung aus Louisiana
Louisiana Seasoning Mix

Wer daheim beim Braten von Fleisch, Geflügel, Fisch oder Krustentieren Erinnerungen an den kulinarisch so berühmten Südstaat wachrufen will, der benutze die folgende Würzmischung. Man kann sie in einem gut verschraubten Glas einige Monate aufheben.

4 EL Salz
1 EL weißer Pfeffer
1 Messerspitze Cayenne
1/2 TL Rosenpaprika
1 TL zerriebener, getrockneter Thymian
1 TL Zwiebelpulver
1 TL Knoblauchpulver

Alle Gewürze gut miteinander vermischen, in ein Schraubglas füllen und je nach Bedarf davon auf das Grill- oder Bratgut streuen. Bei dessen Genuß kann man dann vom *Vieux Carré* in New Orleans oder von den Raddampfern auf den gewundenen Wasserwegen der *Bayou* träumen.

Hochrippenbraten, Seite 92. ▷

Kreolische und Cajun Küche
Creole Cajun Cooking

In der zweiten Hälfte der achtziger Jahre wurde diese Art zu kochen der kulinarische Mode-Hit in Amerika. Schon viele Jahrzehnte vorher hatten Besucher im Mündungsdelta des Mississippis und des berühmten *Mardi-Gras* (Karneval) von *New Orleans* die dortige Küche als wichtiges Reiseerlebnis genossen.

Fremde tun sich schwer bei der Unterscheidung der beiden Küchen, die sich in Phantasiereichtum und kräftiger Würze ähneln. Dabei ist die kreolische Zubereitung allgemein etwas eleganter, sie ist städtisch, fast weltmännisch. Die *Cajuns* kochen ländlicher, etwas derber und handfester. Wo die *Kreolen* Butter und Sahne verwenden, greifen die Cajuns eher zu Speck, Schmalz und dunklen Einbrennen. Beide sind Meister in der Zubereitung ihrer frischen Gemüse und der vielfältigen Köstlichkeiten, die ihnen Fluß und Meer liefern, und Großmeister im Mischen von Fisch, Fleisch, Gemüsen und Würzen zu eintopfähnlichen Gerichten. Zwei Zutaten sind dabei besonders typisch, weil man sie anderswo in den USA so gut wie nicht verwendet: Das ist Okra (Eibisch) als besonderes Gemüse und Filé-Pulver, das aus einer einheimischen, getrockneten Pflanze namens Sassafras gewonnen wird und zum Andicken dient.

Kreolen werden die Abkömmlinge aller Einwanderer aus Europa, vor allem aus den romanischen Ländern genannt, die auch über die Karibik kamen und Mulatten mitbrachten. Das Wort leitet sich vom spanischen *»criollo«* ab.

Interessant ist die Geschichte der *Cajuns* (gesprochen Käätschens). Sie waren ursprünglich französische Siedler im Norden des Kontinents, im heutigen Kanada. Als die Engländer in diesem Gebiet die Herrschaft übernahmen, wurde ihr katholischer Glaube bedroht, und sie flüchteten deshalb weit nach Süden ins französische Territorium von *Louisiana.* Dort waren sie zunächst bekannt als *Acadians.* Ausspracheschwierigkeiten machten daraus *Cajuns,* ebenso wie aus Indians (Indianer) *Injuns* wurden.

Die wechselvolle Geschichte *Louisianas* (nach Ludwig XV. von Frankreich so benannt) spiegelt sich in der Regionalküche wider und machte sie so köstlich, wie wir sie heute kennen. Franzosen entdeckten das Gebiet und waren die ersten Bewohner. Dann wurden Tausende von deutschen Siedlern ins Land geholt, als deren Hinterlassenschaft heute noch die Mehlschwitze Saucen und Suppen beherrscht. Dann erschienen die Spanier, Flüchtlinge kamen aus Acadien, von den Kanarischen Inseln und aus Haiti. Napoléon schließlich verkaufte die Provinz an die USA, sie wurde der 18. Bundesstaat. Flüchtlinge kamen weiter aus Irland, Italien und dem ganzen karibischen Raum. *Mrs. Terry Thompson,* geachtete Lehrerin der dortigen Kochkunst, beschreibt in ihrem Buch *«Cajun Creole Cooking«* die Zutaten dieser Küche so: Französische Grundlage, spanische Gewürze, verbunden mit afrikanischen Gemüsen, karibische Einflüsse, deutsches Schweinefleisch, irische Kartoffeln und Tomaten mit Knoblauch aus Italien. Und schließlich haben in diesem Mischmasch auch noch Schweizer, Holländer, atlantische Inselbewohner und Malayen ein bißchen herumgestochert. — Und ich würde hinzufügen: Die Amerikaner haben mit ihrer großzügigen Toleranz Fremdartigem gegenüber und ihrer unbefangenen Neugier das beigesteuert, was zur ruhmvollen Karriere der Küche von New Orleans noch gefehlt hatte — kontinentale Anerkennung.

Gegrillte Schweinerippen Spareribs

Aufgemerkt, jetzt kommt eine der köstlichsten Kreationen der amerikanischen Kochkunst! Wer sie einmal richtig zubereitet gegessen hat, der wird das Wort *Spareribs* nie mehr vergessen. Es erscheint mir auch recht und billig, daß wir dieses Gericht bei seinem amerikanischen Namen nennen. Die Amerikaner geben uns ja schließlich auch die Ehre und sagen »Sauerbraten« oder sogar »Schnitz en Knepp«.
Unsere Metzger kennen inzwischen den Begriff *Spareribs,* fast alle bieten sie an. Leider sind sie oft völlig falsch geschnitten. Unsere Metzger meinen es offensichtlich zu gut mit ihrer Kundschaft und wagen es nicht, ihr Knochen anzubieten, an denen nur ganz wenig Fleisch hängt. Also lassen sie auf den Schweinerippen zentimeterdick Fleisch und Fett stehen. Das gibt nie und nimmer Spareribs. Nur Millimeter darf die Auflage auf den Rippen messen, dazwischen sitzt ja auch noch Fleisch, und das hat durch seine enge Verbindung zum Knochen einen unnachahmlichen Geschmack. — Ich erinnere mich, daß ich in meiner Jugend in Frankfurt oft Leiterchen gegessen habe. Das waren gepökelte *Spareribs,* die man im Kessel oder in Sauerkraut kochte. Amerikanische *Spareribs* sind natürlich ungepökelt und nicht vorgekocht — wenn man sie einkauft. Sie hören auch auf den deutschen Namen »Schälrippchen«. Am besten läßt man sie gleich auf eine Länge und Breite sägen und schneiden, die uns später die Handhabung erleichert. Spareribs sollten in der Breite — also in der Länge der Rippenknochen — nicht viel mehr als 10 cm messen. Sind die Stücke nicht länger als 20 cm, so passen sie noch gut auf den Teller.
Die Vorrede ist bisher schon reichlich lang, jedoch immer noch nicht zu Ende. Eine so bedeutende Speise verdient alle Sorgfalt, nicht nur in der Auswahl und Zubereitung, sondern auch in der Darstellung.
Innerhalb Amerikas rühmen sich die Texaner, die wahren und somit auch besten *Barbecuer* von *Spareribs* zu sein. Andere Bundesstaaten oder auch Städte, wie etwa *Chicago* und *Kansas City,* machen ihnen den Ruhm streitig. Zudem hat jedes Restaurant und jeder Amateurkoch sein eigenes Rezept. Wie Männer nun einmal sind, wenn es sich um ihr Hobby handelt, verstehen sie keinen Spaß und halten sich für die Größten. (Ich vermute sogar, daß Grillen nur so beliebt werden konnte, weil es für die Männer ein Ausdruck ihrer Gleichberechtigung ist.)
Bei den Spareribs kommt es auf zwei Dinge an: Garmethode und Pinselsauce.
Zweifellos gibt das Grillen über Holzkohle oder — wie in den USA so beliebt — über Hickory den besten Geschmack. Das wunderbare Raucharoma ist durch nichts zu ersetzen. Um es zu verstärken, werden zuweilen die Rippen erst kurz geräuchert. Puristen lehnen das als Verfälschung ab. Sie erlauben höchstens, daß auf die Grillglut würzige, angefeuchtete Holzspäne geworfen werden, deren Rauch als Aromaverstärker wirkt.
Entscheidend ist, daß Spareribs über nicht zu heißer Glut gegrillt werden. Man hebe also den Rost an, damit sie nicht verbrennen. Zeiten können nicht angegeben werden, der Grillmeister muß immer wieder die Situation prüfen, *»he must play it by ear«,* wie die Amerikaner sagen, obwohl ihm das Ohr dabei wenig hilft, er muß sich auf sein Fingerspitzengefühl verlassen. Da aber nicht immer und auch nicht in allen Teilen der USA und ebensowenig bei uns nur schönes Wetter herrscht, muß man zuweilen auf den häuslichen Herd zurückgreifen. Wie man das erreicht, dazu folgen genaue Hinweise.
Erst müssen wir noch die Frage der Pinselsaucen klären. Soll man die Spareribs vorher darin einlegen? Darüber streiten sich die Experten. Jeder soll es nach seinem Gusto halten. Eines muß er nur beachten, daß beim Grillen über der Glut und auch im Backofen die Marinade vorher abgekratzt werden muß, da sie (fast immer) Bestandteile enthält, die karamelisieren und dabei so verbrennen könnnen, daß sie bitter schmecken. — Eine andere Frage ist, ob man Spareribs vorgaren soll. Das kann in Salzwasser im Topf oder in der Folie im Backofen geschehen. Die Grillzeit wird dadurch auf etwa 10—15 Minuten abgekürzt, sodaß keine Pinselsauce mehr verbrennen kann. Hat man viele Gäste und zu kleine Grills oder Herde, kann man sich durch Vorgaren helfen.

Es gibt Hunderte von Barbecuesaucen. Begeisterte Hobbygriller stellen sich natürlich ihre eigenen her und versuchen immer wieder neue Geschmackskompositionen. Fast alle enthalten sie Öl, Essig und eine Form von Tomatenketchup. Dazu kommt jede nur erdenkliche Kräutermischung; Thymian und Oregano sind besonders beliebt. In den USA wird auch oft Kreuzkümmel verwendet. Orangen(saft) und Pfirsich(saft) scheinen immer beliebter zu werden. Die süß-sauer-scharfe Richtung herrscht vor. So werden scharfe Pfeffersaucen und Zucker in die Marinaden gemischt. Neuerdings werden ebenfalls immer beliebter: Ingwer, Sojasauce, Koriander sowie verschiedene Würzsaucen wie Hoi-sin oder auch die Pickapeppersauce aus Jamaika.
Es folgen verschiedene Saucenvariationen.
Vorher muß noch darauf hingewiesen werden, daß es in jedem amerikanischen Supermarkt mindestens ein Dutzend verschiedene Grillsaucen gibt. Ständig kommen neue auf den Markt. Viele von ihnen sind sogar ausgezeichnet. Auch bei uns findet man sie schon gelegentlich.

Schweinerippen aus dem Ofen
Oven Barbecued Ribs

Dies ist ein Grundrezept, das die verschiedenen Variationen der Zubereitung erklärt.

Einkauf:
Pro Person rechnet man etwa 400 g *Spareribs.* (Für Grillveranstaltungen, bei denen bekanntlich die urtümliche Freude ausgiebigen Futterns besonders groß ist, sollte man die Menge pro Person auf ein gutes Pfund erhöhen).
Vom Metzger die Rippenstücke so schneiden lassen, daß man sie bei der Zubereitung und beim Essen gut handhaben kann. Vor allem ist es wichtig, daß die einzelnen Rippenknochen nicht länger als ca. 10 cm sind; das evtl. nötige Einkürzen muß der Metzger vornehmen, da man dazu eine Säge braucht. Die Anzahl der zusammenhängenden Rippen kann man auch daheim selbst noch regulieren, da man dazu nur ein scharfes Messer braucht.
Einige Spareribs-Freunde ritzen das Fleisch zwischen den Knochen mit einem scharfen Messer etwas ein, weil sie die Pinselsauce (oder beim Einlegen die Marinade) besser eindringen lassen wollen.

Vorbereiten:
Das Einritzen ist schon eine der Vorbereitungen, die allerdings nicht unbedingt nötig ist.
Umstritten ist die zweite Vorbereitung, das Einlegen, Marinieren. Dazu wählt man eine der Pinselsaucen, die man allerdings in ausreichender Menge herstellen muß. Die Zeit, in der die Spareribs marinieren sollen, ist beliebig. Sie hängt auch von der Intensität der Marinade ab. Mindestzeit sollte 3 Stunden sein, oft läßt man über Nacht marinieren. — Kommen die Rippen dann gleich in den Ofen, ohne daß man sie abdeckt, so wische man mit Küchenkrepp so viel Marinade wie möglich vorher ab, damit sie nicht schwarz verbrennt.

Vorgaren:
1. Vorkochen in reichlich Wasser, das sprudeln soll, wenn man die Rippen einlegt. Wallt es wieder auf, so reduziert man die Hitze und läßt die Rippen ca. 1 Stunde köcheln. — Die genaue Zeit richtet sich nach dem Alter der Tiere, von denen die Spareribs stammen. In den USA liebt man besonders die von sehr jungen Tieren, die man dann *Baby Ribs* nennt.
2. Vorgaren im Backofen in Aluminiumfolie. Dazu packt man die Rippen einzeln oder zu mehreren Stücken in Folie. Zwei bis drei Spritzer Wasser dazu können nichts schaden. Man kann auch die Spareribs in die Fettwanne packen, einige Eßlöffel Wasser zugeben und sie dann mit Alufolie zudecken, wobei die Folienränder unter die Formränder gedrückt werden sollten.
Garzeit in Folie: etwa 1 1/2 Stunden bei 200 Grad.

Zubereitung:
Vorgegarte Spareribs kann man noch heiß mit der Pinselsauce bestreichen. Sie kommen — ob heiß oder kalt — mit der Sauce bestrichen in den Backofen. Backzeit ist dann etwa 25 Minuten bei 180 ° C.

◁ Spareribs (oder Schweinerippen), Seite 97/98, bekommen den letzten Pfiff mit Pinselsaucen, Seite 101 bis 103.

Während der letzten 5 Minuten kann man gegebenenfalls die Ofenhitze auf 220 ° C erhöhen, damit die Kruste knuspriger wird und eher nach gegrillt aussieht.
Frische, nicht vorbehandelte Spareribs legt man nebeneinander in eine mit Alufolie ausgelegte Fettwanne (oder Backblech), salzt und pfeffert ganz wenig und läßt sie im vorgeheizten Ofen bei 180 ° C 45 bis 60 Minuten garen. Man kann dabei ein kleines Schälchen mit Wasser in den Ofen stellen, damit die Luft angefeuchtet wird. Für den letzten Teil des Garens muß es allerdings herausgenommen werden. — Nachdem die Spareribs fast gar sind, zieht man sie aus dem Ofen und bestreicht sie mit der gewünschten Pinselsauce. Ofenhitze auf 220 ° C erhöhen. Weitere 10 bis 20 Minuten garen. Dabei noch mindestens einmal mit Pinselsauce bestreichen. Aufpassen, daß die Kruste an keiner Stelle schwarz wird. Spareribs heiß servieren.

Barbecuen im Freien
Outdoor Barbecuing

Einkauf, Vorbereiten und Vorgaren entsprechen dem, was für die Zubereitung im Ofen gesagt wurde.
Für das Grillen über Glut können keine Zeiten angegeben werden, da die Hitzeintensität je nach Art des Grills und der Feuerung sehr unterschiedlich ist. Auch der Wind kann eine große Rolle spielen. Wichtig ist auf jeden Fall, daß die Spareribs, vor allem, wenn sie noch nicht vorgegart sind, auf geringer Hitze, also mehr als 10 cm über der Glut gegart werden. Unter Umständen kann man sie dabei locker mit Alufolie zudecken, Glanzseite nach unten. Die Gesamtgarzeit dürfte für nicht vorgegarte Rippen bei 90 Minuten liegen. Erst während der letzten 15 Minuten mit Marinade einpinseln auf der Fleischseite und diese nach unten drehen; Oberseite (Knochenseite) auch leicht einpinseln. Nach dem Grillen können die Spareribs noch ca. 10 Minuten gut in Folie eingepackt und so warmgehalten werden.

Pinselsaucen
Barbecue Sauces

Diese Saucen werden unterschiedlich zubereitet. Einige rührt man kalt zusammen, andere werden gekocht. Vor allem die gekochten halten sich dann wochenlang im Kühlschrank, die roh gerührten aber auch bis zu einer Woche. Auf jeden Fall in verschraubten Gläsern aufheben. Darin kann man sie vor Gebrauch dann gleich durch kräftiges Schütteln auch wieder mischen.
Alle diese Saucen eignen sich auch hervorragend für andere Arten von gegrilltem Schweinefleisch.

Alltags-Grillsauce
Everyday Barbecue Sauce

Dies ist sozusagen ein Grundrezept.

1 mittelgroße Zwiebel, sehr fein gehackt
1 durchgedrückte Knoblauchzehe (oder auch mehr)
10 EL brauner Zucker
1 TL Salz
mehrere Umdrehungen Pfeffermühle (schwarzer Pfeffer)
10 EL Tomatenketchup
1—2 EL Essig
einige Spritzer Worcestershiresauce
2—3 TL Senfpulver

Alle Zutaten in einem kleinen Topf mit dickem Boden verrühren und über schwacher Hitze 15 Minuten köcheln. Dabei mehrmals rühren. Sauce kann heiß, warm oder kalt aufgestrichen werden.

Häufige Abwandlungen dieser Sauce:
Honig oder Ahornsirup anstatt braunem Zucker. Zusätzlich etwas scharfe Pfeffersauce, die man fertig kauft; in diesem Fall gegebenenfalls die Menge des Ketchups verringern. Das Senfpulver kann auch durch einige Teelöffel scharfen Senf ersetzt werden.

Südstaaten Sauce
Old Fashioned Southern Sauce

Wer bei Spareribs von den alten Südstaaten träumen will und sich gern an die leidenschaftlichen Damen und Herren aus »Vom Winde verweht« erinnert, der lasse sich von dem folgenden Rezept inspirieren.

1/4 l Tomatensaft
4 EL Bourbon Whiskey
6 EL brauner Zucker
4 EL Zitronensaft
4 EL scharfer Senf
4 EL Pfirsichmarmelade (auch Gelee möglich; ersatzweise verwendet man Aprikosenmarmelade oder man püriert Pfirsiche aus der Konservendose
1 EL Tabasco
1 kräftige Prise Salz

Alle Zutaten miteinander verrühren und in einem kleinen Topf mit dickem Boden eine gute Viertelstunde köcheln. Dabei mehrmals rühren.

Currysauce
Curried Sauce

- 1 EL Öl
- 1—2 TL Currypulver
- 1 durchgepreßte Knoblauchzehe
- 4 EL Wasser
- 2 EL Essig
- 2 EL mittelscharfer Senf
- 2 EL brauner Zucker
- Salz

Öl in der Pfanne erhitzen und darin das Currypulver unter ständigem Rühren kurz anrösten. Nach 2 Minuten Knoblauch zugeben und 2 Minuten weiter rösten. Ablöschen mit dem Wasser. Weitere Zutaten einrühren, Hitze reduzieren und unter Rühren noch 5 Minuten köcheln lssen. Abschmecken mit Salz. Möglichst warm auf die Spareribs streichen.

Orientalische Sauce
Oriental Barbecue Sauce

Da Schweinefleisch in der chinesischen Küche eine große Rolle spielt, hat man dort natürlich im Laufe der Jahrtausende auch viele Marinaden dafür entwickelt. Über *Hawaii* und *Kalifornien* kamen sie in die USA, wurden dort mit vorgefertigten Produkten (die man inzwischen auch bei uns bekommt) abgewandelt und erweiterten die Geschmacksvariationen des Grillvergnügens.

- 1 EL Tomatenketchup
- 1 Spritzer Tabasco
- 5 EL flüssiger Honig
- 4 EL Sojasauce
- 4 EL Hoisin Sauce
- 2 EL Reiswein oder trockener Sherry
- 2 EL brauner Zucker
- 2 durchgepreßte Knoblauchzehen
- 1 EL sehr fein geschnittener, frischer Ingwer
- 1 Messerspitze Cayenne
- 1 kräftige Prise Zwiebelpulver
- 1/2 TL gemahlener Koriander
- Salz und weißer Pfeffer aus der Mühle

Alle Zutaten sehr gut miteinander vermischen, am besten mit den Rührbesen eines Handmixers. Abschmecken mit Salz und Pfeffer. Ohne vorheriges Kochen zu verwenden.

Orangensauce
Orange Flavoured Sauce

- 40 g Schweineschmalz
- 2 große Zwiebeln, sehr fein gehackt
- 2—3 TL Chilipulver
- 1/4 l Tomatenketchup
- 3 EL brauner Zucker
- 1/2 TL gemahlener Ingwer
- 1/4 l Orangensaft
- evtl. Abrieb 1 Orange
- Salz

In einem Topf mit dickem Boden oder in einer Pfanne das Schmalz zerlassen und darin die Zwiebeln sehr gut glasig werden lassen. Ständig dabei rühren, die Zwiebeln dürfen nicht dunkelbraun werden. Hitze reduzieren. Restliche Zutaten einrühren und etwa 10 Minuten köcheln. Die Sauce soll dabei etwas einkochen. Mit Salz abschmecken.

Gefüllter Kotelettbraten
Stuffed Pork Roast

Seit einigen Jahren schon wenden sich immer mehr Amerikaner aus Diätgründen vom »roten Fleisch«, also Schlachtfleisch, ab und Geflügel, also »weißem Fleisch« zu. Dagegen haben die Schweinefleischproduzenten 1989 eien große Werbekampagne gestartet. Mit dem Slogan »das andere weiße Fleisch«, gelang es ihnen innerhalb kurzer Zeit Millionen ihrer Landsleute wieder für das Fleisch vom Borstenvieh zu begeistern.
Hier ist ein nicht alltäglicher Schweinebraten, wie man ihn in südlichen Bundesstaaten liebt.

1 Kotelettbraten mit Knochen von gut 2 kg
Füllung:
7 Tassen Brösel von Maisbrot (Rezept S. 204)
2 Tassen Paniermehl (besser: Mutschelmehl)
1 TL Salz
1/4 TL Pfeffer aus der Mühle
1 TL getrocknete, zerriebene Salbeiblätter
1 EL sehr fein gehackte Petersilie
2 EL Öl
1 große, gehackte Zwiebel
2 Tassen Bleichsellerie in kleinen Würfelchen
gut 1/4 l Fleischbrühe, am besten aus dem Glas; wird auch als Fond verkauft

Den Braten zwischen den Rippen bis auf den Knochen einschneiden. Wieder zusammendrücken und in flachem Geschirr im vorgeheizten Backofen bei 170 ° C eine Stunde garen.
Zur Füllung Maisbrösel, Paniermehl und Gewürze vermischen. Im Öl die Zwiebel und Sellerie gut glasig werden lassen und samt Fett zu den Bröseln schütten. Mit der Fleischbrühe zu einer glatten Füllung verarbeiten.
Den Braten herausnehmen, etwas abkühlen lassen, aber nur so weit, daß man damit arbeiten kann, und zwischen die auseinandergedrückten Fleischscheiben so viel der inzwischen vorbereiteten Füllung packen, wie ohne Gewalt hineingeht. Restliche Füllung auf dem Boden des flachen Geschirrs verteilen und den gefüllten Braten mit den Knochen nach unten daraufsetzen. Eine Stunde lang weiter braten. Die auf dem Boden des Geschirrs gegarte Füllung wird als Beilage zum Braten serviert.

Schinken

Riesige gebratene Schinken prangen auf den österlichen Festtafeln Nordamerikas. Wie Truthahn zu Erntedank und Weihnachten gehört, so gehört Schinken zu Ostern. Diese Sitte hat wohl ihren Ursprung im ländlichen Jahresablauf. Im Spätherbst wurde geschlachtet und zu Ostern waren dann die Schinken fertig.
Ganze Schinken sind heute auch für amerikanische Durchschnittsfamilien zu groß, deshalb türmen sich jetzt in den Fleischtheken halbe Schinken, die immer noch mehrere Kilo schwer sind. Ganz selten und sehr teuer sind echte rohe Schinken, bekannt als *Smithfiel Hams* aus dem Südstaat Virginia. Ihr Weltruhm war schon früher so groß, daß Queen Victoria sie sich nach London schicken ließ.
Schinken, die der Amerikaner heute kauft, sind nur kurz geräuchert und dann in Dampf gegart, stellen also ein Mittelding zwischen rohem und gekochtem Schinken dar.
Wer bei uns einen echten amerikanischen Schinkengenuß haben will, der muß bei der Zubereitung einige Tricks anwenden. Am einfachsten ist es, gekochten Schinken (Hinterschinken natürlich) so zu verwenden, wie man ihn eingekauft hat. Das ist dann aber immer nur ein Ersatz. Die wahre Sache — *the real McCoy*, würde der Amerikaner sagen — ist es, wenn man einen rohen Schinken mit viel heißem Wasser und einer harten Bürste kräftig behandelt, dann 2 Tage in mehrfach zu wechselndem, kaltem Wasser ziehen läßt und anschließend kocht oder Scheiben davon brät oder grillt.

Schinkensteak
Ham Steak

— möglichst grillen, über Holzohle oder im Ofen.

1 Scheibe vorbehandelter Schinken, 2 1/2 cm dick aus der Mitte geschnitten (sehr gut »Farmer Schinken« aus einem bekannten Großbetrieb in vielen Supermärkten erhältlich)

Für die Sauce:

3 EL scharfer Senf

1/2 EL Senfpulver

2 EL saure Sahne

3 EL Mayonnaise

2 EL Honig

1 EL Zuckerrübensirup

Schinkenscheibe an den Rändern einschneiden. Auf (oder unter) dem heißen Grill gut 10 Minuten bräunen. Umdrehen und mit der Sauce bestreichen, die aus den restlichen Zutaten gerührt wurde. Weitere 10 bis 12 Minuten garen. Unter dem Elektrogrill erst während der letzten drei Minuten mit Sauce bestreichen. Restliche Sauce separat servieren.
Dazu Pellkartoffeln, Maisbrot oder *Spoon bread* (siehe S. 204).

Gebackener Schinken
Baked Ham

(Größe zwischen 4 und 20 Pfund, genaue Mengenangaben können nicht gemacht werden, da sie sich nach dem jeweiligen Stück richten)

1 roher Schinken oder die Hälfte davon,
quer zum Knochen geteilt;
vorbehandelt wie auf Seite 104 beschrieben

brauner Zucker, gemischt mit
1/10 der Menge Senfpulver

einige Nelken

Orangensaft

brauner Zucker, gemischt mit
abgeriebener Orangenschale

einige Ananasscheiben

einige Cocktailkirschen

Den vorbehandelten Schinken in reichlich Wasser kochen — 25 Minuten je 500 g Rohgewicht, sehr große Stücke brauchen länger. Abkühlen lassen im Sud. Herausnehmen und die Schwarte entfernen. Mit einigen Nelken bestecken und mit dem Gemisch aus Zucker und Senfpulver überziehen. Ofen auf 225° C vorheizen, Schinken einschieben, die Hitze auf 185° C verringern und 25 Minuten backen. Dann mit reichlich Orangensaft, anschließend mit dem Gemisch aus braunem Zucker und Orangenschale bestreichen, Ananasscheiben und Kirschen zur Garnierung auflegen und weitere 25 bis 30 Minuten backen.
Zur Sauce verkocht man gern Apfelwein mit reichlich braunem Zucker, einigen Nelken und Orangensaft. Zum Schluß wird ein Schuß Bourbon-Whiskey zugefügt. — Als Beilage sind Süßkartoffeln beliebt.

Bärentatzen
Bear feet

Dieses Rezept ist lediglich als Information gedacht. Wer die Indianergeschichten seiner Jugend noch nicht vergessen hat, der erinnert sich bestimmt, wie es seine Phantasie beflügelt hat, wenn er las, wie die Rothäute sich an Bärentatzen gütlich taten.
Das folgende Rezept ist ein Beitrag aus *Alaska* — immerhin der flächenmäßig größte Bundesstaat der USA. Es handelt sich um eines der Original-Eskimo-Rezepte, die in den fünfziger Jahren von einer Lehrerin unter Eskimofamilien gesammelt wurden.

Übersetzung des Originalrezepts: »Die meisten Leute essen Bärentatzen lieber als das Fleisch. Wir kochen sie lange und geben dabei Salz zu. Vier Tatzen benötigen etwa einen Teelöffel Salz. Aus dem Topf nehmen (nach dem Kochen) und erkalten lassen. Man ißt sie mit Robbenöl.«

Bärenbraten
Bear Rump Roast

Auch das ist ein Jugendtraum-Erinnerungsrezept, das jedoch durchaus nachkochenswert ist — wenn es gelingt, ein Stück Bärenkeule zu bekommen. Das Rezept stammt von Krähe-Indianern.
Ein knochenloses Stück Bärenkeule von 2 1/2 Kilo wird zunächst in einen großen Topf mit sehr viel kochendem Wasser geworfen und bleibt gut 5 Minuten darin, um einen Teil seines Fettes zu verlieren. Dann macht man zahlreiche Einschnitte mit einem spitzen Messer und spickt das Fleisch mit Stücken von (wilden) Zwiebeln. Ringsum mit Salz, gestoßenem Pfeffer und gerebeltem Thymian einreiben und in 40 Gramm Butter anbraten. Danach im Backofen bei 150 ° C auf einem Rost über einer Fettwanne mit Wasser gut 4 Stunden garen. Dabei immer wieder begießen. Anschließend mit Ahornsirup bestreichen und weitere 2 Stunden im Ofen garen. Dazu gibt es dann dicke Bohnen.
Wenn der Sohn ein Indianerfan ist, könnte man ihm zum Geburtstag wahrscheinlich eine große Freude mit diesem Bärenbraten machen, auch wenn man nur Rindfleisch dafür verwendet.

Alligatoren
Gators

In mehreren Südstaaten gibt es Alligatoren. Meine Erfahrungen stammen aus *Florida.* Im Jahre 1964 wurde dort die Jagd auf Alligatoren gesetzlich verboten. Inzwischen haben sich die Echsen sehr stark vermehrt. In Lagunen wagt niemand mehr zu schwimmen. An den Wasserlöchern der vielen Golfplätze stehen Warnschilder *»Beware of gators!«.* Während der Paarungszeit im Frühling werden die so schwerfällig wirkenden Alligatoren erstaunlich munter. Sie ziehen nachts weit über Land, nicht selten finden die Bewohner morgens einen in ihrem swimming pool. Dann wird der Sheriff alarmiert, und der holt den Alligator-Mann. Solche Trapper sind, in jedem Landkreis einer oder auch mehrere, staatlich lizensiert.

Das Fleisch von Alligatoren, die zur Landplage wurden und getötet werden mußten, darf verkauft und sogar in Restaurants angeboten werden. Außerdem gibt es Alligatoren-Farmen, die ebenfalls Fleisch der Panzerechsen verkaufen. Ein Tier von etwa 2 Meter Länge liefert etwa 10 Kilo Fleisch. Am zartesten ist Schwanzfleisch, danach kommen die Kinnbacken. Die Lenden und Füße des Alligators haben zähes Fleisch, das entweder lange geschmort werden muß oder zu Hackfleisch und Spezial-Hamburger verarbeitet wird. Schwanzfleisch ist eine Delikatesse, es erinnert im Geschmack an Hühnerfleisch. Niemand, der Florida besucht, sollte es sich entgehen lassen. Man muß bei Einheimischen fragen, welche Lokale es regelmäßig servieren.
Beim Überhandnehmen der Alligatoren ist damit zu rechnen, daß ihr Fleisch auch bei uns als Tiefkühl-Ware häufiger angeboten wird. Hier ist ein Rezept für Schwanzfleisch und eines für geringere Stücke.

Alligator-Schwanz
Gator Tail

- 400 g Schwanzfleisch
- 1—2 Eier, 1—2 EL Milch
- 1 Tasse Mehl oder (besser) zerriebene Kräcker
- Salz, weißer Pfeffer aus der Mühle
- Zwiebel- oder Knoblauchpulver oder beides nach Geschmack
- Fett zum Braten oder Ausbacken

Fleisch in Stücke schneiden, die etwa 1/2 cm dick und 2—3 cm lang sind. Mit Mehl bestäuben, dann durch die mit der Milch verquirlten Eier ziehen und im Mehl oder Kräckermehl, das mit den Gewürzen vermischt wurde, wenden und in reichlich Öl in der Pfanne oder in der Friteuse goldgelb ausbacken.
Die ausgebackenen Stückchen werden heiß als Häppchen oder Vorspeise serviert. Man benutzt dazu Zahnstocher oder auch kleine Gäbelchen. Man kann die Häppchen trocken verzehren oder aber in Mayonnaise oder Remouladensauce tauchen.

Wer sie zu einem echt floridischen Genuß machen will, der serviert Palmherzen-Salat (Rezept S. 136) dazu, der in der Panzerechsen-Heimat *Swamp Cabbage Salad* (Sumpf-Kohl-Salat) genannt wird.

Alligator-Frikadellen
Gator Burgers

500 g Alligatorfleisch von der Seite oder den Füßen
100 g fettes Schweinefleisch
2 Eier
4—8 EL Brotkrumen (Paniermehl)
Salz und Pfeffer aus der Mühle
1 TL geriebene Zwiebel
1 Prise Knoblauchpulver
30 g Butterfett oder Öl zum Braten

Fleisch in kleine Stücke schneiden und zweimal durch den Wolf drehen, beim zweiten Mal zusammen mit dem Schweinefleisch. Hackfleisch mit Ei und so viel Paniermehl vermischen, wie es aufnimmt, ohne zu trocken zu werden. Angegebene Gewürze einkneten, abschmecken. Küchlein in der Größe von Frikadellen formen, flachdrücken und in der Pfanne bei nicht zu großer Hitze auf beiden Seiten braten.
Zu Gemüse oder auf Hamburger-Brötchen verzehren.

Hinweis: Ich mische zusätzlich noch 2 EL gehackte Petersilie unter den Fleischteig. Auch mit 1 EL Tomatenketchup oder kleingeschnittenem Estragon habe ich gute Erfahrungen gemacht.

Eintopfgerichte

Siedfleisch aus New England
New England Boiled Dinner

Dies ist ein uraltes Nationalgericht der Amerikaner. Es stammt aus der Zeit der frühen Besiedlung der Atlantikküste, als das Leben noch recht dürftig und die Küche bäuerlich einfach waren. Aber immer noch ist dieses gekochte Pökelfleisch ein beliebtes Winteressen. Und Mitte März genießt man es zu Ehren des irischen Nationalheiligen *St. Patrick.*

1 kg gepökelter Brustkern
4 Nelken
6 mittelgroße, geschälte und halbierte Kartoffeln
6 Karotten, geschrappt
8 kleine Zwiebeln, geschält
4 kleine weiße Rübchen oder 1—2 größere, geschält, halbiert
1 kleiner Kopf Weißkraut, geviertelt, äußere Blätter entfernt

Rechtzeitig, also mindestens eine Woche vorher, beim Metzger 1 kg mageren, gepökelten Brustkern bestellen.
In einem großen Topf in reichlich Wasser mit den Nelken auf kleiner Hitze etwa 1 1/2 Stunden köcheln lassen.
Alles vorbereitete Gemüse zum Fleisch ins Wasser geben und noch etwa 30 Minuten länger köcheln lassen, bis die Gemüse weich sind.
Fleisch quer zur Faser in Scheiben schneiden, auf einer tiefen Platte anrichten, mit etwas Sud übergießen und mit den Gemüsen umlegen.
In kleinen Schälchen kann man noch Meerrettich(sauce) oder Preiselbeeren (Cranberry Relish) zum Fleisch geben.

Hinweis: Für das irische Nationalgericht, das »*Corned Beef and Cabbage*« genannt wird, läßt man die Rübchen weg und nimmt einen etwas größeren Krautkopf.

Philadelphia Pfeffertopf
Philadelphia Pepperpot

Dies ist mehr als ein historisches Rezept, man könnte es ein Nationaldenkmal nennen. Das sind hochtrabende Worte, die jedoch durch die Entstehungsgeschichte des Pfeffertopfes zu belegen sind. Während des amerikanischen Unabhängigkeitskrieges war der spätere Präsident *George Washington* Oberbefehlshaber der «*Continental Army*«, der Streitkräfte der Freiheitskämpfer. Der Winter 1777/78 war besonders hart für die Amerikaner. Kälte, mangelhafte Winterbekleidung und Hungerrationen trieben sie zur Verzweiflung, und viele desertierten. *George Washington* befahl, seinen Soldaten eine gute, warme Mahlzeit zu geben, denn er wußte genau, daß bei leerem Bauch die Moral vor die Hunde geht. Die Schwierigkeit war nur, daß der Koch so gut wie keine Speisevorräte mehr hatte. Er kratzte zusammen, was er finden konnte und kochte einen recht armseligen Eintopf. Der geriet ihm jedoch so gut, daß die Soldaten glücklich waren. Der geniale Koch nannte seine Kreation zu Ehren seiner Heimatstadt *Philadelphia Pepperpot.* Was im Winterquartier in *Valley Forge* aus der Not entstanden war, ist zum unverzichtbaren Bestandteil der amerikanischen Küche geworden. Bis vor einigen Jahrzehnten noch wurde dieser *Pepper Pot* in *Philadelphia* von Schubkarren weg im Winter in den Straßen verkauft. Die Verkäuferinnen priesen ihren Eintopf lauthals mit einem bekannten Vers an:

»All hot! All hot!
Pepper pot! Pepper pot!
Makes backs strong,
Makes lives long.
All hot! Pepper pot!«

Hier ist eines der vielen Rezepte, die es inzwischen dafür gibt, reduziert von Bataillionsstärke auf 6 Portionen:

500 g streifig geschnittene Kutteln (Kaldaunen, Fleck)
1 Kalbshaxe, in 3 Stücke gesägt
2 l Wasser
1 TL Salz
12 Pfefferkörner, grob zerstoßen
50 g Fett (Butter, Öl, Pflanzenfett, Schmalz)
1 große Zwiebel, fein gehackt
1 Tasse kleingeschnittene Paprikaschote
1 Tasse kleingeschnittener Bleichsellerie
3 EL Mehl
2 mittelgroße Kartoffeln, geschält und in kleinen Würfelchen
1 sehr fein geschnittene, kleine, scharfe Pfefferschote ohne Samen
Pfeffermühle zum Abschmecken

In einem Suppentopf Kutteln und Kalbshaxenstücke mit Salz und den Pfefferkörnern im Wasser zugedeckt 2 Stunden lang kochen. Die Kutteln und das Fleisch müssen ganz weich sein. Beide werden aus dem Wasser genommen, das Fleisch von den Knochen gelöst und in kleine Streifchen geschnitten. Brühe passieren und beiseite stellen. Im Topf das Fett zerlassen und darin Zwiebel, Paprika und Sellerie ungefähr 5 Minuten unter Rühren angehen lassen. Mehl darüberstäuben, schnell verrühren, damit es sich mit dem Fett verbindet. In dünnem Strahl nach und nach die Brühe zugießen und ständig dabei rühren. Zum Kochen bringen. Kartoffelwürfelchen und fleischige Teile hinzufügen. Noch einmal etwa 1/2 Stunde mit den scharfen Pfefferstückchen köcheln lassen. Abschmecken und heiß servieren.

Anmerkung: Obowhl sie nicht zum Originalrezept gehörten, da es zu jener Zeit im Winter garantiert keine Tomaten gab, werden inzwischen häufig Tomaten oder Tomatenmark zum Pfeffertopf gegeben. Majoran und Thymian kommen häufig als Gewürze hinzu. Natürlich kann man es sich heute leisten, beim Anrichten gehackte Petersilie oder Schnittlauch über den Eintopf zu streuen.

Chili con Carne

Mehr noch als *Apple Pie* ist dies das herausragende amerikanische Nationalgericht. Eine Übersetzung des Namens erübrigt sich, er kommt zwar aus dem Spanischen, ist jedoch längst so eingebürgert, daß man nur Chili sagt, und jeder weiß, was man meint, ... was man im großen und ganzen meint. Seit Jahrzehnten streiten sich amerikanische Feinschmecker darüber, was hineingehört: Bohnen oder nicht? Tomaten oder keine? Welche Fleischarten! Es existieren drei große nationale Chili-Organisationen, die nicht nur jährliche Wettbewerbe austragen, sondern auch die Zutatenfrage zum Glaubenskrieg gemacht haben.
Der Name dieses amerikanischsten aller amerikanischen Gerichte weist auf seine Entstehung in den Südstaaten hin, Texas oder *Tex-Mex* (wie die längst zum Schlagwort gewordene Abkürzung für mexikanisch beeinflußte texanische Speisen lautet). *Chili con Carne* könnte aber auch von den Pueblo-Indianern stammen. Jedenfalls wurde 1967 das erste Chili-Duell zwischen *Mr. Tolbert* aus *Texas* und *Mr. Smith* aus *New York* mit Löffel und Messer ausgetragen. Tausend Zuschauer konnten sich nicht einigen, wer Sieger war. Seitdem wiederholt man jährlich vielerorts derartige Wettbewerbe mit Hunderten von selbsternannten Kochkünstlern ... und ist weiter von einer Einigung entfernt als je zuvor. Auf Jahrmärkten, bei jeder Art von Volksfesten, aber auch in Nobelrestaurants und zu offiziellen Empfängen wird Chili angeboten. Auf die große Weltbühne kam es durch Präsident *Lyndon Baines Johnson*, der Staatsgäste aus aller Herren Länder im Weißen Haus damit traktierte. Das Präsidenten-Rezept wurde in zigtausend Exemplaren verteilt, hier ist es und es heißt offiziell:

LBJ Pedernales River Chili

(für 8 Personen)

- 2 kg gewürfeltes Rindfleisch (Fehlrippe) oder Wild(!)
- 1 große, gehackte Zwiebel
- 2 zerdrückte Knoblauchzehen
- beliebiges Bratfett
- 1 TL gerebelter Oregano
- 1 TL Kreuzkümmel (Cumin)
- 1/2 l heißes Wasser
- 6 TL Chilipulver oder mehr (im Gewürzhandel erhältlich)
- 1 große Dose geschälte Tomaten
- einige Spritzer Tabasco sowie Salz nach Geschmack

Fleisch in einem Topf mit dickem Boden zusammen mit Zwiebelwürfeln und Knoblauch in Fett anbraten. Oregano, Kreuzkümmel, Wasser, Chilipulver, Tomaten, Tabasco und Salz zufügen. Gut eine Stunde köcheln, dabei umrühren und Fett abschöpfen.
Man reicht dieses nicht flüssige Gericht meistens in Schalen oder Suppentassen. Dazu gibt es Kräcker oder Tortillas.

Rezepterweiterungen:
— Man kocht 1 kg weiße oder rote Bohnen vor oder nimmt sie aus 2 Dosen à 850 ml und gart sie mit dem Fleisch. Dabei muß man natürlich die Gewürzmengen um gut die Hälfte erhöhen. Gut schmeckt es, wenn man die Kreuzkümmelsamen (Früchte) anröstet, damit sie mehr Aroma entfalten.
— Man gibt — mit oder ohne Bohnen — 2 klein gewürfelte, grüne Paprikaschoten vor dem Kochen dazu.
— Einige Köche (Verzeihung, meine Damen, die leidenschaftlichsten Chili-Zauberer sind nun einmal Männer!) drehen die Hälfte des Fleisches durch den Wolf und würfeln den Rest.
— Alle Köche wissen, daß man jedes verunglückte Chili-con-Carne-Gericht retten kann, indem man so viel Chilipulver oder Tabasco zugibt, daß niemand mehr etwas anderes schmeckt. (Meine Damen, sollte das der Grund sein, der Männer so unwiderstehlich zum Chilikochen drängt?)

Gebratene Hähnchenflügel auf drei verschiedene Arten: texanisch, Seite 118, chinesisch, Seite 119 und mit Sesam, Seite 119. ▷

Eintopf aus New Orleans
Jambalaya

Niemand möge erschrecken, wenn er die lange Liste der Zutaten sieht, es ist lediglich eine Vorschlagsliste. *Jambalaya* ist eine der bekanntesten Spezialitäten aus der Jazz-Metropole, die allerdings sehr viel älter als der Jazz ist. Es gehört zur Gruppe der Gerichte, die man überall in der Welt findet, und die man »Quer-durch-die Speisekammer«-Speisen nennen könnte. Das besondere Talent creolischer Köchinnen und ihre Vorliebe für kräftige und scharfe Würzungen haben *Jambalaya* zu einem Klassiker der amerikanischen Küche gemacht, klassisch nicht zuletzt, weil in ihm Einflüsse so vieler Völker — Spanier, Franzosen, Deutsche und Mulatten — zu finden sind.
Die angegebenen Zutaten reichen für etwa 6 Personen, einzelne davon können ausgetauscht oder weggelassen werden.

2 grob geschnittene Zwiebeln
1 Paprikaschote, in Würfel geschnitten
3 Stangen Bleichsellerie, Fäden abgezogen, dann gewürfelt
2—4 zerdrückte Knoblauchzehen
60 g Schmalz
200 g roher Schinken oder Schinkenspeck in nicht zu dünnen Scheiben
250 g gekochter Schinken in dicken Scheiben
250 g geräucherte Bauernbratwurst, ersatzweise Krakauer
200 g scharfe, grobe Bratwurst, am besten Merguez*
400 g Langkorn-Reis
1 große Dose (850 ml) geschälte Tomaten, grob zerschnitten
3/4 l Fleischbrühe (aus Würfeln)
Salz und Pfeffer aus der Mühle
1 kräftige Prise Thymian
1 Bund (etwa 10 Stangen) Frühlingszwiebeln, ersatzweise etwas junger Lauch
Tabascosauce nach Geschmack, aber bitte nicht zu zaghaft verwenden
4 EL gehackte Petersilie

* Eine algerische Wurstsorte mit würzigem Geschmack.

Zwiebeln, Paprikaschote, Bleichsellerie und Knoblauch im zerlassenen Schmalz in einem großen Topf (Bräter) etwa 5 Minuten rühren, bis die Zwiebeln gut glasig sind.
Schinkenscheiben beider Sorten in briefmarkengroße Stücke, alle Wurst in Scheiben schneiden, dann in den Topf geben und zusammen mit den anderen Zutaten gut 5 Minuten anbraten, wobei häufig gerührt werden muß. Nachdem der Reis zugegeben wurde, geht die Rührerei noch 5 Minuten weiter. Abgelöscht wird zuerst mit den Tomaten nebst ihrem Saft, danach mit der Brühe. Topfinhalt kurz verrühren. Salz, Pfeffer und Thymian einstreuen, nochmals kurz rühren, dann den Deckel auflegen, Hitze reduzieren und den Reis in etwa 40 Minuten ausquellen lassen. Öffnet man den Deckel, so darf das Gericht nicht mehr suppig sein.
Jetzt werden klein geschnittene Frühlingszwiebeln, einige kräftige Spritzer Tabasco und die Petersilie zugegeben. Alles gut miteinander verrühren. Würzung kontrollieren, wobei wahrscheinlich, falls die Köchin von allen guten Geistern des Mississippi-Deltas beflügelt ist, noch Tabasco und vielleicht auch Thymian zugegeben werden müssen. Ohne Deckel noch weitere 5 Minuten garen, damit auch die Flüssigkeit, die vielleicht noch vorhanden ist, verdampfen kann.
Dazu schmecken Stangenweißbrot und Bier.

Louisiana-Suppentopf
Gumbo

Die Stadt *New Orleans* hat über eine halbe Million Einwohner – so viele verschiedene Gumborezepte dürfte es in ihrem Bundesstaat *Louisiana* geben. Auch *Gumbo* ist ein »Quer-durch-die-Speisekammer«-Gericht. Es kann nur aus Gemüse vieler Sorten bestehen oder aber Geflügel, Fleisch, Fisch und allerhand anderes Meeresgetier enthalten. Für die Mischung gibt es keine Regeln.

Drei Grundsätze gibt es allerdings bezüglich der Machart: Okra (Eibisch, auch Ladyfinger genannt) als Zutat, scharfe Würzung und weißer Reis, über dem der Suppentopf serviert wird.

1 l Brühe, zu der die Köpfe und Schalen von 500 g Shrimps zusammen mit einem Bündel Suppengrün in 1 Liter Wasser mit Salz und einigen Pfefferkörnern eine halbe Stunde gekocht werden; danach gießt man 1 großes Glas Fischfond zu, läßt alles auf 1 l einkochen und passiert es dann in einen andern Topf oder in eine Schale.
6 EL Öl (früher bevorzugte man Schmalz)
250 g Rindfleisch zum Schmoren, in gut 1 cm große Würfel geschnitten
250 g Landjäger, schräg in 1/2 cm dicke Scheiben geschnitten
150 g in Scheiben geschnittenes Fleisch von geräuchertem Huhn
50 g gewürfelter, durchwachsener Räucherspeck (Dörrfleisch)
1 große Zwiebel
1 Paprikaschote, gewürfelt
1—2 Stangen Bleichsellerie, gewürfelt
2 Lorbeerblätter, zerdrückt
2 Knoblauchzehen, zerdrückt
1 Dose geschälte Tomaten (450 g)
1 TL Salz
500 g Okra, frisch (oder aus der Dose und gut abgetropft)
Shrimps, das Fleisch der für die Brühe geschälten Krustentiere
200 g Krebsfleisch (aus der Dose) oder im Originalrezept: etwa die gleiche Menge Froschschenkel, deren Fleisch von den Knochen gelöst ist, wir nehmen ersatzweise Stücke von gegarter Hühnerbrust
Cayenne nach Geschmack
6—8 Tassen gekochter, weißer Reis
4 EL gehackte Petersilie

In einem großen Topf mit dickem Boden 2 Eßlöffel Öl erhitzen und darin Fleisch, Wurst, geräuchertes Hühnerfleisch und Räucherspeck einige Minuten angehen lassen. Zwiebel, Paprikaschote, Sellerie, Lorbeerblätter und Knoblauch zufügen. Alles unter Rühren so lange anbraten, bis die Zwiebel gut glasig ist. Tomaten ohne ihren Saft, 1/4 l von der vorher gekochten Brühe sowie eine kräftige Prise Salz dazugeben. Etwa eine Stunde auf kleiner Mittelhitze köcheln lassen, dabei mehrmals umrühren.
In der Zwischenzeit die Okraschoten vorbereiten. Frisches Gemüse waschen; sind die einzelnen Schoten sehr groß, schneidet man sie in Scheiben; die Stielansätze werden auf jeden Fall entfernt. In dem restlichen Öl in einer Pfanne anbraten, ständig dabei rühren, bis die Schoten anfangen, braun zu werden. Dann die Shrimps zugeben (halbiert, wenn sie sehr groß sein sollten). So lange weiterrühren, bis die Shrimps sich rosa gefärbt haben. Den gesamten Pfanneninhalt in den Suppentopf leeren. Die Pfanne mit 1/4 Liter Brühe (vorher gekocht) ausschwenken und diese dann ebenfalls in die Suppe gießen.
Suppe zum Kochen bringen. Krebsfleisch oder Hühnerfleisch (Froschschenkel) zufügen. Weitere 10 Minuten schwach kochen. Mit Cayenne würzen und abschmecken. Sollte die Suppe zu dickflüssig sein, verdünnt man mit etwas mehr Brühe.
In Suppentellern servieren, in die vorher jeweils eine Portion gekochter Reis gehäuft wurde. Mit gehackter Petersilie bestreuen.

Hinweis: Okra ist in Louisiana und anderen Südstaaten ein sehr beliebtes Gemüse. Es sondert beim Kochen eine Art milchigen Schleim ab, der Gumbo die erforderliche Konsistenz gibt. Falls kein Okra verwendet wird, nimmt man in der Louisiana-Küche Filé-Pulver, aus Sassafras gewonnen: Nur sehr gut sortierte deutsche Gewürzhandlungen führen es. Okra ist als Frischfruchtimport, z. B. aus Kenia und Brasilien, von September bis Mai erhältlich. In Feinkostgeschäften, Markthallen und türkischen Geschäften findet man es sehr oft frisch, immer jedoch als Konserve.
Wer Gumbo ganz besonders echt zubereiten will, der lasse während der letzten Minuten noch 1—2 Dutzend ausgebrochene Austern darin garen.

Hausgemachte Hamburger
Homemade Hamburgers

Jedermann kennt inzwischen Hamburger, unsere Kinder am besten. Wer aber hat schon einmal Hamburger selbst gemacht? Jene, die es taten, kauften die einzelnen Hackfleischküchlein entweder tiefgefroren oder holten sich fertiges Hackfleisch vom Metzger. Und die Ergebnisse – Hand aufs Herz! – waren oft enttäuschend. Hamburger richtig zu machen, ist ebenso schwer wie die Zubereitung eines guten Kartoffelsalates.

Mein Rat: Kaufen Sie keine vorgefertigten Hamburger, denn sie wissen nie, was drin ist.

Kaufen Sie nie Rinderhackfleisch (gemischtes oder gar Schweinehack kommen sowieso nicht in Frage), das durchgedreht auf der Fleischtheke steht.

Denken Sie daran, daß Hackfleisch für Hamburger nur etwa 20 % sichtbaren Fettanteil haben darf. Alle Sehnen und Hautstücke müssen vor dem Durchdrehen sorgfältig weggeschnitten sein. Grundsätzlich sind alle Fleischstücke zum Kurzbraten oder Schmoren verwendbar. Lende würde ich nicht nur wegen des zu hohen Preises ablehnen, sondern auch weil sie weniger Geschmack hat als andere Stücke. Ich habe gute Erfahrungen mit Schulter gemacht, die ungefähr den richtigen Fettanteil aufweist.

Weitere Vorbedingung: Fleisch nie zu fein mahlen. Den Zerhacker halte ich für ungeeignet; besser ist der gute, alte Fleischwolf. Nie zweimal durchdrehen, da zu feinkörniges Fleisch trockene Hamburger ergibt.

Beim Braten nie auf das Fleisch drücken, weil dadurch Fleischsaft rausgequetscht wird.

In den USA zieht man es vor, Hamburger zu grillen, entweder über Holzkohle, auf einem Gasgrill oder unter den Grillstäben im Backofen. Natürlich kann man Hamburger auch in der Pfanne braten, dann ganz leicht mehlen.

Pro Hamburger:
150–250 g frisch durchgedrehtes Rindfleisch
je 1 Prise Salz und Pfeffer aus der Mühle
evtl. ganz wenig Mehl
1 TL Öl oder pflanzliches Bratfett

Das Hackfleisch zart und sanft behandeln, nur ganz wenig kneten, um die Küchlein in der Größe eines Hamburger-Brötchens zu formen. Die Dicke des Fleisches: etwa 2 cm, eher etwas mehr als zu dünn.

Beim Grillen unter den vorgeheizten Grillstäben möglichst dicht darunter (3–4 cm) je Seite 3 Minuten garen. Salzen und pfeffern.

In der Pfanne Öl erhitzen und je Seite ebenfalls 3 Minuten braten, jeweils nach dem Wenden salzen und pfeffern.

Bei den angegebenen Zeiten werden die Hamburger nicht ganz durchgebraten, wodurch sie saftiger sind. So liebt man sie in den USA.

Wer nicht weiß, was er dann darauf legen soll, Zwiebelringe, Gurkenscheiben, Senf oder Tomatenketchup, der lasse sich am besten von einem jugendlichen Experten aus der Verwandschaft beraten.

Ich schlage vor, auf jeden Fall, knackige Streifen eines grünen Salates (Eisbergsalat) zu verwenden.

Als Brötchen muß man unbedingt spezielle Hamburger-Brötchen nehmen, die es heute in jedem Supermarkt bei uns gibt. Sie müssen kurz aufgebacken werden, also warm sein. Brät man in der Pfanne, so legt man wenigstens eine Hälfte nach dem Umdrehen auf jeden Hamburger, wodurch auch etwas Fleischaroma einzieht.

Und nun ein persönliches Geständnis: Ich habe es nie gelernt, einen mit Zutaten vollgepackten Hamburger samt seinem Brötchen so zu essen, daß es einigermaßen manierlich aussah, und ich mich nicht bekleckerte. Wahrscheinlich war ich schon zu alt, als ich mit dem Training begann.

Und zum Schluß ein bißchen Geschichte: Natürlich kamen ursprünglich die Hamburger aus Deutschland, und die Amerikaner würdigten das durch die Namensgebung. So wie sie heute serviert werden, sind sie hundertprozentig eine amerikanische Spezialität. Zur Weltausstellung 1904 in *St. Louis* sollen sie erstmals von deutschen Einwanderern in der heutigen Form verkauft worden sein. Über 40 Milliarden Hamburger werden jedes Jahr in den USA verzehrt. Damit sind sie zahlenmäßig die Nr. 1 aller Speisen des Landes.

Und vergessen Sie nie, was einer der berühmtesten US-Kochexperten schrieb: Nur Könner können einen Klasse-Hamburger zubereiten.

Amisch Bratwurstplätzchen
Amish Bratwurst Cookies

Wer auf Landstraßen durch den Staat *Ohio* reist, der wird immer wieder durch Dörfer und Städtchen kommen, die man für große Freilichtmuseen halten könnte. Altertümliche Häuser, blitzsaubere Straßen, keine Elektrizitätsleitungen, viele Pferdewagen, die Menschen altertümlich gekleidet — und sie sprechen deutsch, freilich in etwas antiquierter Form und von Dialekt gefärbt. Wir sind im Land der *Amish-People.* Das sind Leute, deren Vorfahren einst aus Deutschland und den Alpenregionen eingewandert sind, fromme religiöse Gemeinschaften, die alles Moderne als Teufelswerk ablehnen. Sie haben keine Elektrizität in ihren Häusern, fahren mit Pferdewagen und lehnen es ab, ihre Kinder auf höhere Schulen zu schicken, weil sie dort vom strengen Glauben abgebracht werden könnten. Sie sind ob ihres Fleißes und ihrer ehrlichen Aufrichtigkeit seit Generationen im ganzen Land hoch geachtet. Neben der Sprache ihrer Väter haben sie auch die Rezepte ihrer Mütter bewahrt. Im Laufe der Zeit wurden einzelne Zutaten und Gewohnheiten der neuen Heimat damit vermischt. Neben Orten mit Namen wie *Berlin* und *Gnadenhutten* gibt es auch einen, der *Bucyrus* heißt, halbwegs zwischen dem *Erie-See* und der Hauptstadt *Columbus* liegt, und alljährlich ein großes Bratwurstfest veranstaltet.
Dort habe ich nicht nur ausgezeichnete hausgemachte Bratwürste in Mengen verdrückt, sondern auch völlig neue Zubereitungsarten entdeckt. Hier ist das Rezept für eine davon.

500 g frische Bratwurst, aus dem Darm gedrückt
400 g Zucker, halb weiß, halb braun
100 g Pflanzenfett, flüssig, aber nicht mehr heiß
1/8 l starker schwarzer Kaffee
1/8 l Milch
je 1/2 TL Muskatnuß, gestoßener Nelkenpfeffer, Nelkenpulver und gemahlener Zimt
1 TL Backpulver, 1/2 TL Natron, etwa 500—600 g Mehl

Alle Zutaten von der Bratwurst bis zu den Gewürzen miteinander vermischen. Treibmittel unter das Mehl mischen und von diesem so viel in die Bratwurstmasse einarbeiten, daß eine weiche Masse entsteht. Davon Plätzchen auf ein ungefettetes Backblech setzen und in gut 10 Minuten bei 190° C backen.

Geflügel

Brathähnchen und ein Oberst

Er hieß *Harland Sanders,* wurde 1890 im Staat *Indiana* geboren und kam erst im Alter von 34 Jahren und nach Dutzenden von verschiedenen Jobs nach *Kentucky.* Er ließ sich mit seiner Frau dort nieder und wurde Tankwart, schließlich Tankstellenpächter. Als solcher eröffnete er zusätzlich einen Imbiß, in dem er gebratene Hähnchenstücke heiß aus der Pfanne verkaufte. Er hätte viel mehr verkaufen können, wenn die Zubereitung nicht immer eine halbe Stunde gedauert hätte. Da kam ihm die geniale Idee, einen Drucktopf zu benutzen, aus dem er alle 9 Minuten fertig gebratene Hähnchen servieren konnte.
Nachdem er erst reich und dann durch unverschuldete Umstände zum Wohlfahrtsempfänger geworden war, rappelte er sich als 66jähriger nochmals auf und verkaufte seine *Kentucky Fried Chicken* als Konzessionsidee. Überall schossen die Schnellgaststätten mit dem charakteristischen Vierkant-Türmchen aus dem Boden. *Kentucky Fried Chicken* wurde zum Weltbegriff. Deren Erfinder hieß fortan nur der *«Colonel«* (gespr. Körnel) und wurde zum mehrhundertfachen Millionär. Hochgeehrt als Hähnchenbrater, Unternehmer und Kunstmäzen starb er 1980. Sein Name wird wahrscheinlich bald vergessen sein, seine Hähnchen jedoch werden in aller Munde bleiben.

Brathuhn nach Art der Südstaaten
Southern Fried Chicken

Überall in der Welt findet man inzwischen diese Brathähnchen-Stücke — oder richtiger gesagt, Hähnchenstücke, die den Namen *Kentucky Fried Chicken* tragen und in Schnellgaststätten angeboten werden. Die folgende Zubereitungsart wurde schon im gastfreien Haus des Präsidenten *Thomas Jefferson* praktiziert.

Schmalz, Öl oder Pflanzenfett (einst nur Schmalz, das immer seltener verwendet wird), um eine große Pfanne knapp 1 1/2 cm hoch damit füllen zu können
2 Brathähnchen von je ca. 1200 g
1/2 l geschlagene Buttermilch
120 g Mehl
1 TL Salz
1/2 TL weißer Pfeffer aus der Mühle
3 EL Mehl
20 g Butter
3/8 l süße Sahne
Salz und weißer Pfeffer aus der Mühle

Das Fett in einer großen Pfanne erhitzen auf ca. 175 ° C — ohne Thermometer daran zu erkennen, daß ein Brotwürfelchen in knapp 1 Minute gut braun wird.
Hähnchen waschen und in jeweils etwa 8 möglichst gleichgroße Stücke zerteilen, dabei die Knochen nicht entfernen. In Buttermilch legen. Mehl, Salz und Pfeffer vermischen und in eine Plastiktüte füllen.
Nachdem die Hähnchenstücke 1 Stunde in der Buttermilch gelegen hatten, läßt man sie abtropfen und steckt jeweils 3 oder 4 davon in die Plastiktüte, hält diese zu und schüttelt kräftig, damit das Fleisch allseitig paniert wird. Die panierten Stücke auf eine Platte legen und die anderen Hühnerteile ebenso panieren. Dann (wahrscheinlich in Portionen, weil nicht alle in die Pfanne passen) nebeneinander ins heiße Fett legen, dessen Temperatur man nach 2—3 Minuten etwas reduziert. Legt man weißfleischige Brustteile zusammen mit Keulen ins Fett, so läßt man dem dunklen Fleisch den Vortritt und gibt die Bruststücke erst 5 Minuten später hinein. Gesamtgarzeit ist je nach Größe der Stücke 20—30 Minuten. Dabei mehrfach mit einer Fleischzange wenden. Alle Teile müssen ringsum knusprig braun werden. Zwischendurch kann man einen Deckel auf die Pfanne legen, der nur einen Spalt offen bleibt; so verkürzt sich die Garzeit etwas und die Gefahr des Verbrennens ist geringer.
Gebratene Hühnerstücke auf Küchenkrepp entfetten und evtl. unter Folie im mäßig heißen Backofen warm halten. Die restlichen Stücke braten.
Nach dem Braten alles Fett, bis auf 2 Eßlöffel, aus der Pfanne abgießen, Butter einrühren und mit einem Holzlöffel den Bratsatz vom Boden loskratzen. Mehl einrühren und hellbraun rösten. Dann erst Sahne, Salz und Pfeffer zufügen und eine glatte Sauce kochen.
Zu *Southern Fried Chicken* kann man Kartoffelpüree, Reis oder auch lockere Biskuits essen

Erdnuß-Hähnchen
Peanut Coated Chicken

Eine besonders aparte Weiterentwicklung der althergebrachten *Southern Fried Chicken.*

100 g Erdnußkerne
80 g Butter
5 EL Rôtisseur Senf (scharfer Senf)
4 Hähnchenbrüste
4 EL Öl
1/8 l saure Sahne
1/4 TL Salz
2 Messerspitzen gemahlener weißer Pfeffer
2—3 EL gehackte Petersilie (möglichst glattblättrige)

Erdnußkerne sehr fein hacken (am besten in der Küchenmaschine).
Drei Viertel der Butter (60 g) in einem kleinen Topf schmelzen und 3 Eßlöffel Senf einrühren. Hähnchenbrüste in der Buttermischung wenden und anschließend in den gehackten Erdnüssen wälzen. Panierung leicht andrücken.
Restliche Butter und Öl in einer Pfanne erhitzen und darin die Hähnchenbrüste braten, auf jeder Seite gut 4 Minuten. Aus der Pfanne nehmen und warmstellen.
Bis auf einen dünnen Film das Öl aus der Pfanne abgießen. Bratsatz mit 2—3 Eßlöffeln warmem Wasser loskochen. Restlichen Senf mit der Sahne sowie Salz und Pfeffer verrühren und in die Pfanne gießen. Auf kleiner Hitze wenige Minuten unter Rühren erhitzen und dabei die Petersilie zugeben. Senf-Rahmsauce getrennt zu den gebratenen Hähnchenbrüsten reichen.
Eventuell mit Orangenspalten garnieren.

Huhn à la King
Chicken à la King

Der Name klingt gar nicht amerikanisch, und doch ist es ein sehr berühmtes amerikanisches Hühnergericht. Vielleicht sollte man es auch »berüchtigt« nennen. Viele Jahrzehnte wurde es immer wieder und wieder bei Tagungen und Erinnerungs-Treffen serviert, sodaß man seiner fast schon überdrüssig wurde. Wir sind in der glücklichen Lage, es noch genießen zu können.
Zu Anfang unseres Jahrhunderts entstand das Rezept im *Brighton Beach Hotel* in *New York*. Der Küchenchef *George Greenwald* erfand es und widmete es seinem Brötchengeber, dem Inhaber des Hotels, *Mr. Clark King III.* Da zur gleichen Zeit in Amerika die Mode aufkam, französische kulinarische Gepflogenheiten zu kopieren, wurde das Hühnergericht *»à la King«* genannt. Das hatte gleichzeitig noch den angenehmen Nebeneffekt, daß man einen höheren Preis dafür verlangen konnte.
Wer dieses Buch besitzt, kann sich das »königliche Hühnervergnügen« preiswert daheim leisten.

2 EL Butter
1 Tasse geraffelte grüne Paprikaschote
2 Tassen frische Champignons in dünnen (halben) Scheiben
2 EL Mehl
Salz und weißer Pfeffer
1/2 l süße Sahne
6 Tassen gekochtes Huhn, möglichst nur weißes Fleisch, in nicht zu kleine Stücke geschnitten (entbeint natürlich und ohne Haut)
50 g Butter
3 Eigelb
1 TL Zwiebelsaft
1 EL Zitronensaft
1 kleiner Schuß trockener Sherry
gut 1/2 Tasse rote Pimientostreifen aus dem Glas
evtl. einige angeröstete Mandelblättchen
Toastscheiben

In einem Topf, den man später in ein Wasserbad setzen kann, die Butter zerlassen und darin den geraffelten Paprika sowie die Champignons etwa 5 Minuten angehen lassen. Mehl zufügen und unter Rühren mit dem Fett vermischen, nicht bräunen. Dabei kann man schon 1 kräftige Prise weißen Pfeffer und 1/2 Teelöffel Salz zufügen. Mit Sahne ablöschen und so lange rühren, bis eine dicke, cremige Sauce entstanden ist. Den Topf jetzt ins Wasserbad setzen. Hühnerwürfel zufügen, mit der Sauce verrühren und sehr gut heiß werden lassen. Separat flüssige Butter mit den Eidottern verquirlen, dabei Zwiebel- und Zitronensaft einarbeiten. Diese Mischung zusammen mit einem Schuß Sherry in die Hühnersauce geben, gut verrühren und die Würzung prüfen. Unmittelbar vor dem Servieren noch die Pimientostreifen zufügen, damit sie gerade warm werden. Alles zusammen auf Toastscheiben servieren und evtl. mit den Mandelblättchen bestreuen.
Zu diesem Gericht bitte keine Worcestershiresauce reichen — sie würde den zarten Geschmack völlig übertönen.

Gebratene Hähnchenflügel Chicken Wings

Hier haben wir pikante Häppchen, die in kaum einem amerikanischen Kochbuch stehen. Sie sind eine Neuerscheinung in den Küchen und vor allem auf Tischen und bei Partys des Landes. Die verblüffende Schnelligkeit, mit der sich *Chicken Wings* von Küste zu Küste ausgebreitet haben, spricht für ihre Qualität und auch dafür, wie aufgeschlossen man in den USA für neuartige Rezepte ist. Berufs- und Hobbyköche wetteifern mit Hausfrauen beim Erfinden immer neuer Würzen. Die Grundrezepte kommen sicher aus dem Osten, aus Ostasien und über Hawaii auf den Kontinent. Das erste amerikanische Kochbuch mit einem Chicken-Wing-Rezept, das ich je gesehen habe, war eine Hawaiianische Rezeptsammlung aus dem Jahre 1970.
Die folgenden Rezepte sollten als Grundrezepte und Anregungen zu eigenen Versuchen gesehen werden. Die *Chicken Wings* werden in Restaurants als kleine Häppchen serviert. In Privathäusern reicht man sie gern bei den beliebten Stehempfängen oder stellt sie auch auf kalt-warme Büffets. Sie sollten stets heiß oder warm gereicht werden und möglichst knusprig sein. Man kann sie am Vortag zubereiten und dann aufbacken — was für jede Gastgeberin so praktisch ist, daß es bestimmt zur schnellen Verbreitung wesentlich beigetragen hat.
Pikante *Chicken Wings* kann man für sich allein servieren, nur in wenigen Fällen reicht man sie mit einer Dip-Sauce.
Das einzige Problem dabei ist, daß man an die Entsorgung der abgeknabberten, kleinen Knochen denken muß.
Noch ein genereller Hinweis für die Zubereitung: Hähnchenflügel, die man inzwischen auch bei uns tiefgefroren kaufen kann, werden stets aufgetaut. Dann schneidet man die Flügelspitze weg (aus den Spitzen kann man Brühe kochen).
Im Gelenk werden dann die verbliebenen Flügelstücke mit einem kräftigen Messer in zwei Teile getrennt.

Texanische Hähnchenflügel Texas Chicken Wings

1 1/2 kg Hähnchenflügel, vorbereitet gemäß Einleitung
1/4 l Tomatenketchup
2 EL brauner Zucker
2 EL Essig
1 EL Zwiebelsaft
2 EL Sojasauce
1 zerdrückte Knoblauchzehe
2 EL Öl
1 kräftige Prise Cayenne

Hähnchenflügel in ein flaches Geschirr legen.
Alle übrigen Zutaten miteinander verrühren, nach persönlichem Geschmack abschmecken, wobei einzelne Zutaten reduziert oder verstärkt werden können. Diese Marinade über die Flügelstücke gießen. Über Nacht so stehen lassen, dabei 1 oder 2 mal wenden, damit alle Teile der Flügel gut benetzt bleiben.
Auf einem mit Aluminiumfolie ausgelegten Backblech etwas Öl verstreichen und darauf die Hähnchenflügel, von denen man vorher die meiste Marinade abgekratzt hat, nebeneinander verteilen. Im vorgeheizten Backofen bei 220 ° C etwa 15 Minuten garen. Dann die Flügelteile umdrehen und weitere 5 Minuten in den Ofen schieben. Danach die aufgehobene Marinade auf die Flügel streichen, umdrehen, andere Seite ebenfalls bestreichen und noch weitere 10—15 Minuten im Ofen lassen. Sollten die Flügel zu dunkel werden, entweder umdrehen oder mit Folie abdecken.
Warm servieren.

Hähnchenflügel, Chinesische Art
Chinese Chicken Wings

Auf den Hawaii-Inseln ist diese Zubereitungsart besonders beliebt. Man gart sie dabei nicht im Backofen, sondern backt sie im Fett schwimmend aus. Bei der Vorbereitung werden bei den Flügelteilen am einen Ende die Knochen bloßgelegt. Dazu löst man das Fleisch mit einem scharfen Messer und schiebt es, stets am Knochen entlang kratzend, nach unten zu einem Bällchen zusammen. So bekommt man eine kleine Keule mit Stiel. Eines der Flügelteile hat innen zwei parallele Knochen. Man löst den kleineren davon an beiden Enden von seiner Umgebung, sodaß man ihn herausziehen kann. Dann verfährt man weiter wie mit den anderen Stücken.

12 Hähnchenflügel, die zu 24 kleinen Keulen mit Stiel wurden
Marinade:
5 EL Sojasauce
1 EL Hoisin-Sauce (in Delikateßgeschäften zu haben)
1—2 Messerspitzen Knoblauchpulver
1 Messerspitze Cayenne
2 EL halbtrockener Sherry
Ausbackteig:
8 EL Mehl vermischt mit 8 EL Stärkemehl
1 Messerspitze Backpulver
je 1 Prise Salz und Zucker
1 großes, verquirltes Ei
1/8 l Bier
Öl zum Ausbacken

Die Zutaten der Marinade gut miteinander verrühren. In einem Schüsselchen die zu Keulen geformten Flügelteile darin wenden und etwa 2 Stunden ziehen lassen. Dabei möglichst noch mehrmals wenden, um sicher zu sein, daß alle Fleischteile von Marinade durchzogen werden.

Inzwischen die trockenen Zutaten des Ausbackteigs vermischen. Ei und Bier damit verrühren, bis ein glatter Teig entstanden ist. Diesen etwa 1 Stunde ruhen lassen.

Öl in der Friteuse oder in einer tiefen Pfanne erhitzen. Die Flügel einzeln mit dem Fleischteil in den Teig tauchen, kurz abtropfen lassen und gut 3 Minuten goldbraun auf allen Seiten ausbacken.

Auf Küchenkrepp entfetten und heiß servieren.

Auf Hawaii tunkt man die Bällchen in eine Mischung aus Weinbrand, Sojasauce und Zwetschgenmarmelade, ehe man sie zum Mund führt. Sie schmecken jedoch auch ohne diese Zutat ausgezeichnet.

Hähnchenflügel mit Sesam
Sesame Chicken Wings

(gesprochen: Sisámi)

Zu 1 1/2 kg vorbereiteter Hähnchenflügel folgende Marinade rühren:
3 EL flüssiger Honig
3 EL Weinessig, 5 EL Sojasauce
1 EL Sesamöl (in Delikateßgeschäften zu haben)
1 EL geschälter und fein gehäckelter frischer Ingwer
2 Knoblauchzehen, durch die Presse gedrückt
einige Spritzer Tabasco nach Geschmack

Alle flüssigen Zutaten gut miteinander verrühren, dann vermischen mit den festen und schließlich mit dem Tabasco abschmecken. Bitte, keine zu große Angst vor Schärfe!

Vorbereitete Hähnchenflügel in einer Schüssel mit der Sauce gut vermischen und über Nacht im Kühlschrank marinieren.

Zum Garen den Backofen auf 225° C vorheizen. Die Flügelstücke nebeneinander auf einen geölten Grillrost verteilen und mit ca. 3 Eßlöffeln Sesamkörnern bestreuen.

Den Grill über einer Fettwanne für eine halbe Stunde im Ofen lassen. Sollten die Hähnchenflügel noch nicht knusprig genug sein, so kann man noch kurz den Grill einschalten.

Heiß servieren.

Hähnchen vom Grill
Barbecued Chicken

Wird das ganze Huhn am Spieß gegrillt, dann ist die Garzeit sehr lange. Schneller geht es nach dem folgenden Rezept, bei dem das Fleisch saftiger bleibt und aromatischer wird.

- 2 nicht zu magere Brathähnchen
- 5 EL geschmolzene Butter
- 1/2 TL Salz
- 1/3 TL gemahlener, weißer Pfeffer
- 2 EL Tomatenketchup
- 1 EL Weinessig
- 1 EL Zitronensaft
- 1/2 TL Senfpulver
- 1/2 TL edelsüßes Paprikapulver
- 1 kräftiger Spritzer Tabascosauce
- 1 EL Worcestershiresauce
- 2 EL Öl

Die Hähnchen der Länge nach spalten; man kann auch nur die Brust durchschneiden und die Unterseite der Rippenknochen zusammenhängen lassen. Die flachgedrückten Hähnchen in doppelte Grillgitter spannen, deren Stäbe vorher geölt wurden. Diese Grillgitter haben einen Griff, sodaß man das zwischen ihre beiden Seiten gespannte Grillgut leicht wenden kann.
Butter mit Salz und Pfeffer vermischen und damit die Hähnchen auf beiden Seiten einpinseln. Zuerst mit der Fleischseite zur Glut grillen. Mehrmals wenden und dabei immer wieder mit der Butter einstreichen.
Unterdessen rührt man aus allen restlichen Zutaten eine Pinselsauce. Wenn das Fleisch gerade beginnt gar zu werden und Farbe bekommt, bestreicht man es mit dieser Sauce, wendet nun öfter, bestreicht immer wieder und achtet darauf, daß kein Teil verbrennt.
Ist das Hähnchen gar, wird es serviert, eine flache Hälfte pro Person. Am besten schmeckt es aus der Hand. Dazu Brot und Salat.

Fleisch-Gemüse-Eintopf
Brunswick Stew

Brunswick ist die Übersetzung von Braunschweig, doch der Name Braunschweig-Stew wäre falsch. Dieser berühmte Eintopf entstand in *Brunswick County* in Virginia. Wie — das wissen mindestens zehn Anekdoten ganz genau und immer anders. So ziemlich einig ist man sich nur, daß es um 1825 herum gewesen sein muß. Völliges Durcheinander herrscht auch bezüglich der Zutaten. Es ist ein Treppenwitz der Koch-Geschichte, daß nur eine einzige Originalzutat unumstritten ist, jedoch nie mehr verwendet wird, da nicht mehr zu bekommen, nämlich Eichhörnchenfleisch. Es wird heute meistens durch Huhn ersetzt. Eine fleischlose Version des *Brunswick Stews* ist *Succotash* (siehe Seite 165), eines der amerikanischen Ur-Rezepte, das die ersten Siedler von den Indianern lernten.

- 1 Huhn von ca. 1600 g, in 8 Stücke zerteilt
- 2 EL Schmalz und 2 EL Dörrfleisch-Streifchen
- 1/2 l Wasser oder Würfelbrühe
- 1 Dose geschälte Tomaten (800 g), grob zerschnitten
- 2 mittelgroße Zwiebeln, klein gewürfelt
- 2 kleine Kartoffeln, geschält und gewürfelt
- 1 Dose große, weiße Bohnen (800 g), (oder 250 g weiße Bohnen eingeweicht und vorgekocht)
- je 1 kräftige Prise Zucker, Salz und Pfeffer
- 1 Dose Maiskörner (400 g), nach Geschmack noch 1 Dose Okra (400 g)
- Worcestershiresauce, einige Spritzer Tabascosauce
- 2 Scheiben Toastbrot, getoastet und klein gewürfelt

Huhn in Schmalz und Dörrfleisch in einem Topf mit dickem Boden anbraten, entbeinen und die Knochen wegwerfen. Wasser oder Brühe, Tomaten, Zwiebel, Kartoffeln, Bohnen sowie Zucker, Salz und Pfeffer zugeben und alles ohne Deckel 30 Minuten köcheln. Maiskörner und evtl. Okra zugeben. Abschmecken mit den angegebenen Gewürzen, weitere 30 Minuten garen. Falls Flüssigkeit

fehlt, diese aus der Maisdose ergänzen. Mehrmals umrühren, abschmecken und dabei zum Schluß die Toastwürfelchen zufügen.
Wird als Eintopf in der Familie, aber auch zu formellen Anlässen serviert.

Hühner-Advocado-Crêpes
Chicken Avocado Crepes

Da, wo reichlich Avocados angebaut werden, im sonnigen *Florida,* ist dieses Rezept besonders beliebt.

5 EL Butter
5 EL Mehl
je 1/4 l süße Sahne, Hühnerbrühe und trockener Weißwein
100 g geriebener Emmentaler
1 kräftiger Spritzer Worcestershiresauce
2 EL gehackte Petersilie
Salz und weißer Pfeffer aus der Mühle
1 Tasse gehackte, grüne oder gefüllte Oliven
gekochtes Brustfleisch von 2 Hühnern (auch Putenbrust möglich)
Teigzutaten:
2 Eier
1/8 l Milch
7 EL Mehl
1 Prise Salz
1 EL geschmolzene Butter
Fett zum Backen
Garnitur:
1 Avocado, geschält und längs in Scheiben geschnitten
1 EL Zitronensaft
1/2 TL edelsüßes Paprikapulver
einige gefüllte Oliven in Scheiben geschnitten oder auch schwarze Olivenstücke ohne Kerne

Aus Butter und Mehl mit der Sahne, der Hühnerbrühe und dem Wein eine weiße Sauce herstellen. Käse, Worcestershiresauce und Petersilie einrühren. Abschmecken mit Salz und Pfeffer. Nochmals kurz kochen lassen. In 2/3 der Sauce Oliven und gewürfeltes Hühnerfleisch einrühren. Vom Feuer nehmen.
Aus den Teigzutaten einen zarten Pfannkuchenteig rühren, etwas ruhen lassen und daraus acht dünne Crêpes backen. Die Hühnersauce darauf verteilen und zusammenrollen. Mit der Nahtseite nach unten in eine gebutterte Form setzen. Restliche Sauce dazwischen gießen. Im vorgeheizten Backofen bei 175 ° C etwa eine Viertelstunde erhitzen, anschließend unter den Grillstäben noch leicht überbacken. Beim Anrichten mit Avocadoscheiben und gefüllten Oliven garnieren.
Vor dem Überbacken evtl. einige Butterflöckchen aufsetzen.

Truthahn Festbraten
Stuffed Turkey Roast

Truthahn ist zu Weihnachten und zum Erntedankfest der traditionelle Braten. Zu Beginn der amerikanischen Geschichte war er der Symbolvogel zum Erntedank. In allen Familien werden rührende Geschichten von den frühesten Siedlern erzählt, die anno 1621 in *New England* nach langer Hungerzeit endlich ihr erstes Erntedankfest feiern konnten, dem ein gebratener Truthahn Glanz verlieh. So ganz wird die Geschichte nicht stimmen. Wohl mögen die Siedler einst wilde Truthähne gejagt haben, und ihrer Größe wegen boten sie sich schon immer als Festbraten an. Schon kurz nach der napoleonischen Zeit, also vor über 150 Jahren, schrieb Brillat-Savarin: »Der Truthahn ist eines der erfreulichsten Geschenke der Neuen Welt an die Alte.« – Das Erntedankfest – *Thanksgiving* – allerdings wurde erst viel später, nämlich 1864, durch eine Proklamation von Präsident *Abraham Lincoln* zum nationalen Feiertag und auf den 4. Donnerstag im November terminiert. Allerdings hatte schon 100 Jahre davor ein amerikanischer Politiker verkündet, daß zum Erntedankfest kein Amerikaner künftig auf seinen Truthahn verzichten müsse. Doch, wie das so mit Politikerversprechen ist, es dauerte noch sehr, sehr lange, bis sich dieser fromme Wunsch erfüllte.

Die Expertinnen und Experten streiten sich um das richtige Braten des Festtagsvogels, wobei es vor allem darauf ankommt, ihn nicht zu weich und faserig werden zu lassen und ihn saftig zu halten. Das Fleischthermometer ist heute eine große Hilfe. Außerdem macht es die Tiefkühl-Industrie den Hausfrauen leicht: Jeder Truthahn trägt auf seiner Verpackung exakte Hinweise, wie er gebraten werden muß; meistens ist sogar eine Art Thermometer eingebaut, das anzeigt, wann der Vogel fertig gebraten ist.

Truthähne sind in Amerika größer als bei uns. Man kauft sie für die Festbraten im Gewicht von 6—10 Kilo. Die Familien, die sich um die Festtagstafeln sammeln, sind dann auch größer als deutsche Normalhaushalte.

Zum Truthahn-Festbraten gehört in Amerika unbedingt dazu, daß der Herr des Hauses ihn vor aller Augen tranchiert. Es ist erstaunlich, daß die ritterliche Sitte des mittelalterlichen Europas bei uns vergessen ist, in der Neuen Welt jedoch lebendig blieb.

1 Truthahn von 4—5 Kilo
2 große, dünne Scheiben frischer Speck, die über die ganze Brust des Truthahns reichen
Pflanzenöl zum Bestreichen
Salz und weißer Pfeffer
Füllung (siehe Seite 123)
1 große, grob gehackte Zwiebel
2 Karotten, geschrappt und in Scheiben

Für die Sauce:
1 mittelgroße Zwiebel, gehackt
1 Karotte, geschrappt und in Scheiben
3 EL Pflanzenöl
1 Lorbeerblatt
1/4 l Hühnerbrühe (auch aus Würfeln möglich)
1/8 l halbtrockener Weißwein
3 EL Mehl
1 Tasse Wasser
1/8 l süße Sahne

Truthahn waschen und innen und außen trockentupfen. Innen und außen mit wenig Salz und gemahlenem Pfeffer einreiben. Füllen, dabei nicht zu fest stopfen. Öffnungen zunähen oder mit kleinen Spießchen und Küchengarn verschließen. Die Flügel, von denen die Spitzen abgeschnitten werden, und die Keulen an den Körper binden. Ausgiebig ringsum mit Öl bestreichen. Über die Brust den Speck legen. Den Truthahn auf ein geöltes Grillgitter legen, wozu die Amerikaner besondere, v-förmig eingeknickte Gitterroste haben, in denen das Geflügel nicht zur Seite kippen kann. Über eine Fettwanne in den auf 225 ° C vorgeheizten Backofen schieben. Nach fünf Minuten die Hitze auf 165 ° C reduzieren. Nach weiteren 20 Minuten 1/4 Liter heißes Wasser in die Fettwanne gießen. Die Gesamtgarzeit für einen Truthahn von 4—5 Kilo beträgt 4—4 1/2 Stunden. Dabei muß alle 15 Minuten mit dem abgelaufenen Saft übergossen werden; während der ersten Stunde sollte man auch noch mit Öl bestreichen. Nach insgesamt 2 Stunden Bratzeit gibt man Zwiebelstücke und Karottenscheiben in die Fettwanne, um den abtropfenden Bratensaft zu aromatisieren. Wahrscheinlich muß auch noch heißes Wasser nachgefüllt werden. Zum gleichen Zeitpunkt dürften die Speckscheiben ziemlich ausgebraten sein, man nimmt sie weg und legt ein vierfach geschichtetes, ausgekochtes Mulltuch auf, das in zerlassener Butter oder Butterfett getränkt wurde. Speck und fettgetränkes Tuch haben nicht nur den Zweck, das Geflügel am Austrocknen zu hindern, sondern schützen gleichzeitig das zarte Brustfleisch, welches sonst übergart wäre, wenn die Keulen gerade gar sind.

Im Laufe der weiteren Garzeit, etwa 1 Stunde vor deren Ende, den Faden aufschneiden, der die Keulen am Körper hält, damit diese besser von der Hitze erreicht werden. Gleichzeitig kann man ein Fleischthermometer einstecken — in die dickste Stelle innen an der Keule, jedoch ohne den Knochen zu berühren. Um eine schöne, braune Kruste zu erreichen, nehmen amerikanische Hausfrauen 1/2 Stunde vor Ende der Garzeit das Mulltuch weg und stäuben den Truthahn mit Mehl ein. Sobald dieses angezogen hat, wird es gut begossen. Der richtige Garpunkt ist erreicht, wenn das Fleischthermometer 85 ° C zeigt. Sticht man die Keule mit einem spitzen Messer an, muß der austretende Saft klar sein, nicht mehr blutig.
— Den fertigen Truthahn etwa 15 Minuten unter Folienabdeckung ruhen lassen, ehe man ihn anschneidet. Inzwischen macht man die Sauce. Die Abgänge des Truthahns (Flügelspitzen, Hals, Füße, Innereien) mit Zwiebel, Karotte und Lorbeerblatt in Öl andünsten, Hühnerbrühe zugießen. Während der Truthahn im Ofen ist, die Brühe kochen, die man dann für die Fettwanne und zur Sauce verwendet.

Die beliebteste Füllung für den *Thanksgiving Turkey* ist die:

Maisbrot-Füllung
Corn Bread Stuffing

30 g Butter
1 große Zwiebel, gewürfelt
Leber des Truthahns
8 Tassen Würfel aus trockenem Maisbrot (Rezept S. 204)
2 Stangen Bleichsellerie, fein gewürfelt
1 TL getrocknetes Basilikum
4 EL gehackte Petersilie
2 Eier
Salz, weißer Pfeffer aus der Mühle, edelsüßes Paprikapulver
evtl. noch einige EL Milch

Die Butter zerlassen und darin Zwiebel und klein geschnittene Truthahnleber kurz anbraten. Mitsamt ihrem Fett in eine Schüssel mit folgenden Zutaten schütten: Maisbrotwürfel, Bleichsellerie, Basilikum, Petersilie und Eier. Alles miteinander verkneten. Würzen mit Salz, Pfeffer und etwas Paprika. Die Füllung muß nur leicht feucht sein, dazu evtl. noch etwas Milch einarbeiten.

Füllung mit Brot und Austern
Oyster Bread Dressing

Diese sehr typisch amerikanische Geflügelfüllung stellt man her, indem man zu der Maisbrot-Füllung noch 3 Tassen ausgelöste Austern mischt, die man vorher halbiert oder auch noch kleiner geschnitten hat.

Doppelte Füllung
Different Dressings

Einen besonderen kulinarischen Effekt kann man erzielen, wenn man nur 1/3 der Füllung mit Austern vermischt und sie durch die Halsöffnung einschiebt. Den Rest des Truthahns füllt man mit der normalen Maisbrotfüllung von hinten.

Andere Garzeiten
Other Cooking Times

Für den Fall, daß ein Truthahn anderer Größe zubereitet werden soll, gebe ich auch dafür Garzeiten, die sich alle auf eine Ofentemperatur von 165 ° C (Gasherd Stufe 2) beziehen.

3—4 kg = 3 1/2 bis 4 Stunden
6—8 kg = 4 1/2 bis 5 1/2 Stunden
8—10 kg = 5 1/2 bis 6 1/2 Stunden

Zum *Thanksgiving Turkey*, dem Festtagsbraten, serviert man gern:
Gemüse (Broccoli, grüne Bohnen, Weißkraut) dazu Zwiebeln in Sahne (Rezept S. 145) und unbedingt Cranberry Sauce (Rezept S. 33)

Gefüllte Truthahnbrust
Stuffed Turkey Breast

Amerikanische Truthahnbrust, wie sie in jedem Supermarkt jenseits des Atlantiks verkauft wird, ist sehr groß. Das nachfolgende Rezept reicht dann für 10 bis 12 Portionen. Bei unseren kleineren Vögeln wird eine Brust wahrscheinlich nur halb so viele Esser satt machen. Man reduziere also die Mengen der Füllungszutaten entsprechend oder aber gare die überschüssige Füllung neben der Truthahnbrust — was ich dringend empfehle, weil man dadurch ein zweites, sehr schmackhaftes Essen gewinnt.

1 Truthahnbrust
Füllung:
200 g getrocknete Aprikosen
3/8 l Aprikosensaft
125 g wilder Reis
1 altbackenes Brötchen
1/8 l Milch
2 mittelgroße Zwiebeln, kleingeschnitten
100 g Butter oder Butterschmalz
1 Fenchelknolle
je 250 g Rinder- oder Schweinehack
100 g gehackte Pecannüsse (oder Walnüsse oder Mandeln)
2 Eier
Salz und Pfeffer aus der Mühle
50 g Butterschmalz
einige frische Speckscheiben
1 Tasse Hühnerbrühe (Würfelbrühe)
1 EL Mehl

Für die Füllung die Aprikosen in kleine Stücke schneiden und mehrere Stunden im Aprikosensaft einweichen.

Reis in gut 1/2 Liter kochendes Salzwasser schütten und ca. 40 Minuten unter gelegentlichem Rühren garen.

Brötchen zerpflücken, in heißer Milch einweichen. Zwiebeln in der Butter angehen lassen, gehackten Fenchel zufügen und noch 5 Minuten mitgaren. Aprikosen abgießen, Saft aufheben. Aprikosen mit Hackfleisch und allen anderen vorbereiteten Zutaten gut vermischen. Gehackte Nüsse und Eier einarbeiten und alles mit Salz und Pfeffer abschmecken.

In einem Bräter 50 g Butterschmalz zerlassen. In die Putenbrusthälften je eine Tasche einschneiden, füllen und zubinden. Mit heißem Butterschmalz bestreichen und in den Bräter legen. Salzen und pfeffern, Speckscheiben darauflegen. Mit Alufolie bedecken und in den 200 Grad heißen Ofen schieben. Nach 10 Minuten die Hitze auf 175 Grad reduzieren und anderthalb bis zweieinhalb Stunden (je nach Größe) braten.

Gelegentlich heißes Wasser in den Bräter nachgießen. In der letzten halben Stunde ohne Folie garen, um eine schöne braune Kruste zu erzielen.

Hat man überschüssige Füllung, so formt man diese zu Buletten und brät sie die letzten 30 Minuten neben dem Fleisch im Bräter mit. Die gebratene Brust (und evtl. Füllung) herausnehmen, warmstellen. Hühnerbrühe und Aprikosensaft in den Bräter geben, um den Bratsatz loszukochen. Mehl in einem kleinen Schraubgefäß mit einigen Eßlöffeln kaltem Wasser kräftig schütteln, zur Sauce gießen und diese nochmals kräftig durchkochen lassen. Abschmekken und zur gefüllten Putenbrust reichen.

Anmerkung: Mehl mit Wasser in einem kleinen Gefäß geschüttelt, ist bei amerikanischen Hausfrauen die beliebteste Art, Flüssigkeit anzudicken. Kleine, speziell dafür bestimmte Aluminiumgefäße kann man in jedem Haushaltwarengeschäft und in den meisten Supermärkten der USA kaufen — ein kleines Schraubglas tut ebenso gute Dienste.

Salate

In erster Linie sind hier Blattsalate gemeint, für einige Gemüsesalate treffen die allgemeinen Salatbetrachtungen auch zu. Einer der bekanntesten amerikanischen Food-Journalisten, *Craig Claiborne*, der durch seine Artikel in der *New York Times* weltberühmt wurde, schrieb einmal: »Amerika ist zweifellos die Nation der besessensten Salatesser.« Jeder Ausländer muß diese Vormachtstellung neidlos anerkennen. Vor wenigen Jahren noch beschränkte sich in Deutschland das Angebot auf Kopfsalat; teure Chicorée und Endivien kamen gelegentlich dazu. In jedem amerikanischen Supermarkt fand man hingegen schon immer mindestens ein halbes Dutzend verschiedener Blattsalate.

Anfang der 80er Jahre wagte ich auf einer Pressekonferenz in Bonn vorauszusagen, daß amerikanische Salatbars bald auch in deutschen Restaurants populär würden — ich wurde ausgelacht. Recht behalten habe ich trotzdem. Gott sei Dank! Allerdings können sich nur wenige deutsche Gaststätten-Salatbars mit der Vielfalt des Angebotes messen, das man selbst in einfachen US-Restaurants findet.

Ein Glück ist es, daß wir die deutsche Miß-Erfindung, die sich gemischter Salatteller nennt, nie über den Atlantik exportieren konnten. Amerikaner sind so erfahrene Salatgenießer, daß sie wissen, wie unmöglich es ist, auf verschiedene Salatsorten die gleiche Marinade zu geben. Bei jeder guten amerikanischen Salatbar hat der Gast die Auswahl zwischen 4 bis 6 Dressings; außerdem findet er Öl, Essig und Gewürze, sodaß er sich seine eigene Marinade zusammenstellen kann.

In den USA ißt man weitgehend — vor allem in Gaststätten — den grünen Salat vor der Mahlzeit. Früher wurde er nach deutscher Sitte oft zum Hauptgericht gereicht, oder man servierte ihn nach französischer Art danach. Wieso sich der Salat den allerersten Menüplatz erobern konnte, hat noch niemand erklären können. Zuweilen nennt man den Salat als ersten Gang: Kalifornische Art. Sollte es dort damit angefangen haben? Denkbar wäre auch, daß italienische Einwanderer den Anstoß gaben. Vielleicht ist auch die Gastronomie daran schuld: Läßt man den hungrigen Gast gleich zum Salatbüffet gehen, so ist er erst einmal beschäftigt und wird nicht ungeduldig, wenn das Hauptgericht etwas länger auf sich warten läßt. Oder sollte sogar die Weinliebe für die amerikanische Salatsitte verantwortlich sein? Schließlich verträgt sich der Essig der Marinaden nicht mit Wein. Zum Beginn des Essens stört er da am wenigsten . . . vor allem wenn man noch den Geschmack des vorher eingenommenen Cocktails auf der Zunge hat.

Noch zwei Anmerkungen zum Salat: Eine amerikanische Hauptmahlzeit ist undenkbar ohne Salat. Das Mittagessen besteht oft nur aus einem Salat.

Caesar Salat
Caesar Salad (gesprochen Cisar Säläd)

Falsch wäre es, diesen Salat auf deutsch als Cäsaren-Salat zu bezeichnen, sehr viel eher könnte man von dem wahrscheinlich besten Blattsalat-Rezept der Welt sprechen. Es wurde erst vor wenigen Jahrzehnten kreiert von *Mr. Caesar Cardini,* seines Zeichens Eigentümer und Chef eines Restaurants in Tijuana, einer mexikanischen Grenzstadt. Da Mr. Cardini aus Italien stammte und in Nord-Mexiko lebte, müßte man eigentlich von einem internationalen Salat sprechen. (Sind nicht alle wirklich großen Rezepte international?) Der *Caesar Salad* machte seine Geburtsstätte zum bevorzugten Treffpunkt amerikanischer Gäste aus dem nahen *San Diego* und anderen kalifornischen Städten. Sie schwärmten nicht nur von dieser Salatkreation, sondern verbreiteten innerhalb weniger Jahre das Rezept in Restaurants und Haushalten zwischen dem Pazifik und dem Atlantik. So entstand eine köstliche, amerikanische Salatspezialität, die gleichzeitig die Aufgeschlossenheit der Amerikaner für kulinarische Ideen aus aller Welt demonstriert.

Knoblauchöl:
2 Zehen Knoblauch, geschält und etwas zerdrückt
8 EL Olivenöl
2 mittelgroße Köpfe Romaine-(Römischer) Salat
4—8 Anchovisfilets, in kleine Stückchen geschnitten
4 EL Zitronensaft
1 großes Ei oder 2 mittelgroße Eier
Salz und weißer Pfeffer aus der Mühle
6—8 El frisch geriebener Parmesan
3 Tassen geröstete Brotwürfelchen

Zuerst den Knoblauch in Olivenöl legen und ziehen lassen.
Vom Salat die zarten Innenblätter verwenden, waschen, sehr gut trocknen und in mundgerechte Stücke brechen.
In einer Salatschüssel einige der Anchovisfilets zerdrücken. 6 Eßlöffel Öl in die Salatschüssel geben, Zitronensaft zufügen sowie etwas Salz. Alles gut miteinander verrühren. Salatblätter zugeben, mit leichter Hand darin wenden. Einige Umdrehungen der Pfeffermühle sowie die Hälfte des geriebenen Käses darübergeben. Das Ei nur gut 1 Minute ins kochende Wasser tauchen, dann öffnen und das noch flüssige Eigelb über den Salat tröpfeln. Wieder leicht durchheben. Restlichen Käse und die Brotwürfelchen, die in 2 Eßlöffeln des mit Knoblauch aromatisierten Öls angeröstet wurden, darüber verteilen und in 4 Schälchen servieren.
Unbedingt beachten: *Caesar Salad* verlangt geradezu, am Tisch vor den Augen der Gäste zubereitet zu werden. Alle Zutaten müssen wohlgeordnet und griffbereit liegen. Das Ei kann man vorher kochen, abschrecken und schlägt es bei Tisch nur noch auf. Wer keine Flambierpfanne hat, röstet die Brotwürfelchen in der Küche und hält sie in einem Schüsselchen unter einer Serviette warm.
Je nach Geschmack kann man die Ölmenge — es muß gutes Olivenöl sein — etwas erhöhen, ebenso die Knoblauchzugabe. Viele Feinschmecker haben in ihrem Vorrat eine Flasche mit Knoblauch-Olivenöl, sodaß sich das Ansetzen erübrigt. Zusätzlich kann man die Salatschüssel mit einer halben Knoblauchzehe ausreiben. Aber bitte beherzigen, daß Knoblauch ein wunderbares Gewürz sein kann. Zu großzügig angewandt, überdeckt er jedoch allen anderen Geschmack . . . was gerade bei diesem Salat schade wäre. Und zum Schluß noch einen Hinweis darauf, wie man (vor allem für größere Gesellschaften) sehr gute Brotwürfelchen mit Knoblauch rösten kann. Drei bis vier Scheiben entrindetes Toastbrot auf beiden Seiten mit knoblauchgewürztem Olivenöl einreiben, dann in 1 cm große Würfelchen schneiden, die man auf Alufolie in einem auf 120 Grad vorgeheizten Backofen leicht krustig werden läßt. Das wird ca. 1 Stunde dauern, während der man die Brotwürfelchen 2—3 mal wenden kann. In einem Glas mit Schraubverschluß kann man sie, nachdem sie abgekühlt sind, mehrere Tage im Kühlschrank aufbewahren.

Salatmarinaden/Salatsaucen
Salad Dressing

Die Wortwahl läßt schon viel erkennen. Wir sprechen von Marinaden, marinieren demnach unsere Salatblätter, was — Gott sei's geklagt! — leider sehr oft der deutschen Wirklichkeit entspricht. In den USA sagt man *Dressing*, was man mit Zurichten, ja Ankleiden übersetzen kann — und damit genau die Anrichteweise des Salats trifft: Die Blätter werden im letzten Moment nur damit überzogen.
Bei Entwicklung immer neuer *Salad-Dressings* sind den Amerikanern schnell die Namen ausgegangen. Da Fremdländisches sich auf dem Eßtisch immer gut macht, haben sie Ländernamen benutzt, ohne dabei auf irgendwelche realen kulinarischen Bezüge zu achten. *Russian Dressing* hat so wenig mit Rußland zu tun, wie das landläufige *French Dressing* mit Frankreich. Daneben gibt es auch recht poetische Namen. Sie werden es sehen! Hier sind die Rezepte für einige der bekanntesten amerikanischen *Salad Dressings*. Die meisten kann man auf Vorrat machen; sie halten sich in verschlossenen Gläsern im Kühlschrank mehrere Tage.

French Dressing

Grundsätzlich ist das die klassische Vinaigrette, auch in den USA. Die dortigen Feinschmecker wissen es, die Mehrzahl ihrer Landsleute scheint es vergessen zu haben, denn ihr French Dressing enthält noch Sahne, Paprikapulver und nicht selten auch noch Ketchup.

1 Teil Essig
Salz, Pfeffer (evtl. etwas Senf, Knoblauch und/oder Kräuter)
3—4 Teile Öl

Die Gewürze werden im Essig verrührt, dann schlägt man das Öl so lange darunter, bis ein homogenes Dressing entstanden ist.

Restaurant-Billig-Version des French Dressing

Zutaten wie für French Dressing
zusätzlich noch 1—2 Teile süße odere saure Sahne
1 Prise Zucker
1/2 Teil Tomatenmark oder 1 Teil Ketchup

Alles im Mixbecher zusammenrühren.

Italian Dressing

Das ist ein klassisches French Dressing, zu dem noch einige Kräuter, zerdrückter Knoblauch sowie etwas Gewürzpaprika kommen. Zwiebelwürfelchen und Senfpulver können auch noch drin sein.

Green Goddess Dressing

(Marinade der grünen Göttin)

Ein Dressing mit poetischem Namen, das nicht so weit verbreitet ist wie das Thousand Island Dressing. Am besten wird Green Goddess Dressing im Mixbecher mit der Küchenmaschine zubereitet.

1 Sträußchen Petersilie ohne die Stengel
1 Tasse Mayonnaise, 1 Tasse saure Sahne
1 kleine, grob gehackte Zwiebel
2 EL Weinessig
1 Prise getrocknete, zerkrümelte Estragonblätter
1 EL Anchovispaste
1 kräftige Prise getrocknetes Basilikum
1 kräftige Prise Zucker

Alle Zutaten im Mixbecher zu einem glatten Dressing mit kleinen Stückchen verarbeiten.

Russian Dressing

1 Tasse Mayonnaise
1 EL geriebener Meerrettich oder Sahnemeerrettich
1 Spritzer Worcestershiresauce
1/2 Tasse Ketchup
1 Spritzer Tabasco oder etwas Cayennepfeffer

Wer dieses Dressing »ganz original« zubereiten will, der gibt noch 1 EL Kaviar dazu.
Alle Zutaten werden miteinander vermischt.

Thousand Island Dressing

Das ist eines der Dressings mit poetischem Namen, das dazu noch zu den beliebtesten des ganzes Landes zählt. Wie es dazu kam, nach tausend Inseln benannt zu werden, dafür gibt es viele Erklärungen, die zwar alle poetisch jedoch nicht authentisch sind. Die Rezepturen weichen stark voneinander ab, es wird versucht, einen Mittelweg zu nennen. Weil dieses Dressing so beliebt ist, haben wir die Menge etwas erhöht.

2 Tassen (16 EL) Mayonnaise
2 EL gehackte, gefüllte Oliven
4 EL Ketchup
1 Spritzer Tabasco
1 EL feingehackte grüne Paprikaschote
1 EL kleingehackte Petersilie
1 hartgekochtes, gehacktes Ei
2 EL kleingeschnittene Petersilie

Alle Zutaten miteinander vermischen und 1/2 Stunde ziehen lassen. Zuweilen mixt man noch kandierte Früchte, die zu kleinen Würfelchen gehackt wurden, in dieses Dressing, was jedoch keinerlei Geschmacksverbesserung bringt.

Salatmarinade mit Mohn Poppyseed Dressing

Wer ist bei uns schon einmal auf die Idee gekommen, die kleinen dunkelblauen Mohnsamen zu einer Salatmarinade zu verwenden? Machen wir also eine Anleihe bei amerikanischen Hausfrauen!

8 EL Zucker
1 TL Senfpulver
1 TL Salz
1/4 l Öl (am besten Oliven- und Soja-Öl gemischt)
6 EL Weinessig
5 EL geriebene Zwiebel
2 TL Mohn

Alle Zutaten verrühren, dann diese Mischung kräftig schlagen, was am besten mit den Schneebesen eines elektrischen Handrührers geht. Würzung prüfen und evtl. korrigieren.
Die zugegebenen Mengen liefern ungefähr einen halben Liter Dressing, die man in einem Schraubglas gut mehrere Wochen im Kühlschrank aufheben kann. Gut zu Blatt- und Gemüsesalaten.

Blue Cheese oder Roquefort Dressing

1 Tasse Joghurt
4 EL Magerquark
4 EL Mayonnaise
3 EL Blauschimmelkäse
8 EL milder Blauschimmelkäse (junger Gorgonzola)

Alle Zutaten bis auf die 8 Eßlöffel milden Blauschimmelkäse im Mixbecher der elektrischen Küchenmaschine zu einer Paste verarbeiten. Den übrigen Käse mit der Gabel nur grob zerdrücken und mit der Masse aus dem Mixbecher verrühren.

Sesam-Marinade
Sesame Dressing (ausgesprochen Sisämi)

Dieses Dressing gibt allen möglichen Salaten, vor allem kalifornischen Kreationen, in denen Gemüse, Fleisch und Früchte vereint sind, eine besonders aparte Note. Für Party-Salate sehr zu empfehlen.

1/2 TL Salz
1/2 TL mildes Paprikapulver
1/2 TL Senfpulver
2 TL Puderzucker
8 EL Johannisbeergelee
1 EL Weinessig
4 EL Zitronensaft
1/4 l Öl (Pflanzenöl)
2 EL geröstete Sesamsaat

Zuerst alle trockenen Zutaten miteinander vermischen, dann in einer Schüssel mit Gelee, Essig und Zitronensaft verrühren. Unter kräftigem Schlagen (Schneebesen des elektrischen Handrührers) in ganz dünnem Strahl — wie zu einer Mayonnaise — das Öl einarbeiten.
Zum Schluß die angerösteten Sesamsamen gut mit dem Dressing verrühren. Kühl aufbewahren.

Putensalat, pikant
Turkey-Prune-Salad

Dies ist einer der typisch amerikanischen Salate, typisch, weil er Fleisch mit Früchten kombiniert und typisch auch, weil er eines der sehr beliebten, leichten Lunch-Gerichte darstellt, die man mit wahrer Leidenschaft zu Mittag verzehrt.

100 g kernlose, kalifornische Trockenpflaumen
1/10 l Ananassaft
200 g gekochtes, kaltes Putenfilet
Eichblatt- oder Frisée-Salat
sowie eine rosa Grapefruit
Für die Sauce:
30 g Butter, 1 TL Currypulver
2 EL Geflügelfond (Instantbrühe, kalt)
2 EL Ananassaft
1/2 Becher Crème double
1/2 Becher Sahnejoghurt
Salz, weißer Pfeffer und 1 EL Zitronensaft
1/2 Becher Schlagsahne, 1/2 TL Currypulver

Pflaumen in Streifchen schneiden und im Ananassaft weichen lassen, abgießen, den Saft aufheben. Putenfilet ebenfalls in Streifchen schneiden und mit den Pflaumen vermischen.
Für die Sauce die Butter zergehen lassen und den Curry darin anschwitzen. Mit Geflügelfond und Ananassaft ablöschen und kurz durchkochen. Erkalten lassen. Mit Crème double und Sahnejoghurt verrühren. Abschmecken mit Salz, Pfeffer und Zitronensaft. Die Sahne mit dem Currypulver steif schlagen und unter die Sauce heben.
Salatblätter auf 4 Teller verteilen, Putenfleisch mit den Pflaumen darauf verteilen, die Sauce angießen und mit ausgelösten Grapefruitfilets dekorieren.

Variation: Putenfleisch in dünne Scheiben schneiden und Trockenpflaumen ganz lassen oder längs halbieren.

CALIFORNIA

Kokos-Geflügel-Salat
Coconut Chicken Salad

Die Zutaten deuten auf Hawaii als Ursprungsort dieses Rezeptes hin. Er ist jedoch überall im Land in eleganten Restaurants auf der Mittagskarte zu finden. Bei uns kann er jedes kalte Büffet zieren oder — dann für 6 Portionen reichend — als Vorspeise serviert werden.

3 Tassen gekochte, entbeinte, gewürfelte Hühnerbrust
2 Tassen gewürfelter (so groß wie die Hühnerstücke) Bleichsellerie
8 EL Kokosraspel
4 EL gehackte Pecan- oder Walnüsse
Salz und geriebene Muskatnuß
6—8 EL Mayonnaise
2 EL süße Sahne, die leicht geschlagen sein kann
2 Tassen kernlose Weintrauben
Ananasstücke aus der Dose zum Garnieren
Salatblätter

Hühnerfleisch, Bleichsellerie, Kokosraspel und gehackte Nüsse miteinander vermischen. Würzen mit Salz und reichlich Muskatnuß. Mayonnaise mit der Sahne vermischen und unter den Salat heben. Kurz vor dem Servieren dies auch mit den Weintrauben tun. Abschmecken.
Anrichten auf Salatblättern und garnieren mit reichlich Ananasstückchen.

Anmerkung: Bleichsellerie wird nur dann zum vollendeten Genuß, wenn man vor dem Schneiden alle Fäden sorgfältig abzieht. Beim Schneiden machen sich dann meistens doch noch welche bemerkbar, die man ebenfalls entfernt.

◁ Putensalat, pikant, Seite 129, ist ein beliebtes, leichtes Lunch-Gericht.

Waldorf Salat
Waldorf Salad

Einer der berühmtesten Salate der Welt, der von New York aus im vergangenen Jahrhundert seinen Siegeszug angetreten hat. Erfunden wurde er vom Küchenchef des Waldorf Astoria Hotels, der ihn nicht nach sich selbst, nämlich *Oscar,* sondern nach seiner Arbeitsstätte Waldorf nannte. Damit hat er gleichzeitig das nordbadische Städtchen geehrt, aus dem der Hotelgründer, *Mr. Johann Jacob Astor* stammte.
Muß man für diesen Salat wirklich ein Rezept geben? — Der Vollständigkeit halber sei es getan. Wichtiger ist es, darauf hinzuweisen, welche zusätzlichen Zutaten in den USA noch verwendet werden.

Grundrezept:
2 Tassen säuerliche, geschälte, gewürfelte, entkernte Äpfel
2 Tassen gewürfelter, abgezogener Staudensellerie
2 EL Zitronensaft
1 Tasse grob gehackte Walnuß- oder Pecan-Kerne
1 1/2 Tassen Mayonnaise

Alles miteinander vermischen und gut durchziehen lassen.
Wir verwenden in Europa meistens Sellerieknolle, die vorher bißfest gekocht wurde.
Inzwischen wird der Waldorf-Salat meist nicht aus gewürfelten, sondern aus dünnstreifig geraffelten Zutaten hergestellt. Dabei kann der Knollensellerie auch roh verarbeitet werden.
Eine Verfeinerung erfährt der Waldorf-Salat, wenn man die Mayonnaise mit etwas geschlagener Sahne vermischt.
Häufige weitere Zutaten, die man auch in Europa antrifft, sind: Weintrauben, Rosinen, Ananasstücke und Dattelstückchen.
In den USA sind noch andere Zutaten beliebt: Birnen und Bananen, in New England gibt man oft noch einen Klecks eingelegte Preiselbeeren (Cranberry Sauce) auf den Waldorf-Salat.

Zuweilen bekommt man den *Waldorf Salad* auch ohne Mayonnaise vorgesetzt; er ist dann angemacht mit *Boiled Dressing* (Rezept Boiled Cole-Slaw Dressing S. 139). In der Feinschmecker-Gastronomie hat sich diese Zubereitungsart jedoch nie durchgesetzt.

Thunfisch-Salat
Tuna Fish Salad

Dieser Salat hat eher eine breiige Konsistenz. Er ist überall im Land sehr populär. Man serviert ihn als Vorspeise oder belegt damit Sandwiches.

3 Tassen Thunfisch aus der Dose, in Öl oder Wasser, gut abgetropft und mit einer Gabel zerkleinert
1—2 Tassen kleingeschnittener Staudensellerie
1 kleine Zwiebel, feingehackt
2 EL Zitronensaft
1 Tasse Mayonnaise

Thunfischstückchen mit Sellerie, Zwiebel, Zitronensaft und Mayonnaise vermischen. Evtl. beim Abschmecken noch etwas Salz zugeben.
Als Vorspeise auf Salatblättern anrichten und mit hartgekochten Eischeiben garnieren. Nach Belieben auch noch mit kleingehacktem Schnittlauch überstreuen.

Orangen-Zwiebel-Salat
Orange and Onion Salad

Wir können die Amerikaner nur beneiden um den Zwiebelkult, der bei ihnen betrieben wird. In jedem Gemüsesortiment finden sich etwa ein halbes Dutzend verschiedene Sorten des aromatischen Lauchgewächses. Gourmet-Versandhäuser bieten besonders wohlschmeckende Zwiebelzüchtungen an. Zum Salat verwendet man hellschalige, milde Zwiebelsorten, die bei uns entweder als Spanische oder Gemüse-Zwiebeln angeboten werden. Salat, der nur aus Zwiebelringen gemacht ist, scheint in den USA inzwischen aus der Mode gekommen zu sein. Warum? Einer meiner ersten amerikanischen Freunde nach dem Krieg, der so etwas wie Stadtkommandant in München und ein begeisterter Hobbykoch war, gab mir eine Erklärung. Immer, wenn er als Jüngling — so erzählte er mir — für den Abend ein Rendezvous hatte und seine Mutter davon erfuhr, setzte sie ihm vorm Weggehen Zwiebelsalat vor, den er leidenschaftlich gern aß. Er mußte sich für Zwiebeln oder die junge Dame entscheiden. Meistens obsiegte die Zwiebelliebe, und seine Mutter war beruhigt, daß deren Nachwehen für den Abend als Tugendwächter wirken würden. Weniger Folgeerscheinungen sind beim Orangen-Zwiebel-Salat zu befürchten. Er stammt wahrscheinlich aus Kalifornien, von wo der moderne amerikanische Salatkult seinen Ausgang genommen hat. Typisch kalifornisch sind alle Salate, zu denen pikante Zutaten mit Obst gemischt werden.

Pro Portion:
1 große, kernlose Orange
1/2 große, milde Zwiebel
1 Handvoll Spinatblätter
2 EL sehr pikante Vinaigrette aus Öl, Essig, weißem Pfeffer und Salz

Orange schälen, dabei alle weißen Innenschalen entfernen, quer in dünne Scheiben schneiden, wobei man auf einem Teller allen austropfenden Saft auffängt. Zwiebel in ganze oder halbe Ringe schneiden. Spinat waschen und gut trocknen, Stiele entfernen. Auf jeden Salatteller die Spinatblätter ausbreiten, Zwiebelringe und Orangenscheiben abwechselnd darauf verteilen und mit der Vinaigrette beträufeln, die man mit einigen Eßlöffeln Orangensaft verrührt hat.
Zuweilen wird noch mit schwarzen Oliven garniert.

Links Waldorf Salat, Seite 132, rechts Caesar Salat, Seite 126. ▷

Salat von Palmherzen
Swamp Cabbage Salad

In Florida, wo dieses eigenartige Salatgemüse zu Hause ist, nennt man Palmherzen liebevoll *»Swamp Cabbage«*, also »Sumpf-Kohl«. Unwillkürlich muß man dabei an die Gewohnheit denken, norddeutschen Grünkohl als *»Oldenburger Palme«* zu bezeichnen. Kochbücher aus Florida erklären genau, daß die Palmettos, aus denen man die Herzen gewinnen will, nicht höher als 3 Meter sein dürfen, und wie man sie fällt und schält und vermeidet, daß der untere Teil des Herzstücks bitter oder der obere holzig wird. Früher mußten sich die Floridianer zudem noch mit Bären um den Sumpf-Kohl streiten, da diese eine besondere Vorliebe für Palmettos und ihre eigenen Methoden zur Gewinnung der Herzen haben.
Für uns ist das alles sehr viel einfacher, da wir nur Palmherzen zubereitungsfertig in Dosen kaufen können.

- 1 Dose Palmherzen (425 g Einwaage)
- 8 EL Vinaigrette oder 6 EL Mayonnaise und 2 EL Zitronensaft

Palmherzen quer in Scheiben schneiden und für eine Stunde in Eiswasser (mit vielen Eiswürfeln zusammen) legen, damit sie knackig werden. Gut abtropfen lassen und mit der Vinaigrette oder mit Mayonnaise, die mit Zitronensaft verrührt wurde, vermengen. Mindestens 15 Minuten ziehen lassen. Will man den Salat etwas sättigender, so kann man ihn mit dünnen Streifen von fettfreiem gekochtem Schinken oder Hühnerfleisch belegen.
Der Geschmack der Palmherzen erinnert etwas an Kastanien, er ist mild und delikat. Wer ihn herzhafter will, kann ganz wenig Cayennepfeffer darüberstreuen — aber bitte, nur einen Hauch.

Salat von grünem Spargel
Asparagus Salad

Sagt man in Amerika *Asparagus*-Spargel, so meint man grünen. Ich habe die Erfahrung gemacht, daß deutsche Feinschmecker sich mit warmen Gemüsen dieser Art nie so recht anfreunden konnten. Die grünen Stangen wurden allenfalls als garnierende Gemüsebeilage akzeptiert.
Anders ist es mit grünem Spargelsalat. Der herbe Geschmack wirkt dabei sehr pikant. Bei uns ist das Gemüse jetzt auch zu bekommen, weshalb ein Rezept dafür sicher Interesse finden wird.

- 600 g grüner Spargel
- Salz, einige Spritzer Essig
- 5 EL Mayonnaise vermischt mit 3 EL saurer Sahne
- 2 EL Frühlingszwiebeln, in kleine Röllchen geschnitten
- Als Beilage (evtl.):
- 2 hartgekochte, gehackte Eier
- 4 EL kleine Streifchen von gekochtem Schinken
- 4—6 Scheiben Räucherlachs in beliebigen Stücken

Von den Spargeln die unteren harten Enden abschneiden; wenn man mit des Messers Schneide dagegendrückt, merkt man sofort die Grenze zwischen hartem und weichem Teil der Stangen. Schälen braucht man die grünen Spargel dann nicht mehr, nur waschen. In Salzwasser ist grüner Spargel schon nach 6—10 Minuten Kochzeit bißfest gar. Herausnehmen, abschrecken und mit einigen Spritzern Essig ganz leicht anfeuchten.
Die Stangen in Bündeln oder als Fächer oder wie die Speichen eines Rades auf einem Teller anordnen. Man kann das mit den ganzen Stangen tun, aber auch nur die Kopfenden dazu verwenden, die anderen Teile hebt man für eine Suppe auf. Möglich ist es auch, Kopf- und Endstücke abwechselnd zu arrangieren.
In der Mitte oder an einem Ende der Stangen die Mayonnaise-Mischung verteilen, mit Frühlingszwiebeln bestreuen. Wahlweise eine der genannten Zutaten beifügen. Räucherlachs kann (auch mit Ei zusammen) sehr pikant sein.

Krautsalat
Cole Slaw

Der bekannteste amerikanische Beilagen-Salat, der vor allem zu gegrilltem Fleisch gegessen wird. Alle anderen Salate ißt man als Vorspeisen oder als kleine, selbständige Gerichte. Der Name *Cole Slaw* dürfte aus dem Holländischen stammen; an den verschiedenen Rezepten haben Amerikaner unterschiedlicher Herkunft mitgearbeitet.
Es werden hier drei verschiedene Rezepte angeboten, was durch die Bedeutung, die *Cole Slaw* in der amerikanischen Küche hat, mehr als gerechtfertigt ist.

- 1/2 Kopf Weißkraut
- 1 Karotte, geschrappt und gewaschen
- 1 Tasse saure Sahne
- 1 EL Zucker
- 2—3 EL Essig
- 1/2 TL Salz sowie weißer Pfeffer aus der Mühle
- 1 kleine zerdrückte Zwiebel (Knoblauchpresse)
- 1 EL Mayonnaise

Kraut in Eiswasser 30 Minuten im Kühlschrank knackig werden lassen, dann gut ausdrücken, den Strunk entfernen und die Blätter feinstreifig schneiden. Karotte fein raspeln und damit vermischen. Für die Marinade saure Sahne mit Zucker, Essig, Salz, Pfeffer, Zwiebel und Mayonnaise vermischen. Alles gut miteinander verrühren und unter den Krautsalat heben. Mindestens eine Stunde durchziehen lassen, ehe man ihn anrichtet.
Als zusätzliches Gewürz verwendet man noch gern einen Teelöffel Selleriesamen.

Krautsalat mit Grapefruit
Grapefruit Cole Slaw

Im Paradies der Zitrusfrüchte, dem Bundesstaat Florida, ist Krautsalat dieser Art sehr beliebt. Der Autor dieses Buches hat auch in Deutschland damit immer großen Erfolg gehabt — selbst bayerische Krautsalatspezialisten haben dabei anerkennend geschmatzt.

- 2 Grapefruits
- 6 Tassen lose gepacktes, gehobeltes Weißkraut
- 2 TL Zucker
- 1 TL Salz
- 1/2 TL Selleriesamen, getrocknet
- 2 EL milder Weinessig
- ca. 5 EL Mayonnaise

Grapefruits schälen, wobei unbedingt auch die weiße Innenhaut entfernt werden muß. Mit einem scharfen Messer die einzelnen Segmente aus den Häuten lösen. Dies geschieht über einer Schale, da man den Saft unbedingt auffangen und aufheben muß. Weißkraut in eine Salatschüssel füllen, dazu Zucker, Salz, Selleriesamen, Weinessig und Mayonnaise geben. Alles gründlich miteinander vermischen. Salat ziehen lassen.
Vor dem Anrichten die Hälfte der Fruchtsegmente halbieren und mit dem Saft unter den Salat heben. Restliche Grapefruitstücke zum Garnieren benutzen.
Sollte der Grapefruitsaft sehr bitter sein, so läßt man ihn weg und nimmt etwas mehr Essig. Dieser Salat sollte nicht länger als einen halben Tag stehen, da er sonst bitter werden kann.

GMC
TRUCKS

Gekochte Marinade zu Krautsalat
Boiled Cole Slaw Dressing

Dies ist eine alte Art der Zubereitung, die sich noch immer großer Beliebtheit erfreut und ausgezeichnete Ergebnisse liefert.

1 1/2 EL Mehl
1 TL Senfpulver
1 Prise Cayennepfeffer
1 EL geschmolzene Butter
2 verquirlte Eigelb
3/8 l Milch
4 EL Essig
Salz

In einem Töpfchen mit dickem Boden Mehl, Senfpulver, Cayennepfeffer und Butter auf schwacher Hitze miteinander verrühren. Nach wenigen Minuten die Eigelb einrühren, dann Milch und Essig zugießen. Weiterrühren und warten, bis die Sauce langsam zu dicken beginnt. Salzen und die Würzung prüfen. Abkühlen lassen und im Kühlschrank zugedeckt bis zum Gebrauch (auch noch nach 2 oder 3 Tagen) aufheben.
Krautsalat damit wie üblich zubereiten.

Gemüse-Tomaten-Aspik
Vegetable Tomato Aspic

Dies ist das in den USA am häufigsten zubereitete Aspikgericht. Variationen der Gemüseeinlagen sind nach eigenem Geschmack jederzeit möglich, wobei man nur beachten sollte, daß einige Gemüse vielleicht vorgegart werden müssen; bei Dosengemüsen erübrigt sich das.
Bei den Formen hat man ebenfalls die freie Auswahl. Oft wählt man nur eine Form, die länglich oder ringförmig sein kann. Portionsförmchen sind ebenfalls beliebt. Ringformen kann man sehr dekorativ anrichten, wenn man den Innenraum mit Salaten jeglicher Art füllt.

- 1 l Tomatensaft
- 2—2 1/2 Päckchen Gelatinepulver oder 12—15 Blatt Gelatine
- Salz, weißer Pfeffer aus der Mühle
- Selleriesalz sowie 1 Prise Zucker zum Würzen
- einige Spritzer Worcestershiresauce
- einige Spritzer Tabasco
- 1/2 TL Schalenabrieb einer ungespritzten Orange
- 4 EL Zitronensaft, 4 EL Orangensaft
- 2 Tassen kleingeschnittener Bleichsellerie (oder Fenchel)
- 2 Tassen gewürfelte, grüne Paprikaschote
- 1—2 Tassen grüne Erbsen aus der Dose
- 2 Tassen Maiskörner aus der Dose

Vom Tomatensaft einige Eßlöffel abnehmen und die Gelatine darin in einem kleinen Stieltopf einweichen. Nach 5 Minuten 1/8 Liter Saft zugeben und auf kleiner Hitze unter ständigem Rühren die Gelatine völlig auflösen. Mit dem restlichen Tomatensaft in einer Schüssel verrühren. Würzen mit Salz, Pfeffer, Selleriesalz, Zucker, Worcestershiresauce, Tabasco, Orangenabrieb, Zitronensaft, sowie Orangensaft.
Alle Gemüse einrühren. Würzung nochmals prüfen.
In gut vorgekühlte Form(en) einige Eßlöffel Flüssigkeit geben, die auf dem Boden fest werden muß. Masse dann einfüllen und im Kühlschrank steif werden lassen. Zum Anrichten stürzen. Dazu kann man Mayonnaise reichen oder Schlagsahne, die mit Meerrettich aromatisiert ist. Unsere gute, alte Schnittlauchsauce oder Frankfurter Grüne Sauce schmecken auch dazu.

Scampi-Lachs-Aspik
Salmon Shrimp Mold

Wir könnten auch von Sülzen sprechen. In Amerika werden sie seltener mit Fleisch, dafür sehr häufig mit Gemüse und Fisch oder anderem Meeresgetier zubereitet. Auch süß sind sie sehr beliebt. Oft rechnet man sie zu den Salaten. Sie dürfen auf keinem kalten Büffet fehlen. Für uns bieten sie sich als Vorspeisen oder — wie dieses Rezept — als kleine, sommerliche Hauptgerichte an.

- 1 l Milch
- 2 Päckchen Gelatinepulver
- 2 Eigelb
- Salz und weißer Pfeffer aus der Mühle
- 1 Dose Lachs (180 g), Lachs, den man selbst pochiert hat, ist natürlich noch besser, es dürfen davon auch 250 g sein
- 150 g geschälte, geputzte Scampis (Shrimps)
- 2 EL Zitronensaft
- 1 Tasse halbierte, gefüllte Oliven
- 8 EL kleingeschnittene Frühlingszwiebeln, ersatzweise 4 EL Schnittlauch
- 1 1/2 TL geriebener Meerrettich (Sahnemeerrettich möglich)
- 1 Prise Zucker

In einigen Eßlöffeln Milch die Gelatine einweichen. Restliche Milch auf geringer Hitze — evtl. im Wasserbad — mit dem Eigelb, Salz und Pfeffer sehr gut mit dem Schneebesen schlagen. Gelatine dazugeben

und unter Rühren so lange weiter erhitzen, bis sie völlig aufgelöst ist. Abkühlen lassen, wobei die Mischung noch nicht anziehen soll.
Lachs zerpflücken, alle Gräten entfernen, Konservierungsflüssigkeit abgießen, dafür mit 1 Eßlöffel Zitronensaft befeuchten. Scampis in dem restlichen Zitronensaft wenden. Beide zusammen mit Oliven, Frühlingszwiebeln, Meerrettich und Zucker in die Gelatinemischung rühren.
Längliche oder runde Form im Kühlschrank gut kalt werden lassen, sodaß einige Eßlöffel der Gelatinelösung, wenn man sie einfüllt, sofort erstarren. Restliche Masse einfüllen. Im Kühlschrank erstarren lassen. Zum Verzehr stürzen und in Scheiben schneiden. Nach eigenem Geschmack dekorieren, wofür sich Tomaten anbieten. Dazu evtl. Tartar-Sauce.

Obstsalat-Aspik
Fruit Nectar Salad

Hier ist ein Beispiel für süßen, gelierten Aspik-Salat, der in der amerikanischen Küche eine große Rolle spielt und in vielen Variationen zu finden ist. Das folgende Rezept zeigt, wie man aus einer nicht gerade kulinarisch hoch zu bewertenden Konserve ein gutes, attraktives Dessert machen kann. In den USA werden solche Zubereitungen auch gern zu kaltem Geflügel gereicht.

1 Päckchen Gelatinepulver, 8 EL Wasser
3/8 l Aprikosen-Nektar
2 EL Zucker, 1 Prise Salz
8 Nelken in einem Tee-Ei
2 EL Zitronensaft
3 Tassen Obstsalat aus einer Konserve, von der die Flüssigkeit abgegossen wurde.

Gelatinepulver in einem Stieltopf mit dem Wasser vorweichen. Nach ca. 5 Minuten den Aprikosen-Nektar nebst Zucker, Salz und den Nelken (im Tee-Ei, damit man sie wieder herausnehmen kann — andernfalls müßte man die Flüssigkeit vor dem Einfüllen sieben) zugeben. Auf Mittelhitze alles gut miteinander verrühren, bis die Gelatine und der gesamte Zucker aufgelöst sind.
Vom Feuer nehmen, Nelken entfernen, Zitronensaft einrühren und alles auf Eis unter gelegentlichem Umrühren so weit abkühlen lassen, bis es die Konsistenz von ungeschlagenem Eiweiß hat. Die abgegossenen Früchte einrühren und die Masse in eine Dreiviertelliter-Form füllen. Im Kühlschrank erstarren lassen.
Zum Anrichten auf eine Platte stürzen und mit kleingeschnittenen grünen Salatblättern umlegen. Frische Früchte können die Garnitur ergänzen und den Geschmack verbessern.

Weizenkörner-Salat
Tabbouli (Tabbouleh)

Dieser Salat aus dem Libanon wurde in den letzten Jahren so populär, daß man ihn sogar als Fertigprodukt kaufen kann. Burghul sind grob geschrotete Weizenkörner, in den USA ebenso wie bei uns in Reformhäusern zu kaufen.

1/4 l Burghul (2 Tassen)
5 EL Öl, 8 EL Zitronensaft
8 EL fein gehackte Petersilie
Salz und Pfeffer aus der Mühle
4 EL fein gehackte, frische Minzeblätter (am besten Krauseminze, Pfefferminze nur die halbe Menge)
1 große Tomate, entkernt und klein gewürfelt
1 kleine Zwiebel, kleingeschnitten
4 EL kleingehackter Schnittlauch

Burghul mindestens 1 Stunde in reichlich kaltem Wasser einweichen, dann in eine Serviette abgießen und sehr gut ausdrücken. In einer Salatschüssel mit allen anderen Zutaten vermischen, 10 Minuten ziehen lassen, Würzung prüfen und evtl. korrigieren. Möglichst etwas gekühlt (nicht zu eiskalt) auf Salatblättern anrichten.
Dieser Salat, der sehr erfrischend ist, sieht sehr gut aus, wenn man etwas von dem Schnittlauch und den Tomatenwürfelchen zurückbehält und erst beim Anrichten darüberstreut.

SALT

Rot-weißer Bohnensalat
Two-Bean Salad

Überall in den Vereinigten Staaten spielen Bohnenkerne noch immer eine bedeutende kulinarische Rolle. Auch gesteigertes Kalorienbewußtsein konnte sie nicht vom Speisezettel verbannen. Bohnensalate fehlen in keinem Restaurant auf dem Salatbüffet. Heute spart man sich die lange Kochzeit und verwendet meistens Dosenbohnen. Mehrere Sorten müssen nicht sein, erhöhen jedoch den (Augen-)Eßgenuß. Siehe auch nebenstehende Abbildung.

2 Dosen Bohnen (500 g), je 1 Dose weiße und rote
150 g durchwachsener, geräucherter Speck
100 g Sonnenblumenkerne
1 mittelgroßer, säuerlicher Apfel, geschält, entkernt
1 mittelgroße Zwiebel
1 Bund Schnittlauch, gewaschen, kleingeschnitten
4 EL Öl, 3 EL Essig, Salz und Pfeffer aus der Mühle
1 Kopf- oder Frisée-Salat, geputzt und zerpflückt

Bohnen in einem Sieb mit kaltem Wasser überbrausen und abtropfen lassen.
Speck fein würfeln und mit den Sonnenblumenkernen (etwas später zugeben) kroß anbraten.
Apfel grob würfeln, Zwiebel kleinschneiden und mit Schnittlauch, Öl, Essig, Salz und Pfeffer zu einer Salatmarinade rühren. Salat putzen und eine Schüssel oder vier Schälchen damit auslegen. Die Bohnen in der Marinade ca. 1 Stunde ziehen lassen. Auf die Salatblätter häufen und mit Speck und Sonnenblumenkernen bestreuen.

Abwandlungen: Sehr gern mischt man unter die Bohnenkerne auch noch Stücke von knackig gekochten grünen Bohnen.
Als Bohnenkerne kann man auch schwarze oder dicke Bohnen (mit)verwenden. Ebenfalls sind Kichererbsen möglich. Gehackte Paprikaschoten oder Stangensellerie sind ebenfalls beliebte Zutaten. Etwas Cayennepfeffer schafft Südstaaten-Geschmack.

Gemüse und Beilagen

Lauch in Weißwein
Braised Leek in White Wine

Ein anderes Beispiel dafür, wie heute in der amerikanischen Küche dem Wein eine steigende Bedeutung zugewiesen wird. Dieses Rezept wurde von *Margaret Fox,* Inhaberin und Chefköchin eines Restaurants in *Mendocino* (Kalifornien) entwickelt. In Feinschmeckerküchen setzen sich Frauen gerade in den USA immer mehr durch. Nachdem die Entdeckung frischer Produkte direkt vom Markt Allgemeingut geworden war, hält jetzt der Wein Einzug in die Küchen — vor allem im Weinland Kalifornien.

8 Lauchstangen von 4—5 cm Durchmesser (oder entsprechend mehr Stangen)
1/2 l trockener Weißwein
gut 1/4 l Wasser
1 1/2 TL Salz
60 g Butter
8 EL rote Paprikaschote, gewaschen, entkernt und in kleine Späne geschnitten
2 EL gehackte Petersilie (am besten glattblättrige)

Lauchstangen putzen, waschen und dunkelgrüne Teile abschneiden. In einem länglichen Kochgeschirr den Lauch nebeneinander anordnen. Wein, Wasser und Salz vermischen und darübergießen. Butter in Flöckchen aufsetzen. Zum Kochen bringen, den Deckel so auflegen, daß Dampf entweichen kann und ca. 1/2 Stunde kochen, bis die Lauchstangen weich sind und die Flüssigkeit auf 1/4 l eingekocht ist. Sollte noch zu viel Flüssigkeit vorhanden sein, so muß man sie weiter einkochen, nachdem man den Lauch aus dem Geschirr genommen und in einer Schicht in eine möglichst rechteckige, feuerfeste Form gelegt hat, in der man ihn auch servieren kann. Die eingekochte Flüssigkeit zugießen, gut mit Alufolie verschließen und im vorgeheizten Ofen bei ca. 170 ° C fünf Minuten garen. Danach die Folie anheben, Paprikastreifchen über dem Lauch verteilen, wieder verschließen und nochmals etwa fünf Minuten garen.
Beim Anrichten die Folie entfernen und das Gemüse mit Petersilie bestreuen. Dazu kann man Brot oder Reis oder Kartoffelpüree reichen.

Gebackene Rote Bete (Rüben)
Baked Beets

Man ißt in den USA sehr viel mehr Rote Bete als bei uns; so erwähnt man die Farbe gar nicht, sondern nennt sie einfach nur Beets = Rüben, obwohl es noch mehrere andere Rübensorten gibt.

500 g Rote Bete (möglichst kleine)
Salz
40—50 g Butter

Die roten Rüben waschen, gut bürsten und den Stielansatz nicht abschneiden, damit sie nicht »ausbluten«. Ein feuerfestes Geschirr, das groß genug ist, um sie in einer Lage aufnehmen zu können, gut ausbuttern. Die roten Rüben einlegen, mit Salz bestreuen und auf jede ein Butterflöckchen setzen. Form fest verschließen (auch mit Aluminiumfolie möglich) und bei 200 ° C etwa eine gute Stunde backen.
Kleine Rübchen haben eine so zarte Haut, daß man sie dran läßt und mit Genuß verspeist. Ältere Exemplare sollten geschält werden; nach dem Garen kann man sie leicht aus der Schale drücken. Das muß natürlich vor dem Servieren geschehen.

Rote Bete nach Harvardart
Harvard Beets

Rote Bete als Gemüse nach einer der berühmtesten Universitäten des Landes zu benennen, ist ungewöhnlich. So konnte dieses Gericht einen hohen Bekanntheitsgrad erringen. Wahrscheinlich stammt es schon aus dem 17. Jahrhundert, und natürlich aus Neu England. Rot ist die Farbe der Universität *Harvard*, daher wohl der Name.

1/8 l Weinessig

2 EL Rotwein

75 g Zucker

1 schwach gehäufter TL Stärkemehl

6 Tassen kleingewürfelte, gekochte Rote Bete (können auch in Streifchen oder Scheibchen geschnitten sein)

30 g Butter

Weinessig, Rotwein, Zucker und Stärkemehl auf geringer Hitze zusammen mit 3 Eßlöffeln Wasser, in denen das Stärkemehl angerührt wurde, etwa 5 Minuten köcheln.
Rote Bete zugeben. Unter Rühren weitere 2—3 Minuten köcheln. Vom Feuer nehmen und mindestens 20 Minuten ruhen lassen.
Dann wieder auf geringer Hitze rühren, bis das Gemüse heiß ist. Dabei die Butter in kleinen Flöckchen zugeben.
Heiß servieren. Dabei evtl. etwas Schnittlauch darüberstreuen.

Rote Bete nach Yaleart
Yale Red Beets

Dies ist eine weniger bekannte Variante des berühmten Rezepts. Sie ist sehr schnell erklärt.

1 Rezept *Harvard Beets*, bei denen jedoch Essig und Wein durch Orangensaft ersetzt werden.

Zwiebeln in Sahne
Creamed Onions

Dieses Zwiebelgemüse reicht man gern als Beilage zu einem Truthahn-Festbraten. Es paßt auch zu anderem Gebratenen.

500 g kleine, weiße Zwiebelchen

30 g Butter

1/4 l süße Sahne

Salz, weißer Pfeffer
und 1 Prise getrockneter Thymian

Die kleinen Zwiebeln schälen. Am besten geht das, wenn man sie für etwa 2 Minuten in einen großen Topf mit kochendem Wasser wirft, dann herausnimmt und abtropfen läßt. Danach kann man sie regelrecht aus der Schale herausdrücken.
In einer schweren Pfanne die Butter zerlassen, sie darf nicht braun werden. Die Zwiebeln darin einige Minuten lang schwenken, wobei sie sich nicht verfärben sollen. Die Sahne zugießen und mit den Gewürzen abschmecken. Auf geringer Mittelhitze etwa 15 Minuten köcheln lassen, dabei mehrfach wenden und einen Deckel auflegen. Anschließend weitere 5—10 Minuten ohne Deckel die Sahne etwas einkochen lassen, dabei die Zwiebeln mehrfach wenden. Sobald sie gar sind, sollte man nochmals die Würzung prüfen und dann heiß mit der cremigen Sauce servieren. Nach Belieben evtl. mit gehackter Petersilie bestreuen.

Rote Bete schmecken köstlich mit einer Sahnesauce (Rezept siehe oben), garniert mit frischem Dill.

▷

Überbackener Broccoli
Braised Broccoli au Gratin

Broccoli wurde zu Beginn des Jahres 1990 zur Staatsaffaire in Amerika als sich herumsprach, daß Präsident *George Bush* angeordnet hatte, im Weißen Haus und auch im Präsidentenflugzeug nie mehr Broccoli zu servieren. Die Zeitungen waren voll von Kommentaren, die Broccolifarmer protestierten, beschwerten sich wegen Geschäftsschädigung. Auf der nächsten Fernseh-Pressekonferenz wurde *George Bush* nach seinem Verhältnis zu Broccoli gefragt. Er begehrte auf: »Als Kind hat meine Mutter mich gezwungen gegen meinen Willen Broccoli zu essen. Meine Frau Barbara hat mich weiter mit Broccoli gefüttert. Ich mag aber keinen Broccoli, und jetzt bin ich Präsident der Vereinigten Staaten und kann es mir leisten zu verfügen: Für mich keinen Broccoli mehr.«
Viele Amerikaner essen dieses Gemüse immer noch gern, hier ist ein beliebtes Rezept dafür.

750 g geputzte Broccoliröschen
20 g Butter
je 4 EL kleingeschnittene Zwiebeln, Bleichsellerie und geraffelte Karotten
kräftig gewürzte Hühnerbrühe
50 g Butter
4 EL geriebener Emmentaler
5 EL grob zerdrückte Cornflakes

Broccoli waschen, gut abtropfen und in eine feuerfeste Form, die gut ausgebuttert ist, legen. Dazwischen Zwiebel, Sellerie und Karotten verteilen. Bis zur knappen Höhe des Gemüses Hühnerbrühe auffüllen. Geschirr zudecken, evtl. mit Aluminiumfolie, die möglichst gut schließen sollte. Im Ofen bei 180 ° C etwa 1 Stunde garen.
Deckel entfernen, Butter in Flöckchen zusammen mit dem Käse auf der Oberfläche verteilen. Ofentemperatur auf gut 200 ° C erhöhen oder die Grillstäbe einschalten und die Oberfläche goldbraun werden lassen. In den letzten 2 Minuten noch die Cornflakes darüberstreuen.

Zuweilen wird der Broccoli auch in *Cream of Mushroom Soup* aus der Dose anstatt in Hühnerbrühe gegart.

Zwiebel-Paprika-Gemüse
Onions and Peppers

Für uns sind Zwiebeln meist nur würzende Beigaben, sie können jedoch auch ein sehr gutes, eigenständiges Gemüse sein.

500 g milde Zwiebeln
75 g Butter
je 1 große grüne und rote Paprikaschote
Salz

Die Zwiebeln schälen und Scheiben von 1/2 cm Dicke schneiden. In einer großen Pfanne (auch ein Wok eignet sich gut) die Butter zerlassen, Zwiebeln zugeben und über nicht zu großer Hitze so lange rühren, bis sie beginnen, glasig zu werden.
Paprikaschoten in Streifchen schneiden, diese evtl. noch der Länge nach halbieren, Samen und Stielansätze natürlich vorher entfernen. Paprika zu den Zwiebeln geben, mit diesen vermischen und noch 4—6 Minuten rühren, bis sie gerade weich sind. Dabei salzen.

Hinweis: Sehr gern geben amerikanische Köchinnen noch vorgekochte Maiskörner (auch aus der Dose) an dieses Gemüse. Für diese Gemüsemenge sollte man 400 Gramm Maiskörner rechnen. Dann reicht das Gericht für 6 Personen.

Grüner Spargel aus dem Wok
Stir-Fried Asparagus

Der Spargel Amerikas ist fast immer grün. Wir bekommen grünen Spargel aus Italien und Frankreich; deshalb einige kurze Hinweise einer Hausfrau von jenseits des Atlantiks: Grüne Spargel brauchen nicht geschält zu werden; nur das holzige Unterteil abschneiden, wobei man mit der Schneide des Messers gegen die Stangen drückt und fühlt, wo das Messer eindringt, da abschneiden; die Kochzeit in Salzwasser beträgt 6 bis 10 Minuten, je nach Dicke; für die Zubereitung bediene man sich aller Rezepte, die für weißen Spargel gelten.
Es folgt ein ungewöhnliches Rezept, das aus Fernost nach den USA kam. Der Wok, die halbrunde chinesische Pfanne, hat sich dort inzwischen viele Freunde erworben. Man kann sie auch zur Spargelzubereitung verwenden.

1 kg grüne Spargel (Einkaufsgewicht, möglichst dünne Stangen)
4—5 EL Pflanzenöl
Pfeffer aus der Mühle
Salz

Spargelstangen waschen, holzige Enden abschneiden und die Stangen dann mit schrägen Schnitten in etwa 4—5 cm lange Stücke schneiden. Öl im Wok erhitzen und darin die Spargeln etwa 2 Minuten lang ständig rühren. Danach etwa 5 Eßlöffel warmes Wasser zugeben, ein- bis zweimal umwenden, dann zudecken und noch etwa 3 Minuten garen. Deckel öffnen, Spargel würzen, nochmals wenden und sofort servieren.
So zubereitet, behalten die Spargel eine intensive Farbe und den vollen Wohlgeschmack.

Gebratene Pastinaken
Fried Parsnips

Die Kartoffel hat die Pastinaken von den deutschen Eßtischen vertrieben. Gelegentlich werden sie von erfahrenen Hausfrauen noch in Suppen und Brühen gekocht; fast die ganze einheimische Ernte wird jedoch von der Industrie zu Fertigsuppen verarbeitet. In den USA kann man Pastinaken noch in jedem Supermarkt kaufen. Sie werden zu Eintöpfen (casseroles) verwendet oder gebraten und als Gemüsebeilage oder auch als überraschende Vorspeise serviert.

500 g Pastinaken (oder etwas mehr)
Salz und 1 EL Zitronensaft
5 EL Mehl
1 TL Currypulver (kann weggelassen werden)
1 geschlagenes Ei
5 EL Paniermehl
Öl zum Braten

Pastinaken gründlich schrappen, waschen, in knapp 1 cm dicke Scheiben schneiden, die ca. 6 cm lang sind. Sofort in Salzwasser mit Zitronensaft in 10 Minuten bißfest kochen. Gut abgetropft und erkaltet in Mehl, das mit etwas Salz und dem Curry vermischt wurde, wenden. Durch das Ei ziehen und panieren. In reichlich heißem Öl beidseitig goldbraun braten und auf Küchenkrepp entfetten. Als Gemüsebeilage servieren oder als Vorspeise mit etwas Mangochutney reichen.
Die Pastinakenscheiben können etwas heller gebraten und dann im Kühlschrank 2 Tage aufgehoben werden. Zum Servieren nochmals braten.
Das Currypulver ist eine von mir entwickelte Zugabe, die weggelassen werden kann. Als Gemüse kann man ausgebackene Petersilie dazu reichen.

In China Town in San Francisco bekommt man alle Zutaten für ein asiatisches Essen. ▷

粉
餐
廳
SUSIE HOT
太
李錦記
620
新华书
NEW CHINA
DANIEL
陳華利
7501804

Gebackene Kartoffeln
Baked Potatoes

Hier haben wir eine uralte Garmethode für Kartoffeln, die erst vor wenigen Jahren wieder ganz modern wurde. Sie kam aus Amerika, ebenso wie ja die Kartoffel eine der größten Segnungen war, die das früher so oft von Hungersnöten bedrohte alte Europa aus der Neuen Welt empfing.
Leider werden wir in Deutschland vorläufig nicht in der glücklichen Lage sein, wirklich gute gebackene (oder Ofen-) Kartoffeln genießen zu können.
In den USA heißen sie mit vollem Namen *Idaho Baked Potatoes.* Aus dem Bundesstaat *Idaho* im gebirgigen Nordwesten des Landes kommt eine ganz besondere Kartoffelsorte: sehr große, besonders mehlig kochende Knollen von zartem Aroma. Die gibt es bei uns nicht.
Dem zweiten Übelstand, der bei deutschen Ofenkartoffeln eingerissen ist, können wir abhelfen. Wir müssen nur damit aufhören, die Kartoffeln zum Garen in Aluminiumfolie einzuwickeln. Das ist eine kulinarische Todsünde. Die Kartoffel soll, ja muß ausdampfen. Und das gerade verhindert die Folie.

Pro Person:

1 große, mehlig kochende Kartoffel

1/2 TL Butter, evtl. 4 EL grobes Salz

Kartoffel gut abbürsten und trocknen. Mit Butter einpinseln und im Ofen bei 225 ° C ca. 40 bis 60 Minuten garen. Um möglichst viel Feuchtigkeit aus der Knolle zu ziehen, kann man sie auf ein Salzbett legen. Nach der Hälfte der Garzeit das Backblech aus dem Ofen ziehen, die Kartoffel auf der Oberseite mit den Zinken einer Gabel einstechen, damit sie gut ausdampfen kann. Die fertige Kartoffel mit einem Längsschnitt einritzen und die Seiten eindrükken, damit der Einschnitt aufspringt, der Dampf vollends entweicht und man den mehligen Inhalt mit der Gabel herausholen kann. Vorher muß man allerdings erst noch würzen. Dazu kann man sich mit frischer Butter und Salz begnügen, oder aber man nimmt Salz und reichlich saure Sahne, kalte natürlich, da der Temperaturgegensatz besonders apart ist. Viele amerikanische Feinschmecker essen die Schale oder Teile davon gern mit.

Kartoffeln in Sahne
Potatoes in Cream

Leider nutzen amerikanische Restaurants nur sehr wenige der vielen Kartoffelrezepte, die es in ihrem Land gibt. Salzkartoffeln sind völlig unbekannt. (Was soll's? — In unserer Gastronomie stehen sie auch längst auf dem Aussterbeetat.)
In amerikanischen Gaststätten stehen überall auf der Karte: *French Fried Potatoes, Idaho Baked Potatoes* und *Mashed Potatoes.* Eine Zubereitungsart, die wir nicht kennen, wird neuerdings immer beliebter: Neue, kleine Kartoffeln, die in der Schale gekocht wurden und vor dem Servieren ungeschält in Butter geschwenkt werden. Sie werden natürlich auch mit der Schale verzehrt.
Das folgende Rezept findet man in Familien, vor allem im nördlichen Teil des Landes und rund um die großen Seen.

4 mittelgroße Kartoffeln, möglichst *Idaho* oder andere, die man auch als Ofenkartoffeln verwenden würde
30 g Butter
1 1/2 EL Mehl
1/4 l süße Sahne
Salz und Pfeffer aus der Mühle
20 g Butter

Kartoffeln gut waschen und bürsten und im Ofen bei ca. 180 °C eine Stunde backen. Sie sollen nur gerade eben gar werden. Abkühlen lassen, schälen und in Würfelchen schneiden.
In einer Pfanne die Butter erhitzen und das Mehl einrühren, es darf nicht braun oder auch nur gelb werden. Nach einigen Minuten mit der Sahne ablöschen, weiterrühren, bis die Sauce dickt. Die Kartoffeln dazugeben, salzen und pfeffern und kurz mit der Sauce vermischen.
Eine flache, feuerfeste Form gut ausbuttern, die Sahnekartoffeln einfüllen, glattstreichen und im vorgeheizten Backofen bei 180 °C etwa eine halbe Stunde ohne Deckel garen, bis die Oberfläche zu bräunen begonnen hat.

Farnkraut-Sprossen
Fiddleheads

Hier ist etwas, das Sie wohl kaum in einem anderen Feinschmeckerbuch finden. Vorbedingung für die praktische Übersetzung ist allerdings, daß sie einen Frühlingsspaziergang unternehmen. Von Ende April bis Mitte Mai dürfte die rechte Zeit dafür sein. Im Wald und vor allem an Bachrändern kann man dann nämlich junge Farnschößlinge finden, die noch schneckenähnlich zusammengerollt sind, sich noch nicht geöffnet haben. Ungefähr 5 cm unter der Spitze bricht man sie ab. Die Pflanze geht dabei nicht kaputt, zwei Tage später kann man wieder von ihr ernten.
Amerikanische Feinschmecker können als Farnpflücker mit unseren Pilzsammlern verglichen werden. Man findet sie im Frühling vor allem in den Gebirgen nahe der Atlantikküste von *Neufundland* bis etwa *Süd-Dakota.* Reiche Ernte wächst ihnen vor allem in *Vermont* zu. (Vielleicht hatte ich auch nur besonderes Glück dort). Nicht alle Farne sind genießbar. Ich kenne keine Übersetzung für das, was man in den USA *fiddleheads* nennt und so gerne ißt. Bei uns in Deutschland erkundige man sich bei Experten nach Adler-Farn. Der ist genießbar und sieht ungefähr so aus wie das, was ich in Amerika als *fiddlehead* gegessen habe und was man dort *Ostrich-Fern (Straußen-Farn)* nennt. *Fiddelhead* ist Geigenkopf. Man spricht auch von Bischofsstab und meint damit dasselbe, nämlich die noch zusammengerollten Farnspitzen. Ihr Geschmack ist köstlich. Obwohl ich die damit verbundene Problematik kenne, wage ich eine Beschreibung: Aroma zwischen grünem Spargel und Morcheln.

Hier sind Hinweise auf Vor- und Zubereitung:

Farnsprossen sehr gründlich in mehrmals gewechseltem, kaltem Wasser waschen. Sie müssen allen Sand verlieren und Fitzelchen von dunkler Haut, die oft dranhängen. In der Salatschleuder anschließend trocknen.

Grundrezept für das Garen:
Am besten erhalten die Farnsprossen ihre Aromafülle, wenn man sie nur im Dampf gart — entweder

ohne Druck oder im Drucktopf auf niederster Stufe (Aromagaren).
Gekocht werden sie (und das dürfte die häufigste Zubereitungsart sein) in reichlich leicht gesalzenem Wasser. Garzeit knapp eine Viertelstunde. Sie müssen noch Biß haben.

Mögliche weitere Verarbeitungen:
Gegarte Farnsprossen mit Sauce hollandaise,
Gegarte Farnsprossen mit Sauce Mornay (weiße Sauce mit geschmolzenem Käse aromatisiert).
Kalte, gegarte Farnsprossen mit einer Vinaigrette als Salat angemacht; zerkrümelte hartgekochte Eier und Schnittlauchröllchen oder kleingeschnittene Frühlingszwiebeln schmecken gut dazu.
Frische, gewaschene Farnsprossen in einer Hühnerbrühe als Suppe gekocht; verfeinert mit süßer Sahne, einem Stück Butter und möglichst nur Salz und ganz wenig Pfeffer; Bindung durch wenig Mehlbutter oder Legieren mit Eigelb; köstlich schmeckt es, wenn man diese Suppe mit angerösteten Mandelblättchen bestreut.

Tiefgefrieren von Farnsprossen:
Frische Sprossen nach dem Waschen in ein Sieb geben, für 1—2 Minuten in einen Topf mit viel kochendem Salzwasser halten, danach mit kaltem Wasser überbrausen oder in Eiswasser tauchen.
So vorbereitet einfrieren. Sie halten sich dann gut 10 Monate im Gefriergerät.
Wie wäre es also mit einem Genuß nach Art der modernen amerikanischen Waldläufer? Farnsprossen sind kostenlos bei Mutter Natur zu haben.
Und wie wäre es, wenn Sie dann nicht von Farnsprossen sprächen, sondern Fiddleheads sagten!? Der amerikanische Name klingt so lustig.

Wilder Reis
Wild Rice

Hier haben wir eine wahre Indianerspeise, eine, die bis auf den heutigen Tag noch ganz echt geblieben ist. Sie stammt aus dem Gebiet der großen Seen, das meiste davon kommt aus den beiden Bundesstaaten *Minnesota* und *Wisconsin* . . . und es wird als Ernte eingebracht von Indianern. Die *Chippawas* sind berühmt wegen ihrer Sümpfe mit wildem Reis.
Nur in Nordamerika wächst dieses kostbare Korn, das botanisch gesehen gar kein Reis ist, jedoch den teuersten Reis der Welt darstellt. Wilder Reis ist der Kaviar unter allen Beilagen. Er stammt von einer Grasart, die wie der echte Reis im Wasser wächst. Bis vor kurzem kam wilder Reis nur als wirklich wild wachsende Pflanze vor; neuerdings ist es gelungen, ihn auch zu kultivieren.
Die Ernte des wilden Reises war den Indianern vorbehalten. Sie vollzieht sich noch immer auf urtümliche Weise. In Kanus fahren die Indianer in die Reisgebiete, mitten zwischen die Halme. Früher wurden die Kanus nur gestakt, heute benutzt man auch schon Außenbordmotore. Im Bug des Bootes kniet der eigentliche Ernter. In jeder Hand hält er einen hölzernen Bengel. Schiebt sich der Bug zwischen die körnertragenden Halme, so schlägt er sie über den Bootsrand und streift die Körner dabei ab. Die meisten fallen ins Boot, was daneben geht, ist die Saat für die nächste Ernte.
Die Körner des wilden Reises sind lang und fast schwarz. Weil sie so teuer sind, vermischt man sie gern mit weißem Langkornreis, dem sie immer noch reichlich Aroma geben — wie die Trüffel der Gänseleber. Wer Mischungen mit wildem Reis kauft, sollte nicht nach den billigsten greifen, denn die enthalten den geringsten Wildreisanteil.
Ab und zu sollte man sich schon einmal den Genuß echten wilden Reises leisten. Er ist eine köstliche Beilage, wird gern vermischt mit würzenden Zutaten und kann zu Risotto gekocht oder zu feinen Geflügelfüllungen verwendet werden.
Wilder Reis wird gewaschen, abgetropft und in die vierfache Menge kochenden Salzwassers gestreut. Die Garzeit — wobei das Wasser ständig köcheln muß — beträgt zwischen 20 und 30 Minuten. Er muß stets bißfest bleiben.

PREMIUM
BEER
©1939

Wilder Reis nach Indianerart
Wild Rice Indian Style

Wilden Reis bekommt man in Amerika recht häufig in einer Zubereitungsart, die dem folgenden Rezept ähnelt, welches eine authentische Zubereitung aus einem Indianerreservat ist.

4 Tassen Wasser (1/2 l)
2 Tassen wilder Reis
1 gehäufter TL Salz
3 Scheiben Frühstücksspeck
6—7 Schalotten (oder 2—3 kleine Zwiebeln)
100 g Pfifferlinge oder andere Waldpilze, gewaschen
1 Tasse rote Bohnen (Kidney beans) aus der Dose (etwa der halbe Inhalt einer kleinen Dose, 425 ml)
1 Tasse Maiskörner, am einfachsten auch aus der Dose
1/8 l süße Sahne
1 kleines Ei
25 g Butter zum Ausfetten

Das Wasser mit wildem Reis und Salz zum Kochen bringen und gut 10 Minuten wallen lassen. Dann Hitze ausschalten, Deckel auflegen und warten, bis der Reis alles Wasser aufgesogen hat. In einer Pfanne den Frühstückspeck kroß anbraten, dann herausnehmen und in Stückchen teilen.
Im verbliebenen Fett die kleingeschnittenen Schalotten glasig werden lassen, dann die gehäckelten Pilze zugeben und kurz anbraten.
Reis, Speckstückchen, Schalotten und Pilze mit Bohnen und Maiskörnern vermischen. Die Sahne mit dem Ei verkleppern und unter die Reismischung heben.

◁ Gegrillte Maiskolben, Seite 157 und Maispudding, Seite 159.

Ein feuerfestes Geschirr, das man dann auch zu Tisch bringen kann, gut ausbuttern und die Reismischung darin glattstreichen. Zugedeckt (kann auch mit Alufolie geschehen) bei 165 ° C 30 Minuten garen.
Danach herausnehmen, durchrühren und ohne Deckel weitere 30 Minuten in den Ofen stellen. Nach insgesamt 1 Stunde Garzeit nochmals durchrühren und vor dem Servieren weitere 10 Minuten ohne Deckel in den Ofen stellen.

Gekochte Maiskolben
Corn on the Cob

Das berühmteste amerikanische Gemüse ist gleichzeitig am einfachsten zuzubereiten. Soll es aber auch das köstlichste sein, so muß man ein paar Vorbedingungen beachten.
Thomas Jefferson, Autor der Unabhängigkeitserklärung und später 3. Präsident der Vereinigten Staaten, war vorher einige Jahre lang als Botschafter seines Landes in Paris. Sein ganzes Leben lang war er ein großer Gourmet. Natürlich hat er die französische Küche geschätzt, die französischen Köche jedoch verachtet, weil sie es nicht verstanden, Maiskolben perfekt zuzubereiten. Schon die in Paris erhältliche Rohware behagte ihm nicht, und deshalb baute er im Garten der Botschaft seinen eigenen Mais aus amerikanischer Saat an.
Hier ist eins der Zubereitungsgeheimnisse: Frische der Kolben! Am besten ist es, wenn man am Rand eines Maisfeldes ein Feuer macht, darüber in einem großen Kessel Wasser erhitzt, und wenn es anfängt zu kochen, die Maiskolben abschneidet und hineinwirft. So machten es schon die Squaws der Indianer. In diesem Fall kann man sogar etwas Salz ins Wasser geben. Da wir uns aber kaum solche Zubereitungsart leisten können, obwohl auch bei uns, vor allem in Baden jetzt guter Zuckermais wächst, versuchen wir die Maiskolben so frisch wie möglich zu bekommen und geben ins Kochwasser anstatt Salz einige Eßlöffel Zucker. Man kann auch Wasser mit etwas Milch verwenden.
Vor dem Kochen müssen die Kolben von Blättern und Seidenfäden befreit werden. Kochzeit ist etwa 10 Minuten.

Das Essen der Kolben erinnert dann etwas ans Mundharmonikaspielen. In den USA gibt es für wenige Cents kleine Gäbelchen, die man an beiden Enden als Handgriffe in die Kolben steckt — ein ausgezeichnetes Mitbringsel. Beim Abknabbern bestreicht man die Kolben mit zerlassener Butter und salzt nach Geschmack.
Der Grund dafür, daß Frische so bedeutsam ist, liegt darin, daß sofort nach dem Abschneiden der Zucker, der reichlich in den Körnern vorhanden ist, beginnt, sich in Stärke zu verwandeln, wodurch das Gemüse seinen wunderbaren Geschmack langsam verliert. Durch Zuckerzugabe zum Kochwasser kann man einen kleinen Ausgleich schaffen. Viele Versuche haben einwandfrei ergeben, daß Maiskolben, die man unmittelbar nach der Ernte eingefroren hatte, nach einem Jahr noch frischer und süßer schmeckten, als jene der neuen Ernte, die nach 2—3 Tagen Transport und Lager im Einzelhandel gekauft worden waren.

Pro Person:
1 Maiskolben
reichlich Wasser
Zucker
20 g Butter
Salz und eventuell etwas geschnittener Dill

Maiskolben entblättern, Fäden abziehen und in reichlich gezuckertes, kochendes Wasser stecken. Darauf achten, daß die Temperatur dabei nicht unter den Siedepunkt absackt.
Etwa 10 Minuten je nach Art und Alter der Kolben kochen. Man kann die Kolben dann noch einige Minuten im heißen, nicht mehr kochenden Wasser warm halten.
Am besten ist es, wenn man die Butter vorher zergehen läßt, weil man sie dann besser über die Maiskolben pinseln kann. Anschließend salzen und nach Geschmack mit etwas Dill bestreuen.
Bitte stibitzen sie keine Maiskolben von den in unseren Landen reichlich zu findenden Maisfeldern! Das ist nicht nur unmoralisch und ungesetzlich, es ist auch nutzlos. Es handelt sich nämlich in der Regel um Futtermais, der zwar dem lieben Vieh zuträglich ist, Menschen jedoch garantiert nicht schmeckt. Vielleicht denken sie auch daran, wenn sie ihren ehrlich erworbenen Zuckermais knabbern, daß dieses herrliche Gemüse bei den Indianern Nordamerikas und bei den Azteken göttliche Ehren genoß.

Gegrillte Maiskolben
Grilled Corn on the Cob

Das ist nicht nur ein großes Freiluftvergnügen, sondern auch ein köstlicher Genuß.

Pro Person:
1 Maiskolben mitsamt seiner Blätter
Butter
Salz
ein kräftiges Holzkohlenfeuer — und ein warmer, regenfreier Tag

Es gibt gute Köche, die bestehen darauf, vor dem Grillen die Blätter der Maiskolben zurückzubiegen, die Fäden zu entfernen und dann die Blätter wieder über die Körner zu klappen. Schaden kann es nichts, ist jedoch nach meiner Erfahrung nicht nötig.
Beim Grillen gibt es dann auch wieder zwei Methoden, die sicherste ist, daß man die Maiskolben in Aluminiumfolie einzeln einwickelt und auf dem Rost über der Glut gart, was 30 bis 40 Minuten dauert. Beim Grillen alle 10 Minuten die Kolben drehen.
Es gibt auch Maiskolben-Griller, die machen die Blätter vorher naß und verzichten auf die Alufolie. Die Garzeit ändert sich dabei kaum.
Der Verzehr ist dann gleich dem der gekochten Kolben mit dem einzigen Unterschied, daß man die gegrillten vorher selbst entblättern muß. Vorsicht, wer zu heißhungrig ist, kann sich die Finger verbrennen!

Chicago
Chicago

Fritierte Maismehlbällchen
Hush Puppies

Weil der amerikanische Name so viel schöner ist, sollten wir bei ihm bleiben. Er erzählt gleichzeitig die Geschichte dieser Köstlichleit. Früher haben vor allem Jäger diese Bällchen am Lagerfeuer zubereitet. Natürlich drängten sich ihre hungrigen Hunde bellend zwischen ihren Füßen. Um sie loszuwerden, warfen sie ihnen etwas von diesem Gebäck zu und riefen dabei: Geht weg, Hunde! Auf amerikanisch heißt das *Hush puppies!* Ich habe dieses Gebäck sehr oft zu Gartenfesten daheim in Baden gemacht. Dabei wurde ich an meiner Friteuse so umlagert, daß ich am liebsten gerufen hätte: *Hush folks!* Geht weg, Leute!

- 4 Tassen Maismehl
- 2 EL Weizenmehl
- 2 TL Backpulver
- knapp 1 TL Salz
- 1 verquirltes Ei
- gut 1 Tasse Wasser
- 1 kleine, geriebene Zwiebel
- Fett zum Ausbacken, Schmalz oder Öl oder Pflanzenfett

Die angegebenen Mengen reichen für etwa 20 *Hush puppies.*
Maismehl, Mehl und Backpulver zusammen in eine Teigschüssel sieben. Salzen. Ei mit Wasser und der Zwiebel verrühren und zu den trockenen Zutaten gießen. Kurz, aber kräftig alles miteinander zu einem nicht zu festen Teig verarbeiten.
Fett in der Friteuse auf 185 Grad erhitzen. Mit dem Eßlöffel, der zwischendurch immer wieder ins heiße Fett getaucht werden sollte, Teig schöpfen und in die Friteuse tropfen lassen, so daß sich jeweils ein Bällchen formt. Etwa 6 davon kann man gleichzeitig garen. Sie müssen dabei gedreht werden. Nach gut einer Minute müßten sie braun und knusprig sein. Herausnehmen, auf mehreren Lagen Küchenkrepp entfetten und möglichst unmittelbar danach genießen.
Da *Hush Puppies* die traditionelle Beilage für ausgebackenen *Catfish* (Seite 68) ist, hat man herausgefunden, daß sie besonders aromatisch werden, wenn man sie im Fett brät, in dem vorher die Fische gegart wurden.
Als Beilage zu allen gegrillten Fischen, aber auch zu Fleisch. *Hush Puppies* können auch mit Maiskörnern und Paprikawürfelchen gefüllt werden.
(Siehe Abbildung.)

Maispudding
Corn Pudding

Dieser Pudding ist keine Nachspeise, sondern eine köstliche Beigabe zu hellem Fleisch und Geflügel. Es ist ein typisches Südstaatengericht.

- 3 EL Mehl
- 4 EL Zucker
- 125 g Butter
- 1/8 l süße Sahne
- 2 verquirlte Eier
- 1 Prise Salz
- 1 1/2 EL Backpulver
- 600 g Maiskörner (aus der Dose und abgetropft oder von frisch gekochten Kolben heruntergekratzt)
- 20 g Butter für die Form

Mehl mit Zucker vermischen. Die Butter zerlassen und zusammen mit der Sahne, den Eiern, einer Prise Salz und dem Backpulver zum Mehl-Zucker-Gemisch geben und daraus einen Teig rühren. Die Maiskörner zugeben, unterheben.
Eine große flache feuerfeste Form gut ausbuttern, den Teig einfüllen und im vorgeheizten Ofen bei 180 ° C etwa 45 Minuten backen. Der Maispudding ist fertig, wenn er goldbraun und gerade fest geworden ist.
Am besten im Backgeschirr und heiß servieren.

Maisküchlein
Corn Fritters

Diese Küchlein kann ich nur wärmstens empfehlen. Sie sind vielfältig zu verwenden: zum Frühstück oder als Dessert mit süßen Saucen oder als überraschende Beilage zu unterschiedlichen Fleisch- oder Fischgerichten.
Ihre Zubereitung ist schnell und problemlos.

1/8 l Milch
2 Eier
1/2 l (4 Tassen) Maiskörner aus der Dose, abgetropft
240 g Mehl
1 TL Backpulver
je 1 TL Salz, Zucker und Pflanzenöl
Pflanzenöl zum Braten

Milch und Eier kräftig mit dem Schneebesen schlagen. Die Maiskörner einrühren.
Mehl mit Backpulver vermischen und ebenfalls einrühren. Salz und Zucker und einen Teelöffel Öl zum Schluß gut mit dem Teig vermischen.
Reichlich Öl in der Pfanne heiß werden lassen. Teig löffelweise zu kleinen Küchlein einsetzen, die auf beiden Seiten goldbraun und kroß gebraten werden. Auf Küchenkrepp entfetten und heiß servieren. Dazwischen gegebenenfalls im Backofen warm halten.

Süßkartoffeln
Sweet Potatoes (or Yams)

Bitte überschlagen sie dieses Rezept nicht, weil sie meinen, es gäbe hier ja keine süßen Kartoffeln zu kaufen. Nur sehr wenige Gemüsehändler oder Delikatessengeschäfte haben sie regelmäßig auf ihren Regalen. Da sie aber im Großhandel überall zu haben sind, kann man sie bestellen. Allerdings muß man dazu einen Gemüsehändler kennen, denn Supermärkte werden ihren Kunden wohl kaum durch die Erfüllung von Sonderwünschen entgegenkommen.
Süßkartoffeln können eine willkommene und sehr wohlschmeckende Abwechslung unseres Küchenzettels sein. Der Preis dafür liegt nicht besonders hoch. Man kaufe jedoch nicht zu viel davon auf einmal ein, denn sie halten sich nicht so lange wie unsere Speisekartoffeln, sondern sollten innerhalb von 10 bis 14 Tagen zubereitet werden. Fertige Gerichte kann man dann sehr gut tiefgefrieren.
Wir kennen zwar auch den Begriff *Yams,* haben aber wahrscheinlich beim Einkauf kaum Schwierigkeiten damit. Anders in den USA, dort werden einmal *Sweet Potatoes* angeboten, dann wieder *Yams.* Allerdings werden beide Produkte dann nach denselben Rezepten zubereitet — beides sind eben süße Kartoffeln. Botanisch gesehen handelt es sich um Knollen verschiedener Pflanzen. In den USA selbst wachsen nur Süßkartoffeln, *Yams* werden importiert. Man unterscheidet beide an der Farbe. Süßkartoffeln sind dunkelgelb, kartoffelfarben. *Yams* sind kupferrot bis orange. Einfach wird die Geschichte nur dadurch, daß die beiden Variationen unter den genannten verschiedenen Namen angeboten werden, es sich jedoch immer um Süßkartoffeln handelt, von denen es auch eine orange-kupferfarbene Sorte gibt. Das ist auch bei uns so. Die kupferfarbenen Knollen schmecken nicht anders, sie sind allerdings etwas saftiger.
In Amerika — vor allem in den südlichen Bundesstaaten — sind viele Dutzende von Zubereitungsarten für Süßkartoffeln in ständigem Gebrauch, Hausfrauen servieren sie ebenso wie Restaurants. Nachfolgend geben wir einige typische Rezepte.

Gebrätelte Süßkartoffeln
Pan Fried Sweet Potatoes

Da viele Kartoffelrezepte von der Pfalz nach Amerika gewandert sind, kann man wohl auch für die Süßkartoffeln, die von dort zu uns kommen, den pfälzischen Ausdruck für Bratkartoffeln verwenden.

- 4—6 mittelgroße Süßkartoffeln
- 1 große, milde Zwiebel
- 50 g Butter
- 1 EL Öl
- Salz und weißer Pfeffer aus der Mühle
- je 1 Prise Nelkenpfefferpulver und gemahlener Zimt

Die Süßkartoffeln waschen und von Wasser bedeckt etwa 10 Minuten kochen. Nach leichtem Abkühlen schälen und in kleine Würfel (1—2 cm) oder auch in kleine Scheiben schneiden. Vollends auskühlen lassen. Man kann die Kartoffeln auch schon am Vorabend kochen und schälen und kurz vor dem Braten erst kleinschneiden.
In einer schweren, beschichteten Pfanne das Fett zerlassen (man kann auch statt der Mischung Butter/Öl einfach Butterfett nehmen). Die in kleine Würfelchen geschnittene Zwiebel glasig werden lassen, dann die Süßkartoffelwürfelchen zugeben und mit den angegebenen Gewürzen überstreuen. Häufig wenden. Wenn braune Krüstchen entstanden sind, ist das Gericht fertig. Evtl. noch einmal die Würzung kontrollieren.
Diese ungewöhnlichen Bratkartoffeln werden wie eine andere Art, nämlich *Hashed browns* (Seite 45), in Amerika gern zum Frühstück gegessen. Sie haben die gute Eigenschaft, daß man sie auch aufwärmen oder in einer Pfanne nochmals aufbacken kann.

Süßkartoffel-Kasserolle
Sweet Potato Casserole

Dies ist eine ausgezeichnete Beilage zu Geflügel, sie wird besonders gern zum Truthahn serviert. Sie schmeckt auch sehr gut zu Schweinefleisch. Man braucht daneben keine Gemüsebeilage, höchstens noch einen Salat.

- 6 mittelgroße Süßkartoffeln
- 40 g Butter
- 1/2 TL Salz
- 1 Prise Paprikapulver, das nicht scharf sein soll
- 8 EL brauner Zucker oder (noch besser) 6 EL Ahornsirup
- 1/2 TL abgeriebene Zitronenschale
- 1—2 Messerspitzen Ingwerpulver
- 2 EL Zitronensaft
- 40 g Butter

Kartoffeln waschen und ungeschält, bedeckt von Wasser, 10 Minuten kochen. Sie sind dann knapp gar. Etwas abkühlen lassen und schälen. Knollen anschließend der Länge nach in Scheiben schneiden, die knapp 2 cm dick sein sollen.
Feuerfeste Form kräftig ausbuttern und die Scheiben in mehreren Lagen einschichten. Dazwischen ganz wenig Salz streuen und ebenso zurückhaltend auch Paprikapulver. Auf die oberste Lage verteilt man dann Zucker oder Sirup, Zitronenabrieb, Ingwer und den Zitronensaft. Die Butter muß in kleinen Flöckchen aufgesetzt werden.
Im vorgeheizten Ofen bei 200 Grad ohne Deckel etwa 20 Minuten backen. Dabei soll sich eine leichte Kruste bilden. Nach Belieben kann man kräftiger würzen oder auch noch etwas mehr Zucker darüberstreuen.
Aus dem Geschirr möglichst heiß servieren.
Es gibt Feinschmecker, die dieses Gericht kurz vor dem Ende des Garprozesses noch mit etwas Orangenlikör beträufeln. Ein Versuch lohnt sich immer.

上海菜
40¢
LB.
油菜
$1.00
LB.
40¢

75¢

Süßkartoffelbrei
Mashed Sweet Potatoes

Dieses Rezept kann durch eine besondere Anrichteweise eine äußerst attraktive Beilage werden, würdig der feinsten Festtafel.

6 mittelgroße Süßkartoffeln
30 g Butter
1 gehäufter EL brauner Zucker
je 1/2 TL abgeriebene Zitronen- und Orangenschale
3—4 EL Orangensaft
1 Prise Salz
2 EL brauner Zucker
1 kräftige Prise Paprikapulver
20 g Butter

Die Süßkartoffeln von Wasser bedeckt gut 15 Minuten lang kochen. Leicht abgekühlen lassen, schälen und mit einem Stampfer oder in der Presse zerdrücken. Butter, braunen Zucker, Zitrus-Schalenabrieb, Orangensaft und Salz gut in dieses Püree rühren. Würzung prüfen.

Der Süßkartoffelbrei könnte schon so serviert werden. Es lohnt sich jedoch, noch ein klein wenig mehr Mühe aufzuwenden, indem man ihn in ein gebuttertes Gefäß füllt, die Oberfläche glatt streicht, mit Zucker und Paprikapulver bestreut und Butterflöckchen aufsetzt. Mit Alufolie zugedeckt, gart man das Gericht zunächst etwa 25 Minuten im vorgeheizten Ofen bei 180 Grad, nimmt dann die Folie weg und läßt es im Ofen braun werden.

Attraktiver sieht es aus, wenn man das fertige Püree in ausgehöhlte Orangenhälften streicht, diese in ein feuerfestes Geschirr setzt, sie mit Zucker und Paprika bestreut und Butterflöckchen aufsetzt. Mit Alufolie bedeckt nur etwa 15 Minuten garen, dann aufdecken und die Oberfläche braun werden lassen.

Süßkartoffeln
Sweet Potatoes

Es gibt noch eine Fülle anderer Verwendungsmöglichkeiten für Süßkartoffeln. Jeder, der das eine oder andere der hier gegebenen Rezepte ausprobiert hat, kann sich mit Hilfe der eigenen Phantasie auf kulinarisches Neuland wagen und sich ins Süßkartoffelabenteuer stürzen.

Man kann Süßkartoffeln, wie in unseren Rezepten angeregt, würzen mit Butter, Paprikapulver, Ingwer, Orangenschale, Orangensaft, Zitronensaft, Salz, Pfeffer und Ahornsirup.

Sehr gut macht sich als Gewürz auch Muskatnuß oder Muskatblüte und natürlich Zucker, wobei man in den USA braunen Zucker des kräftigeren Geschmacks wegen bevorzugt. Wir können auch Zuckerrübensirup verwenden.

Süßkartoffeln vertragen sich nicht nur mit Zwiebeln, sondern erstaunlicherweise auch mit wenig Knoblauch. Äpfel, Sahne und Eier sind eine angenehme Ergänzung. Nicht zu vergessen, daß ein Schuß Bourbon-Whiskey geschmackliche Wunder vollbringen kann.

In Amerika macht man aus Süßkartoffeln noch:
Suppen auf der Basis von Hühnerbouillon,
Hähnchenfüllungen, die durch Nüsse ihren Pfiff bekommen,
Kroketten,
Kartoffelpuffer,
Pommes frites,
oder auch pikante sowie süße Soufflées.

Amerikanischer Bohnenkult

In Deutschland kennen wir getrocknete Bohnen bald nur noch als Gewicht, um blind zu backende Teigböden am Aufwerfen zu hindern. Die gute, alte Bohnensuppe wird als Arme-Leute-Essen oder Dickmacher ständig weiter ins Abseits gedrängt. Anders in den USA. Bohnen sind geschätzt und werden sehr abwechslungsreich zubereitet. Man spricht von den *all important beans.* Überraschend ist die Vielzahl der Bohnensorten; in einem Spezialgeschäft habe ich 25 gezählt. Für die meisten Namen gibt es gar keine deutsche Übersetzung. Die größten Bohnen sind die weißen *Lima Beans,* die kleinsten, auch weiß, heißen *Navy Beans* und sind trotz ihrer langen Garzeit die wohl populärsten. Sehr schnell garen die *Blackeyed Beans* (weiß mit schwarzem Fleck), die in den Südstaaten meist als Erbsen bezeichnet werden. — Jeder Supermarkt bietet mindestens ein halbes Dutzend verschiedene Sorten Bohnen an. Spezialgeschäfte, in denen es auch noch Gewürze, viele Mehl-, Grieß- und Grütze-Sorten sowie jede Menge Nüsse und Trockenfrüchte gibt, haben neben den Reformhäusern (Health Food Stores) die größte Auswahl.

Woher stammt die amerikanische Wertschätzung der Bohnen? Sie dürfte historisch bedingt sein. Da die Geschichte des Landes so kurz ist, ist sie besonders lebendig. Schon die Indianer kannten Bohnen. Während der ersten 100 Jahre der Besiedlung waren Bohnen das einzige überall verfügbare Lebensmittel. Getrocknet wogen sie leicht, waren unbegrenzt haltbar und sehr sättigend. Ohne Bohnen hätten europäische Einwanderer den riesigen Kontinent gar nicht erobern können.

Für uns ungewöhnliche Kombinationen sind die mit Reis und Sahne, von der man gern einen Klecks aufsetzt.

Bei der Zubereitung vermeiden amerikanische Hausfrauen oft das Einweichen, setzen dafür die Bohnen kalt auf und kochen sie zwei Minuten ohne Salz, dann bleiben sie zugedeckt eine Stunde stehen und sind dann mindestens so weich wie nach einer ganzen Nacht im Wasser.

Ob man sie in frischem oder im Einweichwasser kocht, ist die große Streitfrage. Frisches Wasser scheint sich mehr und mehr durchzusetzen.

In einigen Südstaaten, vor allem in *South Carolina,* gibt es einen Bohnen-Reis-Eintopf mit dem lustigen Namen *Hopping John* als Neujahrsessen. Wer eine darin versteckte Münze findet, hat dann das ganze Jahr Glück. — Mögen die geschätzten Leserinnen und Leser auch ohne eine Münze aus ihren Bohnen zu fischen, neue Gaumenfreuden mit amerikanischen Zubereitungsvariationen finden!

Bohnen-Mais-Eintopf Succotash

Das älteste aller amerikanischen Bohnen-Mais-Rezepte. Wahrscheinlich stand es schon auf den Tischen des ersten *Thanksgiving-Dinners* 1621. Die Siedler hatten die Zubereitung von den Indianern gelernt. So hat *Succotash* nicht nur einen indianischen Namen, sondern ist auch ein echtes Indaneressen.

Wie bei jedem volkstümlichen Gericht, gibt es Dutzende von Rezepturen. Geflügel, gesalzenes Schweinefleisch oder Rinderhack können zugegeben werden. Wahrscheinlich ist *Succotash* das älteste aller Tiefkühlmenüs, weil nämlich die Indianerfrauen es im Winter zu Platten gefrieren ließen, von denen bei Bedarf mit dem Tomahawk Stücke abgehackt und erhitzt wurden.

Zur modernen Schnellzubereitung braucht man:

2 kleine Dosen Maiskörner (je 425 ml)
1 große Dose große weiße Bohnen (850 ml), auch andere Sorten sind möglich
1 kleine, geriebene Zwiebel
30 g Butter
2—3 EL Crème fraîche oder saure Sahne
Salz und weißer Pfeffer aus der Mühle
gehackte Petersilie

Die ersten vier Zutaten zusammen (einschließlich Konservenflüssigkeit) in einem Topf mit dickem Boden 15 Minuten mehr ziehen als kochen lassen.

Weiter auf Seite 168.

Kakteen bei Tucson (Arizona) ▷

Mehrmals umrühren. Crème fraîche zufügen und mit Salz und Pfeffer abschmecken. Beim Anrichten mit Petersilie bestreuen.
Sollte der Eintopf zu flüssig sein, bindet man mit Mehlbutter. Anstatt der Bohnenkerne werden im Sommer auch grüne Brechbohnen verwendet. Wird Fleisch gewünscht, so kocht und serviert man es separat.

Schwarze Bohnen und Reis
Black Beans and Rice

Vor etwa zwei Jahren war es bei uns kaum möglich, schwarze Bohnen zu bekommen, heute findet man sie (fast) überall. So können auch wir uns diese überraschende, kulinarische Kombination leisten, die ursprünglich aus der Karibik stammt. Nicht nur bei den Einwanderern von dort ist sie schnell in den südlichen Staaten der USA populär geworden; in Florida gehört sie sogar zu den Nationalgerichten.

- 250 g schwarze Bohnen, über Nacht vorgeweicht
- 2 EL Öl
- 1 große Zwiebel (Gemüsezwiebel), kleingeschnitten
- 1 gepökeltes Eisbein, möglichst auch noch geräuchert (wenn nicht zu haben, dann 1 großes Stück Schinken- oder Dörrfleisch-Schwarte)
- 1 zerdrückte Knoblauchzehe
- Salz, Pfeffer aus der Mühle
- 1 TL brauner Zucker, 2 Lorbeerblätter
- 2—3 Stengel Staudensellerie, kleingeschnitten
- 2 EL Weinessig, 1 kräftiger Spritzer Tabasco
- gehackte Petersilie
- 1 Tasse Langkornreis
- 3 Tassen Wasser, Salz

Bohnen abgießen und in frischem Wasser ca. 45 Minuten kochen. Inzwischen in einem Topf mit dickem Boden die Zwiebel im Öl hellgelb werden lassen. Fleisch entbeinen und in mundgerechte Stücke schneiden.
Eine Tasse der gekochten Bohnen mit etwas Sud zu Brei zerstampfen. Zusammen mit dem Fleisch (und evtl. der Schwarte) zu den Zwiebeln geben. Restliche Bohnen zufügen, umrühren und mit Salz, Pfeffer, Zucker und Lorbeerblatt würzen. Vorsicht beim Salzen, weil das Fleisch ebenfalls salzig ist. Die Flüssigkeit darf die Bohnen nicht ganz bedecken. Nach 1/2 Stunde die Selleriestückchen zugeben, unterrühren. Falls zu viel Flüssigkeit vorhanden ist, noch etwa 1/2 Stunde offen weiterkochen. Inzwischen Langkornreis körnig kochen.
Zum Schluß abschmecken mit Essig und Tabasco. Schwarte entfernen. Beim Anrichten mit Petersilie bestreuen.
In jeden (tiefen) Teller kommt eine Lage Reis, in dessen Mitte die Bohnen — überstreut mit Petersilie — gehäuft werden. Wer farbige Speisen liebt, kann mit Streifen eingelegter, roter Paprikaschoten garnieren.

Gebackene Bohnen
Boston Baked Beans

Einer der berühmtesten amerikanischen Eintöpfe. Zu den wenigen haltbaren Lebensmitteln, die die ersten Siedler mit nach *New England* brachten, gehörten getrocknete Bohnenkerne und Salzfleisch. Die lange Garzeit schauten sie wahrscheinlich den Indianern ab, die in Gruben Steine erhitzten und darauf kochten. Die gebackenen Bohnen waren ein ideales Sabbath-Essen. Die frommen Puritaner durften von Samstagabend bis zum Sonnenuntergang am Sonntag nicht arbeiten, also auch nicht kochen. So kamen die Bohnentöpfe schon am Morgen in die Gruben oder Backöfen und wurden abends verzehrt; den Rest gab es zum Frühstück am Sonntag. Noch immer halten sich traditionsbewußte Neu-Engländer daran. Auch ist das selbstgebackene *Boston Brown Bread* als Beilage nicht vergessen.

- 500 g kleine weiße Bohnen
- 250 g gesalzenes Schweinefleisch (1/2 Dörrfleisch, 1/2 gepökeltes Rippchen oder Schäufele möglich), in 2 cm langen Scheibchen

1 große, kleingehackte Zwiebel
6 EL dunkler Sirup (Zuckerrübensirup oder Ahornsirup)
3 EL brauner Zucker
1 TL Senfpulver
1 TL Salz und einige Umdrehungen Pfeffermühle
1—2 EL Weinessig

Bohnen verlesen, über Nacht einweichen, abgießen und in reichlich frischem Wasser eine gute Viertelstunde kochen. Abgießen, das Wasser aufheben.
Für den weiteren Kochprozeß ist ein feuerfestes irdenes Geschirr mit Deckel am besten, ein gußeiserner Topf geht auch. Etwas fettes Schweinefleisch auf dem Boden verteilen. Darüber, in zwei bis drei Lagen, schichten: Bohnen, gehackte Zwiebeln und Schweinefleisch. Alle übrigen Zutaten in gut 1/4 Liter heißem Wasser verrühren und zugießen. Zugedeckt im Backofen bei etwa 150 Grad mindestens 4 bis 5 Stunden garen. Bei Bedarf Bohnen-Kochwasser nachgießen. Vorsicht, das Gericht darf nicht suppig werden! Köstlich ist es, wenn man während der letzten 45 Minuten einige Scheiben Frühstücksspeck auflegt und ohne Deckel zu Ende gart. Dabei kann man noch etwas Sirup auf die Oberfläche tröpfeln. Während des Garens nie umrühren. Dazu warmes braunes Boston-Brot.

Bohnenküchlein
Bean Cakes

Für Cowboys, Goldgräber und die Pioniere, die in Planwagen gen Westen zogen, waren Bohnen tägliche Nahrung. Bei besonderen Gelegenheiten wurden sie zu flachen Buletten geformt und gebraten. Diese *Bean Cakes* eignen sich ausgezeichnet für Grill-Parties. Sie schmecken doppelt so gut, wenn man sie als echte Cowboy-Küchlein ankündigt.
Das folgende Rezept ist eine etwas verfeinerte Version.

je 1 Tasse weiße, rote und schwarze Bohnen
100 g Schmalz (oder für Cholesterolgegner 8 EL Öl)
1 mittelgroße Zwiebel, fein gehackt
1 kleine Paprikaschote, entkernt und fein gehackt
1 kleine scharfe Pfefferschote, sehr fein gehackt
1—2 zerdrückte Knoblauchzehen
1—2 Tassen Fleischbrühe (Würfelbrühe)
2 EL Tomatenketchup
2 Messerspitzen gemahlener Koriander
1 1/2 Tassen körnig gekochter Reis
Salz, Pfeffer aus der Mühle, Cayennepfeffer
2—3 EL Mehl

Bohnen über Nacht einweichen, abgießen und in reichlich frischem Wasser in etwa 1 1/2 Stunden weich kochen. In ein Sieb abgießen. In der Hälfte des Fetts Zwiebel, Paprika und Knoblauch unter Rühren andünsten. Bohnen, Brühe, Ketchup und Koriander zufügen, verrühren. Auf schwacher Hitze kochen, bis keine Flüssigkeit mehr vorhanden ist. Zwei Drittel davon pürieren und mit den restlichen Bohnen sowie dem Reis vermischen. Mit den angegebenen Gewürzen kräftig abschmecken.
Jeweils ca. 3 Eßlöffel der Masse zu flachen Küchlein formen, leicht in Mehl wenden und nacheinander im restlichen Fett beidseitig braten. Heiß zu gegrillten (gebratenen) Würstchen oder kräftig gewürzten Schweinesteaks servieren.

Desserts

Von Erdnußcreme bis Ice-Cream

Sauerrahm-Apfel-Auflauf
Sour Cream Apple Pudding

20 g Butter
4—5 große, säuerliche Äpfel, geschält und in Spalten
je 4 EL weißer und brauner Zucker
1/2 TL gemahlener Zimt
30 g Butter
1 Prise Salz
1/2 TL Backsoda (Natriumbikarbonat = Natron)
4 EL Mehl
1/4 l saure Sahne

Eine Auflaufform, die gut einen Liter faßt, dick mit Butter ausstreichen. Apfelspalten darin verteilen und mit einem Gemisch der beiden Zuckersorten und dem Zimt bestreuen. Butterflöckchen aufsetzen.
Salz, Natron und Mehl vermischen und in die saure Sahne einrühren. Über den gezuckerten Äpfeln verteilen. Im Ofen bei ca. 175 ° C so lange backen, bis die Kruste braun ist und die Äpfel weich sind. Das dürfte knapp eine Viertelstunde dauern. Mit Schlagsahne schmeckt dieser Auflauf besonders gut.

◁ Die schönsten Äpfel kommen aus Washington State und Oregon State.

Ahorn-Apfel-Auflauf
Apple Maple Pudding

40 g Butter
5 Tassen trockene Weißbrotwürfel
7 Tassen gleich groß gewürfelte, geschälte Äpfel
1 Prise Salz
reichlich 1 Tasse Ahornsirup
2 Tassen Wasser
1—2 EL brauner Zucker

Eine rechteckige Auflaufform mit knapp der Hälfte der Butter ausfetten.
Von den Weißbrotwürfeln 1 Tasse zurückbehalten, die übrigen mit Apfelwürfeln und einer kleinen Prise Salz vermischen.
Ahornsirup mit heißem Wasser — eventuell auf kleiner Flamme — vermischen, bis sich der Sirup gelöst hat, dann mit Brot und Äpfeln vermischen und in die Form füllen. Glattstreichen. Zurückbehaltene Brotwürfelchen evtl. noch etwas zerbröseln, mit dem Zucker vermischen und auf der Oberfläche verteilen. Die zurückbehaltene Butter in kleinen Flöckchen aufsetzen.
Im vorgeheizten Ofen bei 180 ° C etwa 45 Minuten backen, bis die Äpfel weich sind. Sollte die Oberfläche zu dunkel werden, mit Alufolie abdecken.
Warm servieren; kann auch kalt gegessen werden. Wer keine Angst vor Kalorien hat, reicht Schlagsahne oder Vanilleeis dazu. In den USA nimmt man statt braunem Zucker häufig den teureren Ahornzucker.

Kirschauflauf
Cherry Cobbler

Perltapioka* ist in Amerika noch immer im Gebrauch, während man dieses Produkt bei uns nur selten findet. Man kann sich mit Perlsago helfen, wobei man für das folgende Rezept eine schnellkochende Sorte aussuchen sollte.

1 Glas entsteinte Sauerkirschen (500 g)
200 g Zucker
3 EL Perltapioka (oder schnellkochender Perlsago)
30 g Butter
1 Prise Salz
2 Eier, getrennt
5 EL Zucker
1 Prise Salz
7 EL Mehl

Sauerkirschen nebst Saft mit Zucker, Perltapioka (Perlsago), Butter und Salz in einem Topf vermischen und zum Kochen bringen. Unter ständigem Rühren etwa 5 Minuten kochen lassen. Dann in eine beschichtete (andernfalls gut ausgefettete), rechteckige Form von 20 cm Kantenlänge füllen.
Eigelb cremig schlagen, dabei 5 Eßlöffel Zucker einarbeiten. Getrennt davon die Eiweiß mit 1 Prise Salz zu Schnee schlagen und dann unter die Eigelb heben. Mehl darüberstäuben und mit der Eimasse gut vermischen. Dies alles über die Kirschen in die Form gießen. Im vorgeheizten Ofen bei 175 ° C knapp 40 Minuten backen.
Warm servieren.

* Tapioka wird aus Maniokwurzel, echter Perlsago von der Sagopalme (z. B. aus Indonesien) gewonnen.

Himmlischer Brotauflauf
Heavenly Pudding

Die amerikanische Hausfrau, die dieses Dessert erfand, war von seinem Geschmack so begeistert, daß sie ihm den überschwenglichen Namen gab. Nachdem ich ihn gekostet hatte, konnte ich nicht widersprechen.

4 Tassen Weißbrot, entrindet und in kleine Würfelchen geschnitten
1 l heiße Milch
4 Eigelb
175 g Zucker
3 EL flüssige Butter
20 g Butter zum Ausfetten
1 Tasse Guaven-Gelee
4 Eiweiß, 3 EL Zucker
4 gehäufte EL Kokosflocken

Weißbrotwürfel mit der Milch übergießen und etwas abkühlen lassen. Inzwischen die Eigelb mit dem Zucker kräftig schlagen und zusammen mit der geschmolzenen Butter zur Brötchenmasse geben. Nur kurz durchheben.
Eine Auflaufform ausfetten und mit der Brötchenmasse füllen, glattstreichen und im vorgeheizten Ofen bei 175 ° C backen. Dabei muß der Auflauf in einem größeren Geschirr mit Wasser stehen. Nach einer guten Stunde müßte der Auflauf gar sein, und ein Messer, das man einsticht, ohne Teig herauskommen. Den Auflauf im Ofen leicht abkühlen lassen, er setzt sich dabei etwas. Danach herausnehmen und mit dem Guaven-Gelee bestreichen. Den Eischnee mit dem restlichen Zucker zu steifem Schnee schlagen, der über die Oberfläche verteilt wird. Zum Schluß noch mit Kokosflocken möglichst gleichmäßig bestreuen. Im vorgeheizten Ofen bei 175 ° C nochmals gut 10 Minuten backen, bis die Oberfläche leicht gebräunt ist.

Hinweis: Sollte kein Guaven-Gelee aufzutreiben sein, so schlage ich vor, Brombeergelee oder Orangenmarmelade zu verwenden.

Eierkäse
Egg Cheese (für 8—10 Portionen)

Dieses Rezept habe ich in *Pennsylvania* gefunden, wohin es wahrscheinlich mit Einwanderern aus Deutschland gekommen ist. Wie viele andere Großmutter-Rezepte ist auch dieses in der alten Heimat in Vergessenheit geraten, hat sich jedoch in der neuen Welt erhalten. — Wer einen Käsetopf aus glasiertem Ton und mit Löchern besitzt, ist gut dran. Anderenfalls kann man sich mit einem Haarsieb behelfen.

2 Liter Milch
6 Eier
1/2 l Buttermilch
1 TL Salz
2—3 TL Zucker

Milch erhitzen, die Eier schaumig schlagen. Buttermilch, Salz und Zucker zufügen, weiterschlagen. In dünnem Strahl in die gut warme Milch unter Rühren eingießen. Auf schwacher Hitze ständig weiterrühren, bis sich Käsekügelchen formen und in der Molke schwimmen. Wird diese klar, mit einem Seiher die festen Bestandteile in einen Käsetopf (Sieb) füllen, der mit ausgekochtem Mull ausgelegt wurde. Leicht andrücken. Auskühlen und ablaufen lassen. Dann stürzen und mit Fruchtkompott oder auch einem Obstsalat servieren.
Als zusätzliches Gewürz für den Eierkäse oder den Obstsalat empfiehlt sich etwas frischgeriebene Muskatnuß.

Madeira Gelee
Madeira Jelly

Heute findet man diese Nachspeise in den Südstaaten meistens unter der Bezeichnung *Port Wine Jelly,* und sie wird auch mit Portwein zubereitet. Da jedoch die südlichen Bundesstaaten einmal der Hauptabnehmer aromatisch-schwerer Madeiraweine waren, wurde dieses köstliche Dessert ursprünglich damit hergestellt.

1 Päckchen weiße Gelatine
3/8 l Wasser
Schale von 1 unbehandelten Zitrone
5 EL Zucker
Saft 1 Zitrone
1/4 l süßer, dunkler Madeira
4 gehäufte EL ganz leicht gesüßte Schlagsahne

Gelatine in 1/8 l kaltem Wasser quellen lassen.
Die in ganz feinen dünnen Streifchen abgeschälte Zitronenschale mit dem Zucker im restlichen Viertelliter Wasser kurz kochen lassen und dann durch ein Haarsieb über die geweichte Gelatine gießen. So lange rühren, evtl. dabei noch einmal kurz aufs Feuer setzen, bis die Gelatine gelöst ist. Zitronensaft und Madeira damit vermischen. In kalt ausgespülte Glasschälchen füllen und im Kühlschrank gut fest werden lassen.
In den Schälchen oder Gläsern servieren und mit der Schlagsahne garnieren.

Avocadocreme
Avocado Cream

Ein ungewöhnliches Dessert aus *Florida,* wo viele Avocados und auch Limonen wachsen.

2—3 reife Avocados, Saft von 3 Limonen
10—20 EL Puderzucker
1 Limone in Viertel geschnitten
4 TL grobkörniger Zucker

Das Fruchtfleisch aus den vorher halbierten Avocados mit einem Teelöffel in Schuppen auslösen und sofort in einer Glasschüssel mit dem Limonensaft vermischen, damit keine Verfärbung eintritt. Durch ein Haarsieb aus Kunststoff streichen und mit dem Puderzucker verrühren, dabei prüfen, ob die entstehende Creme süß genug ist.
In einzelne Gläser (oder Schälchen) füllen, gut kühlen und dann servieren. Dabei mit Limonenvierteln dekorieren und diese mit grobem Zucker bestreuen.

Überbackene Ananas
Baked Pineapple

Ein köstliches Dessert, das in *Florida* entstand, wo bis in die Zeit des ersten Weltkrieges noch Ananas angebaut wurden. Ein Rezept, das ganz wenig Arbeit und keinerlei Probleme macht.

6 EL Mehl
3 Tassen (knapp 400 g) Zucker
6 EL Ananassaft aus der Dose
2 große Dosen Ananasstücke (je 560 g)
125 g geriebener Emmentaler Käse
4 Tassen zerdrückte Kräcker, 125 g Butter

Mehl, Zucker und Ananassaft auf schwacher Hitze so lange rühren, bis der Zucker aufgelöst ist. Abgetropfte Ananasstücke und geriebenen Käse einrühren. In eine feuerfeste Schüssel füllen, glattstreichen. Die zerkrümelten Kräcker gleichmäßig darüber verteilen und mit der zerlassenen Butter beträufeln. Bei 180 ° C etwa 25 Minuten backen. Schmeckt warm, lauwarm oder auch kalt.

Überbackene Grapefruit
Broiled Grapefruit

Eine sehr schnelle, sehr gute und sehr amerikanische Nachspeise, in der sich der Norden (Ahornsirup) und Süden (Grapefruit) vereinen. Sehr beliebt auch zum Sonntagsfrühstück.

Pro Person: 1/2 Grapefruit
3—4 TL Ahornsirup

Das Fruchtfleisch aus der Schale losschneiden sowie die einzelnen Segmente zwischen den weißen Trennhäuten lösen, damit man die Grapefruit nachher gut auslöffeln kann. Mit Ahornsirup beträufeln und unter den heißen Grillstäben in etwa 8 cm Entfernung so lange erhitzen, bis der Sirup nach 3—4 Minuten Bläschen wirft.
Sofort servieren.

Hinweis: Kein Haushalt in den USA ist ohne spezielle Grapefruit-Löffel, deren spitze Vorderkante leicht gezahnt ist, damit man Fruchtfasern, die nicht richtig gelöst sind, trennen kann.
Ebenso verbreitet sind Grapefruitmesser. Die einfacheren Ausführungen haben eine leicht gebogene Klinge, die sich der Form der Frucht anpaßt und als Sägemesser ausgebildet ist. Besondere Grapefruitmesser haben zwei sehr scharfe, dünne und eng parallel zueinander stehende Klingen, mit denen man das Fruchtfleisch zu beiden Seiten der sternförmig auseinanderlaufenden Segmenthäute lösen kann, nachdem man die Frucht halbiert hat.
Beide sind nützliche Mitbringsel von einer USA-Reise.

Erdnüsse und Erdnußcreme

Wußten Sie, daß die Erdnuß gar keine Nuß ist? — Sie ist ein Gemüse.
In den USA kann man lernen, daß Erdnüsse nicht nur Knabberartikel sind, sondern wertvolle, sättigende und gesunde Bestandteile der alltäglichen Mahlzeiten sein können.
Erdnüsse werden in den südöstlichen Bundesstaaten angebaut. Hauptererzeuger: *Alabama, Georgia* und *Texas.*
Jeder Amerikaner konsumiert jährlich etwa 10 Pfund Erdnüsse. In *Dothan, Alabama,* findet jedes Jahr ein großes Erdnuß-Fest statt, bei dem es auch einen beachtlichen Kochwettbewerb gibt.
Das bekannteste Erdnußprodukt ist *Peanut-Butter,* die bei uns nur Erdnußcreme genannt werden darf. Sie wurde 1890 von einem Arzt erfunden, der eine leicht verdauliche, eiweißreiche Speise für seine Patienten suchte. Die einmalige Sensation bestand darin, daß eine Krankenhaus-Diätkost zur Lieblingsspeise der ganzen Stadt und bald des ganzen Landes wurde. Man rechnet heute damit, daß jedes amerikanische Kind bis zum Ende seiner Schulzeit 1500 Brote gegessen haben wird, die mit Erdnußcreme und Gelee bestrichen waren — der beliebteste Sandwich der USA. Nur knapp ein Viertel aller Erdnüsse werden als gesalzene Knabberei verzehrt.

Erdnuß-Dessert
Peanut Pudding

Eine süße, echt amerikanische Abwechslung zum Nachtisch.

- 1 1/2 Blatt weiße Gelatine
- 100 g Erdnußkerne, die nicht gesalzen sind
- 1 Vanilleschote
- 1/8 l Milch
- 2 Eigelb
- 50 g Puderzucker
- 1/4 l süße Sahne
- evtl. 2—3 schöne Erdbeeren und/oder einige frische Pfefferminz- oder Melisse-Blätter

Gelatine in wenig kaltem Wasser einige Minuten einweichen. Erdnüsse enthäuten und in einer Pfanne leicht rösten. Einige davon zum späteren Garnieren beiseite legen, den Rest fein mahlen.
Die Vanilleschote aufschlitzen, auskratzen und — Schote und Mark — in der Milch kochen. Danach die Schote herausnehmen. Eigelb mit dem Puderzucker schaumig rühren, dann die aromatisierte Milch in dünnem Strahl unter Rühren einfließen lassen. Auf kleinster Hitze (evtl. Wasserbad) mit dem Schneebesen schlagen, bis die Creme dickt. Dann die eingeweichte und ausgedrückte Gelatine zugeben und so lange rühren, bis sie völlig aufgelöst ist. Die Masse anschließend in Eiswasser stellen und solange rühren, bis sie anzuziehen beginnt. Die inzwischen steif geschlagene Sahne zusammen mit den gemahlenen Erdnüssen unter die Creme mischen. Etwas Sahne zum Garnieren zurückbehalten.
Erdnußcreme in Glasschälchen füllen und im Kühlschrank steif werden lassen. Zum Anrichten mit Sahne, Erdbeerscheiben und frischen Kräuterblättern garnieren.

Erdnuß Pudding
Peanut Custard

Erdnußrezepte gibt es in Amerika viele, dies aber ist der einzige Cremepudding.

- 200 g geschälte, ungesalzene Erdnüsse
- 4—5 EL Öl, am besten natürlich Erdnußöl
- 200 g Stärkemehl
- gut 1 l Wasser
- 6 EL Sahne
- 200 g Zucker
- 2 Eigelb
- 4 EL grober brauner Zucker

Die Erdnüsse im Öl 3—4 Minuten unter ständigem Rühren anrösten. Abkühlen lassen und sehr fein mahlen.
Das Stärkemehl in wenig kaltem Wasser anrühren. Das restliche Wasser zum Kochen bringen, angerührtes Stärkemehl, Erdnüsse, Sahne und Zucker einrühren. Einige Minuten köcheln lassen, dabei so lange rühren, bis aller Zucker aufgelöst ist. Vom Feuer nehmen und die verrührten Eigelb einrühren. In Schälchen erkalten lassen, dabei noch warm mit braunem Zucker bestreuen.
Wer will, kann beim Anrichten mit frischen Früchten (Erdbeeren, Pfirsich- und Aprikosenscheiben) belegen. Schlagsahne schmeckt ebenfalls dazu.

Ahornsirup-Schneebonbons
Maple Syrup Delight or Jackwax

Überall, wo Ahornsirup aus den Bäumen gezapft und in Waldhütten gekocht wird, kennt man dieses Wintervergnügen. Meistens gibt es zur Sammelzeit noch Schnee. Man schöpft dann etwas kochenden Sirup aus den großen Bottichen und gießt ihn draußen in dünnem Strahl zu beliebigen Kringeln auf den Schnee.

Wir können das als eine ausgefallene Schneefreude für Kinder nachahmen, wenn wir Ahornsirup kochen und, soweit Balkon oder Garten und Schnee vorhanden, ausgießen.

1/4 l Ahornsirup oder auch mehr, je nach Anzahl der Kinder

Diese einzige Zutat wird um etwa 1/3 eingekocht, was am besten in einem Topf mit Zotte (Schnauze) zum Ausgießen geschieht. Dann daraus in dünnem Strahl Kringel auf den Schnee laufen lassen. Der heiße Sirup erstarrt sofort, kann gleich abgehoben und an Ort und Stelle verzehrt werden. Aber nicht zu hastig beim Abheben sein, denn die ersten Sekunden ist der Sirup auf der Oberfläche noch heiß. Es wird dringend geraten, sich bei uns diesen Winterspaß nur zu leisten, wenn man ganz frisch gefallenen Schnee hat. Selbst in Kleinstädten ist heute die Luft mit Ölheizungsausstoß verdreckt — was man mit bloßem Auge sehen kann —, und der ist natürlich keine wünschenswerte Beigabe zum erstarrten Ahornsirup.

Anmerkung: Ahornsirup wird hauptsächlich in Kanada (Provinz Quebec) gewonnen und in die USA exportiert. Die eigene Erzeugung von Ahornsirup ist in den nordöstlichen Staaten konzentriert.

Die ersten weißen Siedler lernten Gewinnung und Verwendung des Ahornsirups von den Indianern. Man erzählt viele Geschichten von den *Algonquins* und ihrem ersten amerikanischen Zucker.

Erdnuß-Bruch-Konfekt
Peanut Brittle

Wer seine Familie freudig überraschen will, der mache ihr einmal *Peanut Brittle.* Seit etwa 100 Jahren ist das ein Lieblingskonfekt der Amerikaner. Natron verursacht auf geheimnisvolle Weise sein Entstehen. Das soll durch Zufall von einer Hausfrau entdeckt worden sein, die sich beim Kochen vergriffen hatte.

Die einzige Schwierigkeit für die Zubereitung liegt bei uns darin, daß man hier keinen hellen, aus Getreide gewonnenen Sirup kaufen kann. Man behelfe sich damit, daß man Ahorn-Sirup verwendet oder flüssigen Feld-Wald-und-Wiesen-Honig mit einem Drittel seines Volumens Wasser aufkocht, um ihn zu verdünnen.

Zur Abwechslung einmal ein Rezept für den Mikrowellenherd:

2 Tassen rohe Erdnüsse (das sind etwa 275 g)
1/8 l heller Sirup (gemischt aus 3/4 flüssigem Honig und 1/4 Wasser; oder 125 g Zucker aufgekocht mit 2 EL Wasser; oder Ahorn-Sirup)
200 g Zucker
1/8 TL Salz
1 Päckchen Vanillinzucker
1 TL Butter (etwa 5 g)
1 TL Natriumbikarbonat (Natron)

In einem anderthalb Liter fassenden Mikrowellengeschirr Erdnüsse, Sirup, Zucker und Salz verrühren und auf höchster Stufe 8 Minuten kochen. Dabei nach 4 Minuten kräftig durchrühren. Nach dem Ende der 8 Minuten den Vanillinzucker und die Butter einrühren. Nochmals 2 Minuten auf höchster Stufe garen.

Herausnehmen, Natron zugeben und heftig rühren, bis die Masse leicht, fast schaumig wird. Sofort auf ein geöltes Backblech gießen und auf eine Dicke von etwa 1/2 cm ausstreichen. Abkühlen lassen, in kleine Stücke brechen und in einem möglichst luftdichten Behälter aufbewahren.

Erdnußkonfekt
Peanut Balls

Das ganze Jahr über bereiten amerikanische Mütter in der eigenen Küche Konfekt für ihre Familien und natürlich auch für Gäste. Erdnüsse sind dabei besonders beliebt.

Aprikosen-Erdnuß-Bällchen
Apricot Peanut Balls

- 200 g getrocknete Aprikosen
- 50 g Rosinen
- etwa 1/4 l lauwarmes Wasser
- 250 g Erdnüsse, ungesalzen und frisch

Aprikosen und Rosinen mehrere Stunden im Wasser quellen lassen. Mit ihrem Einweichwasser und 150 Gramm Erdnüssen pürieren. Die restlichen Erdnüsse mahlen oder reiben und davon so viel unter die Masse kneten, daß diese formbar wird. Walnußgroße Kugeln daraus formen und diese einzeln in den verbliebenen, gemahlenen Erdnüssen wälzen.

Knusprige Erdnußhäufchen
Crunchy Peanut Balls

- Je 100 g Vollmilch- und Zartbitter-Schokolade
- 50 g Erdnußcreme
- 25 g brauner Zucker
- 200 g Erdnüsse, ungesalzen und frisch
- 50 g Corn flakes

Schokolade in Stücke brechen und in einem Stieltopf über ganz geringer Hitze schmelzen lassen. Alle restlichen Zutaten in die weiche Schokolade einrühren. Mit zwei Eßlöffeln zu kleinen Häufchen — etwa 25 Stück — auf eine geölte Platte oder ein Backblech setzen und erstarren lassen.

Gefüllte Pflaumen
Stuffed Prunes

- 200 g Marzipanrohmasse
- 2 EL Orangenlikör
- 100 g gehackte Erdnüsse, ungesalzen und frisch
- 30 g entsteinte kalifornische Trockenpflaumen
- 150 g fertige Schokoladenglasur (Zartbitter)

Marzipanrohmasse mit Likör und Erdnüssen verkneten. Die Trockenpflaumen damit füllen, was mit einem kleinen Löffel oder einer Konfektspritze geschehen kann.
Die Schokoladenglasur nach Packungsvorschrift schmelzen und die gefüllten Pflaumen mit der geschlossenen Seite zur Hälfte eintauchen. Auf einem leicht geölten Kuchengitter erstarren lassen.

Hinweis: Alles Konfekt serviert man besonders attraktiv, wenn man es einzeln in Pralinenpapiere legt.
Das Gewicht der Erdnüsse ist stets für Erdnußkerne angegeben. Wer ganze Erdnüsse in der Schale verwendet, der muß die Kerne nach dem Auslösen erst durch Reiben zwischen den Handflächen von den braunen Innenhäuten befreien.

Schnell läßt sich das köstliche Erdnußkonfekt zubereiten — Rezepte Seite 177 und 178. ▷

Grapefruit Sorbet

Dieses Fruchteis hat in beiden Sprachen den gleichen Namen, auf beiden Seiten des Atlantiks macht man den gleichen Fehler und spricht das Endungs-T vom Sorbet nicht aus, weil man kulinarisch gern die Franzosen nachäfft und kein Arabisch kann, aus dem das Wort stammt.

- 2/10 l Wasser
- 180 g Zucker
- Saft von 3—4 roten Grapefruits
- Saft einer Zitrone
- 1/4 l süßer Weißwein (Müller-Thurgau Spätlese)
- 2 Schnapsgläschen Campari
- 2 Eiweiß
- einige Stengel frische Pfefferminze oder Zitronenmelisse

Wasser und Zucker zu Sirup kochen. Erkalten lassen. Dann mit dem Saft der Grapefruit und Zitrone, Wein und Campari verrühren. Die steif geschlagenen Eiweiß unterheben. In der Eismaschine gefrieren lassen.
Fertiges Sorbet in Schalen oder Becher füllen und mit frischen Blättern oder Zweiglein garnieren.
Wer keine Eismaschine hat, kann dieses Sorbet auch in einer Chromarganschüssel im Gefriergerät zubereiten. Dabei muß man nur immer wieder mit einem Schneebesen gut durchrühren, damit sich keine großen Kristalle bilden können.

Gefrorene Ananas-Creme
Pineapple Cream Sherbet

Ein sehr feines, zartes Ananas-Eis kann man mit Milch zubereiten. Zur Garnierung und auch als kleinen Geschmackskontrast sollte man unbedingt versuchen, frische Pfefferminzblätter zu bekommen.

- 200 g Zucker
- 1 TL abgeriebene Zitronenschale
- 4 EL Zitronensaft
- 1/4 l ungesüßter Ananassaft
- 1 kleine Prise Salz
- 1 l Milch

Zucker mit Zitronenschale, Zitronensaft sowie dem Ananassaft, in den man etwas Salz verrührt hat, gut vermischen. In die sehr gut gekühlte Milch einrühren. Der Zucker muß unbedingt gelöst sein, ehe man die Flüssigkeit in den Rührbecher der Eismaschine einfüllt. Gefrieren nach Anweisung für die Eismaschine.
Beim Anrichten mit frischen Pfefferminzblättern und eventuell auch noch Garnierkirschen versehen.

Eis mit Butter und Nüssen
Butter Pecan Ice Cream

Hier haben wir eine sehr beliebte Eis-Sorte, die bei uns wenig bekannt ist. Sie wird ausnahmsweise mit Butter zubereitet, was zu ihrem vollen Geschmack beiträgt, der sich wunderbar mit dem der Pecan-Nüsse verbindet.

- 30 g Butter
- 1 Prise Salz
- 150 g brauner Zucker
- 1/8 l Wasser
- 4 Eigelb, die gut verkleppert sind
- 1/4 l süße Sahne
- 1 Stange Vanille, aufgeschlitzt und ausgekratzt
- 1 Tasse gehackte Pecan- oder Walnüsse

Butter, Salz und braunen Zucker zusammen erhitzen und kurz aufkochen, dann Wasser zugießen und so lange auf reduzierter Hitze weiterrühren, bis eine glatte, sirupähnliche Masse entstanden ist. Diese etwas abkühlen lassen, dazu vom Feuer nehmen

und langsam nach und nach in die Eigelb einrühren. Den Topf wieder auf ganz geringe Hitze oder in ein Wasserbad stellen und nun die Masse so lange schlagen, bis sie luftig und leicht ist. Vom Feuer nehmen. In einem separaten Gefäß die Sahne schlagen, die aber nicht ganz steif werden soll. In die Eimasse zunächst Vanillemark und gehackte Nüsse einrühren, dann die angeschlagene Sahne unterheben.
In der Eismaschine nach Betriebsanleitung gefrieren. Man kann die Masse auch in Eiswürfelschalen ohne Einsatz füllen und während des Gefrierprozesses in der Tiefkühltruhe mehrmals mit der Gabel durchrühren, wodurch man ein Parfait gleichen Geschmacks bekommt.

Speiseeis
Ice Cream

Amerika hat die Prohibition, die Zeit des Alkoholverbots, überlebt, aber ich glaube nicht, daß es einige Jahrzehnte ohne Speise-Eis überstehen könnte. Da, wo wir nur von Eis sprechen, macht man in den USA feine Unterschiede. Es gibt:

Ice — das ist immer aus reinem Fruchtsaft gemacht, einziger Zusatz kann Zucker sein. Es entspricht dem italienischen Granita.

Sherbet — ist ebenfalls ein Fruchteis, das, was wir auch Wasser-Eis nennen. Seine Zubereitung unterscheidet sich vom *Ice* dadurch, daß geschlagenes Eiweiß verwendet wird, was glattere Struktur ergibt.

Ice-Cream — entspricht im landläufigen Sinn unserem Speise-Eis. In den USA gibt es dabei jedoch eine wichtige Unterteilung in zwei Kategorien:
French Ice Cream, die aus Sahne, Milch sowie Aromaten und mit Zusatz von Eiern zubereitet wird.
Philadelphia Ice Cream enthält dagegen keine Eier. In der Reklame eines Ice-Cream-Herstellers aus dieser Stadt fand ich den stolzen Satz: Philadelphia, der Geburtsort unserer Nation, ist auch berühmt, als »ice cream capital of the world«. (Speise-Eis Hauptstadt der Welt).

Alle Speise-Eis-Zubereitungen werden in der amerikanischen Gastronomie in verschiedenen, geradezu klassischen Arten serviert, die bei uns kaum bekannt und verbreitet sind:

Ice-Cream-Soda — Speise-Eis in sprudelndem Wasser oder Limonade.

Sunday — Speise-Eis, das mit Sirup oder Fruchtpüree übergossen wird. Es heißt, das sei erfunden worden in *Itaca,* einer Stadt im Bundesstaat New York. Früher war dort die einzige Bar sonntags geschlossen. Deren Gäste mußten also mit dem gegenüber liegenden *Drugstore* (Drogerie mit Imbiß-Ecke) vorlieb nehmen. Um das Eis, das sie dort ersatzweise verzehrten, etwas schmackhafter zu machen, gab ihnen der Inhaber Sirup drauf. Das wurde bald zur unverzichtbaren Sonntags-Bestellung und folglich »Sunday« genannt. So ist es im ganzen Land bis heute geblieben, und das nicht nur am Sonntag!

Milk Shake — dazu wird das Speise-Eis, das der Kunde sich auswählt, mit kalter Milch in einem Becher gemixt und in hohem Glas mit Strohhalm serviert. Jede gute Bar hat den Spezial-Mixer dafür.

Malted Milk (Shake) — ist eine Abart des Milk-Shakes, bei der ein aromatischer Malzextrakt zugesetzt wird. Als ich kurz nach dem Krieg, 1948, zum ersten Mal nach Amerika kam, wurde das nach wenigen Wochen mein Lieblingsgetränk. Heute habe ich Schwierigkeiten, es zu bekommen, denn die *Drugstores* mit Imbiß-Ecke alter Art gibt es nicht mehr, und selbst die *Ice-Cream-Parlors* (Eis-Bars) sind rar geworden.

Gefrorene Ananas-Creme, Seite 180. ▷

Süsses Backwerk

Ananas-Quadrate
Pineapple Squares

Ein Familienrezept übermittelt von *Mrs. Jay Chiarito*, die Familie und Freunde seit Jahrzehnten damit erfreut. Es kann zum Kaffee oder als Nachtisch serviert werden.

450 g Butter, kalt und in kleinen Stücken
4 cups (550 g) Mehl
1 cup (1/4 l) saure Sahne
1/2 TL Vanillinzucker
3 Cups (3/4 l) Ananasstücke aus der Dose, ohne Sirup
1/2 cup (100 g) Zucker
4 EL Stärkemehl
4 EL Puderzucker

Butter wie zum Mürbeteig unter das Mehl hacken, saure Sahne und Vanillinzucker einarbeiten. Gut vermischen, am besten mit der Küchenmaschine und in Folie eingepackt für 2 Stunden in den Kühlschrank legen.
Inzwischen Ananas mit Zucker und Stärkemehl auf mittlerer Hitze kochen. Ständig rühren, bis die Füllung dick und klar ist. Eine möglichst rechteckige Backform (auch Jenaer Glas möglich) von ca. 22 x 40 cm Seitenlänge ausbuttern und die Hälfte des Teigs flach eindrücken.
Die Ananasfüllung darauf verteilen und mit der zweiten Teighälfte, die vorher ausgerollt und zugeschnitten wurde, belegen. Leicht andrücken und mit einer Messerspitze mehrfach einstechen.
Im vorgeheizten Ofen bei 170 ° C 50 bis 55 Minuten backen. Nach dem Abkühlen mit Puderzucker bestreuen und in Quadrate von etwa 7 cm schneiden.

Alltags-Schoko-Quadrate
Quick Brownies

Hier ist noch ein einfaches Rezept, das ausgezeichnete Ergebnisse liefert. So werden wahrscheinlich in den USA die meisten *Brownies* zubereitet.

90 g Butter
80 g ungesüßte Kochschokolade
250 g Zucker, gemischt mit 1 Päckchen Vanillinzucker
3 verquirlte Eier
140 g Mehl, 1 Prise Salz
1 gehäufte Tasse grob gehackte Nüsse (Pecans oder Walnüsse)
20 g Butter

Butter und (geschabte) Schokolade über ganz geringer Hitze schmelzen lassen und vom Feuer nehmen. Nacheinander Zucker mit Vanillinzucker, Eier, Mehl, Salz und Nüsse einrühren.
Eine rechteckige Backform mit ca. 22 cm Kantenlänge gut ausbuttern und dann den Teig einfüllen. Im vorgeheizten Ofen bei 175 ° C gut 15 Minuten backen. Die Oberfläche muß dann fest sein, jedoch auf Druck mit dem Finger noch ganz wenig nachgeben. In der Form auf einem Gitter abkühlen lassen und in beliebig große Quadrate schneiden; üblich sind dabei Seitenlängen von 5—6 cm.

Hinweis: Wie bei vielen Rezepten festzustellen, sind in amerikanischen Haushalten rechteckige Formen sehr weit verbreitet; man kann sie in verschiedenen Größen kaufen, die Ränder sind durchweg 4 cm hoch und ganz wenig nach außen geschrägt; heute sind alle Formen mit einer Antihaft-Beschichtung versehen.

Spezialschoko-Quadrate
Special Brownies

Gebäck dieser Art ist bei uns so gut wie unbekannt, in Amerika sind die Rezepte dafür wertvolle Erbstücke, die seit Generationen von Müttern an Töchter weitergegeben wurden.
Bei diesem Gebäck handelt es sich um ein Mittelding zwischen Schokoladenkuchen und Plätzchen. Es wird zum Kaffee und auch als Dessert gereicht oder genüßlich zwischendurch als anregendes Häppchen verspeist.
Es gibt unzählige Rezeptvariationen, die aber meistens nicht den Teig, sondern die Füllungen betreffen. *Brownies* sollen nie trocken sein, sondern immer saftig.
Das folgende Rezept erfreut sich in unserem amerikanischen Bekanntenkreis des höchsten Ruhms, es stammt von *Nancy Crawford* aus *Stuart, Florida.* Der Boden aus einem unterschiedlichen Teig ist eine Besonderheit, er ermöglicht es, die eigentlichen *Brownies* besonders weich und saftig zu halten.

Teigboden:
150 g Mehl
4 EL Zucker
60 g kalte Butter
Teig für Brownies:
1 Dose gezuckerte Kondensmilch (ca. 400 g)
4 EL Kakaopulver
1 Ei
4 EL Mehl
einige Tropfen Vanille-Aroma
1/2 TL Backpulver
250 g Milchschokolade, zu kleinen Bröckchen gebrochen
1 gehäufte Tasse gehackte Nüsse, am besten Pecans, ersatzweise Walnußkerne
Puderzucker oder Sonnenblumenkerne zum Bestreuen

Für den Teigboden Mehl mit Zucker vermischen. Butter in dünne Scheibchen oder Späne schneiden und mit einer Gabel unter das gezuckerte Mehl mischen, sodaß Krümel entstehen. Diese auf den Boden einer rechteckigen Form (ungefähr 22 x 33 cm) drücken und im vorgeheizten Ofen bei 175 ° C etwa 15 Minuten backen.
Brauner Teig: In die gesüßte Kondensmilch werden nacheinander kräftig eingeschlagen: Kakaopulver, Ei sowie das Mehl, das vorher mit Vanille und Backpulver vermischt wurde. Zum Schluß werden dann die kleinen Schokoladenbröckchen und die Nußstückchen in den Teig gerührt, den man auf den vorgebackenen Boden verteilt und glattstreicht. Im vorgeheizten Ofen bei 175 ° C etwa 20 Minuten backen, bis das Innere gerade eben fest geworden ist. Nach dem Abkühlen mit dem Puderzucker überstäuben oder mit Kernen bestreuen.
In der Backform schneidet man 30 bis 36 Rechtecke aus dem Gebäck. Brownies werden stets in Rechtecken serviert.

Zitronen-Schaum-Torte
Lemon Chiffon Pie

Das Wort *Chiffon* ist mit Schaum sehr frei übersetzt, wobei ich mich weniger an die Wortbedeutung (die einen zarten Stoff bezeichnet) als vielmehr an den deutschen kulinarischen Sprachgebrauch gehalten habe. Derartige *Chiffon-Pies* sind in den USA äußerst beliebt. Sie werden in jeder Geschmacksrichtung hergestellt. Das folgende Rezept kann also als Grundrezept betrachtet werden, nach dem jede Hausfrau alles, von der Schokoladen-Schaumtorte bis zu Kürbis-Schaumtorte zubereiten kann — wonach ihr der Sinn steht.

Zubereitung, Seite 188.

Pecan-Torte, Rezept Seite 188. ▷

Zitronen-Schaum-Torte
Lemon Chiffon Pie

- 1 Päckchen Gelatinepulver
- 2 Tassen feiner Zucker
- 1 Prise Salz
- 4 Eier
- 8 EL Zitronensaft
- 4 EL kaltes Wasser
- 2 TL abgeriebene Schale einer unbehandelten Zitrone
- 1 vorgebackener Mürbeteigboden (siehe Rezept S. 193)

Gelatine mit der Hälfte des Zuckers und dem Salz vermischen, das geschieht am besten gleich in einem Stieltopf, den man in ein Wasserbad setzen kann (oder in einem Wasserbadtopf). In einem anderen Gefäß die Eigelb mit dem Zitronensaft und den 4 EL Wasser sehr gut cremig schlagen (Rührbesen der Küchenmaschine). Zu der Gelatine geben und den Stieltopf über kochendes Wasser setzen. Unter ständigem Rühren die Gelatine und den Zucker zur völligen Auflösung bringen. Aus dem Wasserbad nehmen und die geriebene Zitronenschale einrühren. In eine Schüssel mit Eiswürfeln stellen und gelegentlich umrühren, bis die Masse gerade beginnt anzuziehen. Die Eiweiß mit dem restlichen Zucker zu steifem Schnee schlagen und unter die Eigelbmischung ziehen, dabei schaufelnde Bewegungen mit einem Spatel machen, bis keine weißen Streifen mehr zu sehen sind. Die Masse dann in den vorgebackenen Mürbeteigboden füllen (der dazu noch in der Form bleiben sollte). Im Kühlschrank steif werden lassen.
Zum Anrichten kann man die Oberfläche mit Schlagsahne und kandierten Zitronenstückchen garnieren. In Ermanglung kandierter Früchte, evtl. feine Späne von Zitronenschale verwenden.

Pecan-Torte

Hier ist das amerikanische Wort dem deutschen gleich.

- 250 g Pecannüsse, in der Küchenmaschine sehr fein gehackt
- 30 g Stärkemehl
- 4 große Eier
- 100 g Ahornsirup oder flüssiger Honig
- 1 Päckchen Vanillinzucker
- Butter für die Form
- Schokoladenkuvertüre
- 16 halbe Pecannüsse

Nüsse mit dem Stärkemehl vermischen. Die Eier trennen, Eiweiß beiseite stellen. Eigelb zusammen mit Sirup (Honig) und dem Vanillinzucker dickschaumig schlagen. Am besten geht das in der elektrischen Küchenmaschine. Nüsse zugeben, gut untermischen; Eiweiß zu steifem Schnee schlagen und ganz zum Schluß unterheben.
Eine Springform (Durchmesser ca. 22 cm) mit Backpapier auslegen, die Seiten gut ausbuttern. Masse einfüllen und glattstreichen. Im vorgeheizten Backofen bei ca. 180 ° C backen; nach 10 Minuten die Hitze auf 160 Grad reduzieren und ca. 25 Minuten weiterbacken. Die Stäbchenprobe machen.
Dann eine knappe Viertelstunde in der Form lassen, diese dann öffnen und die Torte auf ein Gitter stürzen, sodaß der Boden, also die glatte Seite, nach oben kommt. Mit Schokoladenkuvertüre überziehen und rings um den Rand die Nußhälften setzen.

Variante: Die Torte nicht mit Kuvertüre überziehen, sondern »natur« lassen und mit Zuckerglasur und Pecannußhälften garnieren (siehe Abbildung).

Lady Baltimore Torte
Lady Baltimore Cake

Beim Wort Lady denkt man unwillkürlich an England, was in diesem Fall abwegig ist. Diese Torte wurde am Anfang unseres Jahrhunderts innerhalb weniger Jahre in ganz Amerika als festliches Backwerk berühmt. In *Virginia* und *Maryland* erhebt man Anspruch auf die Urheberschaft. Fest steht jedoch, daß die Stadt *Charleston* in *South Carolina* den *Lady Baltimore Cake* berühmt machte durch einen blühenden, kulinarischen Versandhandel. Besonders zur Weihnachtszeit gingen von dort diese Torten zu Zehntausenden ins ganze Land.
Eine kleine Geschichte verknüpft die Torte mit der Literatur. Der Schriftsteller *Owen Winter* veröffentlichte 1906 einen erfolgreichen Roman unter dem Titel »*Lady Baltimore*«.
Er hatte in Charleston gelebt und dort gab es ein Café namens »Lady Baltimore Tea Room«, dessen Spezialität unsere Torte war. Trotz eines völlig anderen Geschmackes ergibt sich eine entfernte Verwandtschaft zur Sachertorte.
Die Lady Baltimore Torte ist aus drei Schichten zusammengesetzt, früher einmal mußten es mindestens fünf sein. In den USA backt man die Tortenschichten einzeln, wir würden einen Kuchen backen und diesen zweimal durchschneiden. Im folgenden Rezept wird die amerikanische Zubereitungsart beschrieben. Dazu sollten flache Formen von 20 cm Durchmesser benutzt werden. Wer diese Größe nicht hat, der kaufe sich Aluminiumfolien-Formen, darin kann er dann in einem Umluftherd alle drei Schichten gleichzeitig garen.

500 g Mehl
4 TL Backpulver
1 Prise Salz
350 g Zucker, möglichst fein gekörnt
250 g Butter
1 Päckchen Vanillinzucker
1/4 l Milch
7 zu Schnee geschlagene Eiweiß
30 g Butter für die Formen

Mehl zusammen mit Backpulver und Salz zweimal sieben. Butter cremig schlagen. Dabei Vanillinzucker und eßlöffelweise den Zucker einarbeiten. In zwei oder drei Portionen das gesiebte Mehl mit der Milch einrühren. Zum Schluß den Eischnee unterziehen; wozu am besten der Teig erst durch ein Drittel des Eischnees leichter gemacht wird, ehe man die restlichen zwei Drittel darunterhebt.
In 3 gefettete Formen im vorgeheizten Ofen (siehe Einleitung) bei 190° C etwa 25 Minuten backen und auf Gittern auskühlen lassen.

Für Guß und Füllung:
1 Tasse Rosinen oder Mischung aus Rosinen und Korinthen
8 getrocknete Feigen
3—5 EL Rum oder Bourbon Whiskey oder Portwein
1 Tasse gehackte Nüsse nach eigener Wahl
3—4 Eiweiß
200 g Zucker
1/2 Päckchen Vanillinzucker
3—4 EL kaltes Wasser
1/2 TL gereinigter Weinstein
1 Prise Salz

Rosinen zusammen mit den getrockneten Feigen zu kleinen Stückchen hacken und nach Geschmack in Rum (Whiskey, Portwein) ziehen lassen, dann abgießen und mit den Nüssen vermischen.
In einem Stieltopf, den man ins Wasserbad setzen kann (oder in einem speziellen Wasserbadtopf), Eiweiß, Zucker, Vanillinzucker, Wasser, Weinstein und Salz leicht schlagen, dann über kochendes Wasser setzen und so lange kräftig weiterschlagen, bis der Eischnee steife Spitzen zeigt.
Die unterste Kuchenschicht mit der Hälfte der Nüsse und Trockenfrüchte belegen und nach Geschmack den Einweichalkohol darüberträufeln. Zweite Kuchenschicht aufsetzen, mit etwas von dem Guß bestreichen und darauf die restlichen Trockenfrüchte und Nüsse verteilen. Dritte Kuchenschicht aufsetzen und leicht andrücken. Nach

Lady Baltimore Torte
Lady Baltimore Cake

Belieben mit Garnierkirschen und/oder Pecan(Walnuß)hälften dekorieren.
Ein Teil des Gusses kann mit Speisefarbe gefärbt werden — das ergibt ganz neue Dekorationsmöglichkeiten (siehe nebenstehende Abbildung).

Engel-Kuchen
Angel Cake

Dieser berühmte amerikanische Kuchen ist so leicht und luftig, daß er von außerhalb unserer Welt zu kommen scheint. Deswegen wurde er wohl nach einem Engel genannt. Generationen von Hausfrauen, Konditoren und neuerdings auch Wissenschaftler haben sich bemüht, eine unfehlbare Zubereitungsart für diesen Kuchen zu finden; das Rezept ist genau festgelegt — Sie finden es natürlich auch hier —, der wahre Erfolg hängt jedoch immer noch vom zarten Händchen ab, mit dem das Mischen erfolgt. Die leichte Luftigkeit wird tatsächlich durch Luft, Luftbläschen, hervorgerufen, und diese dürfen also auf keinen Fall zerstört werden.
Die größte Schwierigkeit für deutsche Hausfrauen dürfte darin liegen, daß sie keine Spezialform für *Angel Cake* besitzen oder kaufen können. Sie ist aus Weißblech und ähnelt einer Gugelhupfform, hat allerdings glatte Seitenwände und einen flachen Boden. Um aus der Schwierigkeit herauszukommen, schlage ich vor, eine kleine Ringform aus Weißblech zu nehmen, die fachlich als Savarinform bezeichnet wird. Ich gebe dafür nur die Hälfte der in den USA üblichen Zutatenmengen an, was gleichzeitig beim Ausprobieren des Rezeptes ganz vorteilhaft ist; sollte etwas schiefgehen, ist der Verlust nicht so groß.

70 g Mehl
50 g feiner Zucker
Eiweiß von 6 großen Eiern
1 El kaltes Wasser
knapp 1 TL gereinigter Weinstein
je einige Spritzer Mandel- und Vanille Extrakt
1 Prise Salz
100 g feiner Zucker

Alle meine Gewährsfrauen in Amerika betonten immer wieder, daß sowohl Mehl als auch Zucker vor Verwendung gesiebt werden müssen, am besten sogar mehrmals. Ich empfehle, diesen Rat unbedingt zu befolgen, mir hat er geholfen. — Also: gesiebtes Mehl mit gesiebtem Zucker vermischen.
Eiweiß zu Schnee schlagen*; mit der Hand wird er luftiger als mit der Maschine, allerdings ist dieses Verfahren mühsamer.
Dabei nacheinander zugeben: Wasser, Weinstein, Extrakte, Salz und eßlöffelweise den feinen Zucker.
1/2 Tasse der Mehl-Zucker-Mischung über den Eischnee streuen und vorsichtig mit einem Spatel unterheben. Ebenso mit dem Rest der Mischung verfahren.
Die Form darf auf keinen Fall gefettet werden, sie muß sogar besonders sorgfältig gespült worden sein. Masse einfüllen und deren Oberfläche leicht glätten.
Im vorgeheizten Ofen auf einem Gitter im unteren Drittel des Innenraumes bei 180 ° C knapp 45 Minuten backen.
Nach dem Herausnehmen sollte die Form sofort umgedreht werden, damit der Kuchen quasi in der Luft hängt. In Amerika stülpt man dazu die Spezialform, die nur einen schmalen Konus in der Mitte hat, über einen umgedrehten Trichter. Für eine Savarinform findet man wohl in jedem Haushalt eine halbhohe Schüssel, über die, wenn umgedreht, die Savarinform paßt.
Nach einer guten Stunde den Kuchen aus der Form lösen. Zum Verzehr wird er dann nicht geschnitten, sondern mit einem (wohl nur in den USA erhältlichen) Instrument in Scheiben geteilt; man kann sich mit zwei nebeneinander gehaltenen Gabeln helfen, die dann immerhin eine Trennfläche von etwa 4 cm haben; sticht man zweimal nebeneinander ein, so dürfte sich die dicke Scheibe lösen.

* ein halbrunder Kessel aus Messing eignet sich besonders gut.

Kokosnuß-Torte
Coconut Layer Cake

Eine festliche Torte, die zwar einige Mühe macht, dafür aber auch besonders eindrucksvoll und köstlich ist.

Für den Teig: zwei Tortenlagen à 22 cm Durchmesser
400 g Mehl
3 TL Backpulver
200 g Zucker
125 g Butter
1 Prise Salz
3 cremig geschlagene Eigelb
knapp 1/4 l Milch
1/2 TL Vanillearoma
2 Tassen Kokosflocken
3 steif geschlagene Eiweiß
Fett für die Formen
Crème für Füllung und Überzug:
1 TL Gelatinepulver
150 g Zucker
2 EL Mehl
2 EL Stärkemehl
12 EL heißes Wasser
20 g Butter
2 gut geschlagene Eigelb
Abrieb einer ungespritzten Orange
1/8 l süße Sahne
2 Tassen Kokosraspel

Für den Teig das Mehl zusammen mit dem Backpulver sieben. Getrennt davon Zucker, Butter und die Prise Salz gut cremig rühren. Zuerst die Eigelb, dann die Mehlmischung damit verrühren. Dieses sollte in Portionen erfolgen. Gleichzeitig muß man portionsweise (am besten dreimal je 4 EL) die Milch in den Teig rühren. Vanillearoma und die Kokosflocken anschließend einarbeiten und ganz zum Schluß den Eischnee unterheben. Teig in 2 Formen von ca. 22 cm Durchmesser, die gut ausgebuttert wurden, verteilen und im vorgeheizten Ofen bei 175 ° C etwa 25 Minuten backen.

Zur Füllung die Gelatine in 1—2 EL Wasser quellen lassen.

Zucker mit Mehl und Stärkemehl in das heiße Wasser einrühren. Unter ständigem Rühren im Wasserbad etwa 10 Minuten erhitzen. Dann zudecken und weitere 10 Minuten über geringer Hitze quellen lassen. Dann die Butter einrühren und 3 Eßlöffel der Mischung mit den geschlagenen Eigelb verrühren und diese dann mit der Mehlmischung verquirlen und einige Minuten im Wasserbad schlagen, bis die Creme beginnt, dick zu werden. Jetzt die eingeweichte Gelatine darin auflösen und die abgeriebene Apfelsinenschale einrühren.

Eine Tasse der Kokosraspel leicht anrösten und zusammen mit der steif geschlagenen Sahne unter die Creme rühren. Ein Drittel davon auf einen der abgekühlten Tortenböden streichen, zweiten Boden auflegen und dann alles zusammen mit der restlichen Creme überziehen. Die zweite Tasse Kokosraspel dekorativ über die Torte verteilen.

Vor dem Servieren mindestens eine Stunde in den Kühlschrank stellen.

Torte kann mit Garnierkirschen oder kandierten Ananasstückchen dekoriert werden.

Cola-Torte
Cola Torte

Ein neues Rezept, das durch seine ungewöhnliche Zutat, die ihm auch den Namen gegeben hat, typisch amerikanisch ist.

250 g Butter
1/4 l Coca Cola oder anderes normalsüßes Colagetränk
3 EL Kakaopulver
300 g Mehl
400 g Zucker

1 Päckchen Vanillinzucker
2 verquirlte Eier
1/8 l Buttermilch
1 TL Natriumbikarbonat (Natron)
3 Tassen Marshmallows, der kleinsten Sorte
20 g Butter zum Ausfetten
Guß:
50 g Butter
3 EL Kakaopulver
7 EL Cola
500 g Puderzucker
2 Tassen klein gehackte geröstete Pecannüsse (oder Walnußkerne)

Butter, Cola und Kakaopulver miteinander verrühren und aufkochen. Sofort in eine Rührschüssel gießen, in der Mehl und Zucker vermischt sind. Sehr gut (elektrischer Handrührer) verrühren.
Nacheinander Eier, Buttermilch, Backsoda und Marshmallows ebenfalls einrühren. Der Teig wird dünn sein, die Marshmallows schwimmen wahrscheinlich obenauf.
Eine Springform von 25 cm Durchmesser sehr gut ausbuttern, den Teig eingießen und im vorgeheizten Ofen bei 175 ° C etwa 35 Minuten backen. Unbedingt Stäbchenprobe machen und eventuell 5 Minuten länger im Ofen lassen, bis keine Teigreste mehr am Stäbchen hängen.
Inzwischen zum Guß Butter, Kakaopulver und Cola unter Rühren aufkochen und über den Puderzucker und die damit vermischten gehackten Nüsse gießen. Glattrühren. Über die noch warme Torte – auf ein Gitter gestürzt und aus der Form genommen — verteilen.

Mürbeteig für Pies
Pie Pastry

Dies ist ein Grundrezept, das für alle *Pies* verwendet werden kann. In den Rezepten ist jeweils angegeben, ob der Teig vorgebacken werden muß. Die Menge reicht für eine Form von 22 cm Durchmesser; in Klammern werden die Mengen der Zutaten angegeben, die man für einen gedeckten Pie des gleichen Durchmessers braucht. — Wer lieber seinem eigenen Mürbteigrezept vertraut, der kann das natürlich tun, sollte jedoch bedenken, daß man in den USA den Teig für Obstkuchen ohne Zucker zubereitet.
Besonders für Mürbteige gibt es in Amerika kleine, handliche Geräte zum Mischen, die man für billiges Geld unter dem Namen *»Pastry blender«* finden kann; ein Einkauf, der sich lohnt.
Von Zutaten und Zubereitung hängt es ab, daß ein Mürbedteig-Pie-Boden so schmelzend und zugleich schuppig (flaky) ist, wie ihn die amerikanische Hausfrau liebt.

Boden bzw. Boden plus Deckel:
210 g Mehl (350 g)
1/4 TL Salz (1/3 TL)
100 g kalte Butter (160 g)
25 g Schweineschmalz oder Pflanzenfett (35 g)
etwa 3 EL kaltes Wasser (etwa 5 EL)

Mehl sieben, mit dem Salz vermischen, Fett, das direkt aus dem Kühlschrank kommt, in dünne Scheibchen schneiden und möglichst schnell in den Teig hacken — mit einem Messer, einer Gabel oder einem *Pastry blender.* Es soll wie Streusel aussehen. So viel eiskaltes Wasser einkneten, daß der Teig eben noch zusammenhält. Es können darin durchaus noch Butterstückchen zu sehen sein. In Folie einpacken und mindestens eine Stunde im Kühlschrank ruhen lassen.
Schmalz, das man früher ohne allen Butterzusatz verwendet hat, macht den Teig besonders mürbe und blättrig (schuppig); Pflanzenfett ist nicht ganz so gut, wird jedoch von Cholesterin-Bewußten vorgezogen.

Wer das Wasser durch eisgekühlten Orangensaft ersetzt, gibt dem Teig eine aparte Geschmacksnote, die man noch durch abgeriebene Orangenschale verstärken kann.

Kokosnuß-Torte, Seite 192 — sieht phantastisch aus und schmeckt herrlich! ▷

Krümelteig-Boden
Crumb Crust

Für cremige Füllungen sind in Amerika *Crumb Crusts* sehr beliebt. Man kann sie fertig (ebenso wie die aus Mürbeteig) in jedem Supermarkt kaufen. Sie kommen in Alufolien-Formen, sodaß man sie nur noch zu füllen (oder vorzubacken) braucht.

3 Tassen zerkrümelte, leicht süße Plätzchen, Zwieback oder Corn flakes
65 g Zucker
75 g weiche Butter

Alle Zutaten gut miteinander vermischen. Auf den Boden und an die Ränder einer Pie-Form drücken. Im vorgeheizten Ofen bei 180 ° C knapp 10 Minuten backen.
Bei einigen Füllungen verwendet man die *Crumb Crusts* auch, ohne sie vorzubacken; man läßt sie dann gern im Kühlschrank fest werden.

Amerikanischer Apfelkuchen
Apple Pie

»As American as apple pie« sagt man in den USA, wenn man betonen will, daß etwas oder jemand so ganz typisch amerikanisch ist. *Apple Pie* ist der beliebteste Kuchen des ganzen Landes, und er ist anders als alle die vielen deutschen Apfelkuchen. Dabei haben ihn deutsche Einwanderer jenseits des großen Teiches populär gemacht. Alle Reisenden früherer Zeiten berichteten voll Verwunderung von den enormen Mengen Obst-Pies, die ständig in den Häusern der Pennsylvania Dutch gebacken wurden.
Apple Pie ist — das muß noch ausdrücklich vermerkt werden — in den USA vorwiegend ein Dessert.

Mürbeteig für gedeckten Pie (Rezept S. 193)
175 g Zucker
1/2 TL Salz
1 TL gemahlener Zimt
1/2 TL geriebene Muskatnuß
1 1/2 EL Mehl
6 große, feste, säuerliche Äpfel
30 g Butter

Mit gut der Hälfte des Mürbeteigs eine Pie-Form von 22 cm Durchmesser und mit 4—5 cm hohem Rand auslegen, dabei den Teig bis etwas über den Rand hochziehen. Den restlichen Teig zu einer Platte ausrollen, die wenig größer als die Form ist. Zucker, Salz, Zimt, Muskatnuß und Mehl gut miteinander vermischen. Äpfel schälen, vierteln, entkernen und in Schnitze von knapp 1 cm Randdicke schneiden. Mit der Mehlmischung in einer Schüssel vermengen; alle Schnitze müssen damit überzogen sein. Auf den Teigboden füllen, sodaß die Oberfläche möglichst eben ist. Die Butter in kleinen Flöckchen darauf verteilen. Die Teigplatte darüberlegen, und die Ränder gut mit den Teigrändern des Bodens zusammendrücken, was am besten mit einer Teigzange oder einer Gabel geschieht. Damit die Luft entweichen kann, den Teigdeckel einige Male einstechen. Keinerlei Guß auftragen. Im vorgeheizten Ofen bei 220 ° C die ersten 10 Minuten backen, danach die Hitze auf 180 ° C reduzieren und weitere 30 bis 40 Minuten backen, bis die Äpfel weich sind und der Teig eine gelbbraune Farbe hat.

Am besten schmeckt Apple Pie warm, wozu man ihn auch aufwärmen kann. Die Sitte, ein Stück Cheddar-Käse dazu zu essen, gerät mehr und mehr in Vergessenheit. Man kann Schlagsahne dazu reichen. Am beliebtesten ist es, eine Kugel Vanille-Eis neben das Piestück zu setzen; diese Anrichteweise nennt man dann *»Apple pie à la mode«*.

Weitere beliebte Obst-Pies:

Heidelbeerkuchen
Blueberry Pie

Mürbeteig für gedeckten Pie (Seite 193)
1 kg frische, gut verlesene, gewaschene und getrocknete Heidelbeeren
3 EL Mehl, 200 g Zucker
1 Messerspitze Salz, 1 EL Zitronensaft
20 g Butter

Zubereitung wie Apple Pie. Heidelbeeren werden mit einer Mischung aus Mehl, Zucker, Salz und Zitronensaft vermengt, die Butter nach dem Einfüllen in Flöckchen aufgesetzt. Backzeit und Ofentemperatur wie beim Apple Pie. — Man kann auch tiefgefrorene Heidelbeeren verwenden, die vorher nur angetaut werden.

Kirschkuchen
Sherry Pie

Mürbeteig für gedeckten Pie (Rezept Seite 193)
1 l entstielte Kirschen, gewaschen, getrocknet, saure oder süße möglich, ebenso Konserven, die abgegossen werden müssen
100 bis 200 g Zucker (je nach Säure der Kirschen)
2 EL Mehl
1 Messerspitze Salz

Zubereitung wie Apple Pie. Die Kirschen werden mit einer Mischung aus Zucker, Mehl und Salz vermengt. Meistens setzt man keine Butterflöckchen auf, 20 g sind jedoch möglich. Bei sehr saftigen Süßkirschen erhöht man den Anteil an Bindemittel etwas und nimmt anstatt Mehl vorzugsweise Tapiokamehl oder Stärkemehl.
Pies mit Aprikosen, Pfirsichen, Rhabarber und Kürbissen sind ebenfalls beliebt.

Shoofly Pie

Der Name dieses Pies ist unübersetzbar, man sagt, daß dieser Pie, weil seine Füllung so süß ist, stets viele Fliegen angezogen habe. Die Hausfrau jagte sie weg mit dem Ruf *»Shoo fly!«* (etwa »Los, flieg weg!«), und so entstand der Name dieses Pies, der übrigens auch eine berühmte Spezialität der *Pennsylvania Dutch* ist. Dutch bedeutet dabei nicht, wie im Lexikon nachzulesen, »Holländer«, sondern ist eine Verballhornung von »deutsch«.

Für Krümel:
150 g Mehl
170 g brauner Zucker
30 g Pflanzenfett
je 1 Prise Zimt, Muskatnuß, gemahlene Nelken (je nach Geschmack kann man etwas mehr Zimt nehmen)
Flüssige Füllung:
1 roh geschlagenes Ei
1/4 l Melasse (möglichst flüssiger Zuckerrübensirup oder Honig)
1 TL Natriumbikarbonat (Natron)
knapp 1/4 l kochendes Wasser
Mürbeteig für einen Boden (Rezept S. 193)

Mehl und braunen Zucker miteinander gut vermischen, Pflanzenfett zufügen und mit einer Gabel so damit verarbeiten, daß Krümel (Streusel) entstehen. Die Hälfte davon für den oberen Belag aufheben.
Den Teigboden in die Pie-Form legen. Die restlichen Krümel mit dem Ei, der Melasse (Sirup, Honig) und dem abgekühlten Wasser (das heiß mit dem Natron vermischt wurde) gründlich verarbeiten und in die Pie-Form füllen. Die Krümel (Streusel) für den oberen Belag darauf verteilen. Im vorgeheizten Ofen bei 200° C die ersten 10 Minuten backen, danach die Hitze auf 170° C reduzieren und weitere 30 Minuten backen, bis die Füllung leicht fest geworden ist.

Pecan-Nußkuchen / Pecan Pie

Teig:

350 g Mehl, 1/2 TL Salz, 2 EL Zucker

120 g kalte Butter, 2—4 EL kaltes Wasser

Trockene Zutaten miteinander vermischen, Butter in kleine Stückchen schneiden und mit dem Messer darunterhacken, 2 Eßlöffel Wasser zufügen und alles schnell zusammenkneten. Evtl. etwas mehr Wasser nehmen, wenn der Teig noch nicht zusammenhält. Zu einem flachen Stück formen, in Folie einschlagen und mindestens eine Stunde kühl stellen.

Kuchen:

50 g Butter

100 g Ahornsirup oder flüssiger Honig

200 g Pecannüsse ohne Schale

1 Becher Schlagsahne (200 g)

3 EL Bourbon Whiskey

Teig (siehe oben)

1 Eigelb, 20 halbe Pecannüsse

Auf kleiner Flamme Butter und Honig schmelzen und miteinander verrühren. Die Hälfte der Pecannüsse fein hacken, die andere Hälfte etwas gröber und alles zur Butter-Honig-Mischung rühren. Zum Schluß Schlagsahne unterziehen und mit dem Bourbon aromatisieren. (Kann, wenn der Pie für Kinder bestimmt ist, auch wegfallen oder durch Vanille ersetzt werden)
Aus dem Teig zwei kreisrunde Platten ausrollen, von denen die eine etwas größer sein soll. Mit dieser den Boden einer Springform, Durchmesser ca. 22 cm, auslegen und einen Rand von gut 3 cm an den Seiten hochdrücken. Die Pecan-Masse einfüllen und glattstreichen. Den (kleinen) Teigdeckel auflegen, die Ränder zusammenkneifen und einige kleine Einschnitte machen. Das Eigelb mit 1 Eßlöffel kaltem Wasser verschlagen und damit den Pie bestreichen. Vier Nußhälften in der Mitte, 16 an den Rändern aufsetzen.
Im vorgeheizten Backofen bei 200 °C eine knappe Stunde backen.

Limetten-Pie aus Florida
Key Lime Pie

Eine der köstlichsten Spezialitäten aus Florida, genauer gesagt vom südlichsten Teil der USA, den *Keys*, der Inselkette, deren südlichster Punkt in *Key West* liegt. Den größten Wohlgeschmack erzielt man nur da, wo es ganz frische Limetten gibt, die aromatischen, grünen Zitrusfrüchte, die in Amerika *»limes«* heißen. Die Zubereitung dieses Pies ist für uns recht ungewöhnlich, jedoch überraschend einfach. Sie basiert auf der Tatsache, daß Limettensaft zusammen mit Eigelb und gesüßter Kondensmilch geliert.

Mürbeteig für einen Pie-Boden von 22 cm Durchmesser, siehe Seite 193

6 Eigelb

Füllung:

450 g gezuckerte Kondensmilch

1/8 l Limettensaft, kann auch durch Lime Juice (in Spirituosenhandlungen erhältlich) aus der Flasche ersetzt werden

4—6 Eiweiß

1 EL Zucker

Eine Pie-Form mit Teig auslegen, mehrfach einstechen, mit Alufolie bedecken und trockene Hülsenfrüchte einfüllen. Bei 200 Grad gut 15 Minuten vorbacken. Ausleeren und abkühlen lassen.
Eigelb mit dem Schneebesen verschlagen und mit der Kondensmilch vermischen. Limettensaft zugießen und sehr gründlich einrühren. Masse in den vorgebackenen Boden füllen. Eiweiß mit dem Zukker zu steifem Schnee schlagen, über die Füllung streichen. Bei 150 °C so lange backen, bis die Oberfläche honiggelb ist und einige braune Streifen zeigt. Kalt servieren.

Anmerkung: Dieser Pie kann auch mit einem vorgebackenen Krümelteigboden *(Crumb crust)* gemacht werden.

Limetten-Pie, Rezept siehe oben und Kokosnuß-Torte, Seite 192, diesmal anders dekoriert. ▷

Beerdigungs-Kuchen
Funeral Pie

Auch dieser ungewöhnliche Name stammt aus der deutschen Einwandererküche Pennsylvanias. Wem er zu makaber klingt, der sagt einfach »Rosinen Pie«. Es war Sitte, diesen Pie bei Beerdigungen, zu denen ja die Besucher oft von weit her anreisten, anzubieten — als Stärkung und Trost.

Mürbeteig für einen Pie-Boden von 22 cm Durchmesser, siehe Seite 193
Füllung:
3 Tassen gewaschene, kernlose Rosinen
350 g Zucker
4 EL Mehl
3 Eigelb
1 Prise Salz
60 g Butter
3 EL Zitronensaft
Abrieb einer unbehandelten Zitrone
3 Eiweiß
2 EL Zucker

Mürbeteigboden in einer Pie-Form blind vorbacken (siehe Limetten-Pie, Seite 198).
Die Rosinen in 3/8 l Wasser zusammen mit 250 g Zucker aufsetzen und zum Kochen bringen. In einer Schüssel währenddessen 1/8 l Wasser mit 100 g Zucker, dem Mehl und den Eigelb sowie einer Prise Salz vermischen.
Rosinen vom Feuer nehmen, Inhalt der Schüssel dazurühren und auf ganz kleiner Flamme so lange rühren, bis die Masse dickt. Den Topf von der Feuerstelle nehmen und Butter sowie Saft und Schale der Zitrone einrühren. Etwas abgekühlt in den vorgebackenen Teigboden füllen. Die Eiweiß mit 2 Eßlöffeln Zucker steif schlagen und darüber verteilen. Im vorgeheizten Ofen bei 180 Grad in etwa 10 Minuten goldbraun überbacken.

Nützliche Hinweise

Ei — Eiweiß

Schlägt man in Amerika Eier, um daraus Rühreier zu machen, so gibt man pro Ei meistens 1 TL kaltes Wasser oder kalte Milch (oder sogar Sahne) zu.
Um Eiweiß zu möglichst haltbarem Eischnee zu schlagen, fügt man gern 1 kleine Prise gereinigten Weinstein zu (gereinigten Weinstein kann man in jeder Apotheke auch bei uns kaufen).

Vanille:

In den USA verwendet man stets flüssiges Vanillearoma, wenn man sich nicht der Stangen bedient. Vanillinzucker ist erst seit etwa einem Jahr als Import aus Deutschland in Spezial-Märkten zu haben. Für viele Rezepte läßt sich das bei uns in winzigen Röhrenfläschchen erhältliche Vanillearoma (auch als Vanille-Butter bezeichnet) verwenden.

Golden Delicius Äpfel

Diese Apfelsorte, die innerhalb kürzester Zeit Europa erobert hat, kam aus den USA. Sie wurde kurz nach der Jahrhundertwende im Bundesstaat *West Virginia* gezüchtet. In *Clay County* ist noch immer die Stelle markiert, auf der der erste Golden-Delicius-Baum stand.
Man mache dem Züchter und der Sorte nicht den Vorwurf, daß die Äpfel reichlich geschmacklos sind. Das werden sie erst, wenn man sie unreif erntet und monatelang in kontrollierter Atmosphäre lagert. Frisch vom Baum sind Golden Delicius Äpfel sehr angenehm aromatisch.

Pikantes Backwerk

Johnnycakes
Shawnee Cakes
Hoe Cakes

Drei Bezeichnungen für ein Mittelding zwischen Pfannkuchen und Pfannenbrot, jedoch keine deutsche Übersetzung dafür! Die gibt es nicht. Alle drei Namen meinen aber die gleiche Art von Backwerk. Überraschend ist die Schreibweise «*Johnnycake*«. Sie kommt aus Neu England und steht für *Journey Cake,* also einen Reisekuchen, den man mit auf Reisen nahm oder Reisenden als schnell zuzubereitende Atzung anbot. Journey wird dort oft so ausgesprochen, daß es wie »Johnny« klingt. *Shawnee* erinnert an einen Indianerstamm, von dem die weißen Siedler einst diese Speisezubereitung lernten. Für *Hoe Cake* gibt es zwei Erklärungen: Hoe ist Hacke, und man sagt, er sei bei der Feldarbeit auf der Hacke, die man über das Feuer hielt, gebacken worden, oder es war einfach die Verpflegung, die man mit zur Feldarbeit, zum Hacken hinausnahm.
Ein altes Rezept aus *Rhode Island:*

12 EL Maismehl (in den USA nimmt man weißes dafür, wir können 9 EL Maismehl mit 3 EL Weizenmehl vermischen, um den Johnnycake eher unserem Geschmack anzupassen)
gut 1/2 TL Salz
1 1/2 Tassen kochendes Wasser
6 EL Milch
Pflanzenfett für die Pfanne

Mehl mit dem Salz vermischen und mit kochendem Wasser überbrühen. Das Mehl muß sich vollsaugen und aufgehen. Die Milch nach und nach einrühren, bis man einen ziemlich dicken Pfannkuchenteig hat. Auf dem heißen Griddle (Pfanne mit dickem Boden) etwas Fett zergehen lassen, Pfannkuchen von knapp 1/2 Zentimeter Dicke auf beiden Seiten goldbraun backen. Johnnycakes brauchen etwas länger als Eierpfannkuchen.
Sie werden am liebsten mit Butter, die man auf ihnen zerfließen läßt, und Ahornsirup gegessen.

Johnnycake, der im Ofen gebacken wird:

2 Tassen Maismehl, vermischt mit 1 Tasse Weizenmehl
1 Prise Salz
2 EL Zucker
3 TL Backpulver
2 Eier
1 1/2 bis 2 Tassen Milch
4 EL Öl

Mehl sieben und mit Salz, Zucker und Backpulver vermischen. Eier gut verschlagen und zur Mehlmischung geben. Einen Teig rühren und dabei Milch und 2 Eßlöffel Öl zufügen.
Ein feuerfestes Geschirr (etwa 20 x 20 cm viereckig oder 18 cm rund) mit Öl ausfetten, den Teig einfüllen.
Im vorgeheizten Ofen bei 200° C etwa eine halbe Stunde backen.
Zum Verzehr wird dieser Johnnycake entweder in Stücke gebrochen oder aus der Form genommen und in Rechtecke geschnitten, die warm am besten schmecken, wenn man sie zusammen mit (Ahorn) Sirup ißt und auch an Butter nicht spart. Kalt gewordene Johnnycakes wurden früher in Farmhäusern gern in Milch gebrockt und zusammen mit etwas Zucker zum Frühstück oder auch als einfaches Abendessen verzehrt.
Nicht überall findet sich übrigens die seltsame Schreibweise; in Rhode Island sieht man fast nur »Johnny-cake«. Dort gibt es eine berühmte Frühstückskombination von Omelett mit herber Zwetschgenmarmelade und Johnny-cakes . . . für die dort niemand etwas anderes als weißes, auf Steinen gemahlenes Maismehl verwenden würde.

Braunes Boston-Brot
Boston Brown Bread

Wer noch nie selbst Brot gebacken hat, für den ist es ein Kinderspiel, diese Spezialität zuzubereiten, die traditionsgemäß zu den *Boston Baked Beans* gegessen wird. Dieses Brot schmeckt auch zum Frühstück oder zu anderen Hauptgerichten.

75 g Vollkornmehl
75 g Roggenmehl
75 g Maismehl
1 TL Natriumbikarbonat (Natron)
1 kräftige Prise Salz
5 EL Melasse (Zuckerrübensirup als Ersatz)
1/4 l Buttermilch
1 Tasse Rosinen oder Korinthen
Butter für die Form

Dieses Brot wird in einer verschließbaren Puddingform gebacken, wie man sie auch für Plum Pudding verwendet. Ersatzweise nimmt man zwei Weißblechdosen, die sauber geöffnet wurden.
Alle trockenen Zutaten miteinander vermischen. Nacheinander Melasse, Buttermilch und Rosinen einarbeiten.
Form(en) gut ausbuttern, Teig bis zu 2/3 der Höhe einfüllen. Deckel aufsetzen und verschließen oder eine Kappe aus Alu-Folie schneiden und gut festbinden.
Auf einen Rost oder umgedrehten Teller in einen hohen Topf stellen und Wasser bis zu 1/3 der Formhöhe einfüllen. Zugedeckt im sacht kochenden Wasser gut 2 Stunden garen. Eventuell Wasser nachfüllen. Nach kurzem Abkühlen stürzen, warm servieren. Am besten schneidet man dieses Brot mit einem Faden. Dazu schmeckt frische Butter.

Rosas Spezialbrot
Rosa's Easy Bread

Viele amerikanische Hausfrauen — wahrscheinlich sehr viele mehr als bei uns? — haben Freude daran, ihr eigenes Brot zu backen. Das folgende Rezept stammt von unserer Freundin *Rosa Tusa*, jahrzehntelang *Food Editor*, also kulinarischer Redakteur, der angesehenen *Palm Beach Post*. Alle Freunde, die sie besuchen — und die sind sehr zahlreich, weil es bei ihr immer ausgezeichnet zu essen gibt, erwarten, daß sie ihnen ihr frisch gebackenes Brot vorsetzt und ihnen auch noch einen Laib mit nach Hause gibt. So ist es nicht verwunderlich, daß Rosa dieses Brot seit Jahren immer wieder in großen Mengen zubereitet. Ich habe ihr Spezialrezept reduziert, damit es den Erfordernissen eines deutschen Normal-Haushalts entspricht.

1 1/2 Päckchen Trockenhefe
1/4 l Wasser
1/4 l Milch
2 EL Zucker
60 g Butter
1 EL Salz
etwa 800 g Mehl

Hefe in einem nicht zu kleinen Gefäß mit 4 EL warmem Wasser verrühren. Nach 1—2 Minuten den Zucker einrühren und warten, daß die Hefe zu schäumen beginnt.
Inzwischen Milch, Wasser und Butter in einem Töpfchen erhitzen und miteinander verrühren. Die Mischung darf nicht kochen. In eine Rührschüssel umfüllen, salzen und auf lauwarm abkühlen lassen. Dann etwa 500 g des Mehles mit einem Löffel einrühren. Danach den Hefeansatz zugießen und kräftig weiterrühren, wobei tassenweise weiter Mehl zugegeben wird, bis der Teig so weit zusammenhält, daß man ihn auf ein Backbrett heben kann. Dort bestäubt man ihn immer wieder mit Mehl, während er kräftig geknetet und geschlagen wird.
Er darf nicht zu fest werden, aber auch nicht mehr kleben. Die Handarbeit kann man sich natürlich

durch eine elektrische Küchenmaschine mit Knethaken ersparen.
Den Teig zum Schluß mit etwas flüssiger Butter bestreichen und in einer sauberen Schüssel, zugedeckt an warmem Ort bis zum doppelten Volumen aufgehen lassen. (Rosa schreibt dazu — und das ist ein gutes Beispiel dafür, wie man in amerikanischen Tageszeitungen oder auch im Fernsehen Rezepte formuliert: »Während der Teig geht, können Sie entweder in die Kirche gehen, im Garten arbeiten oder die *Palm Beach Post* lesen. Sie haben mindestens zwei Stunden Zeit . . .«)
Den Teig schließlich noch einmal kurz kneten und in zwei gleiche Portionen teilen, zu Kugeln formen und nochmals zugedeckt eine Viertelstunde ruhen lassen. Dann erst zwei Laibe formen, wieder zudecken und auf das Doppelte aufgehen lassen. Ist das geschehen, so verkleppert man ein Eiweiß und bestreicht die Oberflächen damit. Nach Wunsch kann man die Laibe dann noch mit Sesam- oder Mohnkörnern bestreuen. Auf jeden Fall müssen sie mit einem sehr scharfen Messer mehrmals eingeritzt werden. Im vorgeheizten Ofen bei 210° C backen, bis sie goldbraun sind. Das dürfte ca. 35 bis 40 Minuten dauern.
Auf einem Gitter auskühlen lassen. Wer eine nicht zu harte Kruste wünscht, der bestreicht die warmen Laibe mit Butter.
Rosa backt ihre Brote in Kastenformen, so bekommt sie gleichmäßige Brote. Nach dem Herausnehmen stürzt sie die Brote sofort aus der Form. Sind sie an den Seiten noch zu hell, kommen sie noch einmal für kurze Zeit in den Ofen.

Anadamabrot
Anadama Bread

Dieses Brot ist gut, für uns in Deutschland ganz bestimmt auch eine Abwechslung . . . unvergeßlich wird es jedoch erst, wenn man den Gästen, denen man es vorsetzt, die Geschichte seines Entstehens erzählt: Es gab in *Massachusetts* (New England) eine Familie, von der nur der Vorname der Frau überliefert ist, nämlich Anna. Sie muß eine miserable Hausfrau gewesen sein. Vor allem konnte ihr Mann das Brot, das sie buk, nicht mehr ausstehen. Also machte er sich notgedrungen selbst ans Backen. Und wenn er den Teig knetete, murmelte er vor sich hin: »Diese verdammte Anna!«, was in der Landessprache hieß: »Anna, damn 'er!«, wobei im örtlichen Dialekt »er« fast genau so wie »a« ausgesprochen wird — also: Anadama.

1 Würfel frische Hefe
4 EL gut lauwarmes Wasser
1/4 l heiße Milch
75 g Maismehl
2 EL brauner Zucker (früher nahm man Melasse)
gut 2 TL Salz
30 g Pflanzenfett
600 g Mehl

Die Hefe im warmen Wasser zerdrücken und schaumig werden lassen.
Die heiße Milch, Maismehl, Zucker, Salz und Pflanzenfett kräftig miteinander verrühren. Die inzwischen aufgelöste Hefe einarbeiten. Etwa ein Pfund des Mehls sieben und einarbeiten. Von dem restlichen Mehl jeweils so viel zugeben, wie der Teig aufnimmt. Wenn der Teig nicht mehr an den Händen klebt, wird er noch etwa 10 Minuten kräftig geknetet. Zu einer Kugel geformt in einer leicht gefetteten Schüssel mit wenig Mehl bestäuben und zugedeckt an warmem Ort zum doppelten Volumen aufgehen lassen. Dann noch einmal kurz durchkneten, in zwei kleinere oder einen größeren Laib formen, auf ein mit Backtrennpapier ausgelegtes Blech setzen, nochmals kurz gehen lassen.
Im vorgeheizten Ofen bei 200° C für 10 Minuten backen. Danach die Hitze auf 175° C zurückschalten und ungefähr 25 bis 30 Minuten weiterbacken. Die Brote sind fertig, wenn sie hohl klingen, sobald man mit dem Knöchel gegen den Boden schlägt. Das ist in Amerika ebenso wie in Deutschland.

Löffelbrot
Spoon Bread

Der Name dieses Brotes muß wortwörtlich genommen werden. Man kann es nicht in Scheiben schneiden, sondern muß es mit dem Löffel aus der Form nehmen und als wohlschmeckende Beilage servieren zu allem, was man mit Kartoffelpüree essen könnte.

1/4 l Milch
1/4 l Wasser
150 g Maismehl (in den Südstaaten bevorzugt man weißes)
30 g Butter
1/4 l Milch
1 TL Salz
1 TL Backpulver
3 Eier
100 g Butter

Milch und Wasser zusammen in einen Topf gießen, Maismehl einrühren, dann erhitzen und unter ständigem Rühren so lange auf dem Feuer lassen, bis die Masse dick wird. Butter einrühren. Vom Feuer nehmen, den zweiten Viertelliter Milch einrühren und nachdem die Masse jetzt etwas abgekühlt ist, Salz und Backpulver gut damit vermischen. Die kräftig geschlagenen Eigelb werden danach eingerührt. Die zu steifem Schnee geschlagenen Eiweiß zuletzt unterheben.
In ein feuerfestes gut ausgebuttertes Geschirr (rechteckig oder flach) einfüllen. Im Ofen bei 175 ° C eine knappe Stunde backen. Stäbchenprobe!

Auf dem Teller sollte man dann auf den einzelnen Portionen jeweils noch reichlich Butter zur Geschmacksverfeinerung zergehen lassen.
Hinweis: Zuweilen würzt man das *Spoon Bread* auch mit Käse. Man rührt zusammen mit der Butter 1 Tasse geriebenen Käse (Cheddar, Emmentaler oder Parmesan) in den Maismehlbrei.

Für *Spoon Bread* benutzte man früher Natron, wozu man anstatt Milch dann Buttermilch verwenden mußte, damit der Teig aufging. Heute noch meinen viele Hausfrauen, daß dadurch das *Spoon Bread* leichter, luftiger würde. Sie verwenden dazu auch oft noch Backpulver zusätzlich.

Maisbrot aus dem Süden
Southern Corn Bread

Dieses Maisbrot wird zu allen Gelegenheiten gern gegessen und man verwendet es auch zu Füllungen für Geflügel, Fleisch oder Fisch. Backt man es nur als Frühstücksbrot, so erhöht man die Zuckermenge auf 2 Teelöffel.

75 g Mehl
150 g Maismehl
1/2 TL Zucker
1/2 TL Salz
1 1/2 TL Backpulver
1/4 l Milch
1/8 l Buttermilch
1 Ei, 4 EL Pflanzenöl
25 g Butter zum Ausfetten

Mehl, Maismehl, Zucker, Salz und Backpulver gut miteinander vermischen. Milch und Buttermilch damit verrühren und anschließend nacheinander das Ei und Öl einarbeiten, um einen glatten Teig zu erhalten.
Eine Jenaer Glasform (etwa 30 x 20 cm, groß, mit einem Rand von ca. 6 cm Höhe), gut mit der Butter ausstreichen. Den Teig einfüllen und im vorgeheizten Ofen bei 225 ° C ca. 20 Minuten backen. Die Oberfläche muß goldbraun sein und auf Fingerdruck elastisch reagieren.
Dieses Maisbrot kann man in reichlicher Menge herstellen, denn es läßt sich, wenn es kalt geworden ist und eine Zeit gestanden hat, aufschneiden und toasten. Am besten schmeckt es, wenn man es frisch aus dem Ofen warm mit kalter Butter ißt.

Muffins

In Amerika ist dieses Gebäck so beliebt wie bei uns Brötchen. Muffins werden zum Frühstück gegessen, sie können süß und herzhaft sein, je nach den verschiedenen Zusätzen. Immer sollten sie warm (aufgebacken) serviert werden. Man bricht sie auf und läßt etwas Butter darauf zerlaufen. — Aus Metall oder Alu-Folie gibt es spezielle Muffinsformen, mit denen man jeweils 6 oder 12 gleichzeitig backen kann. Ersatzweise kann man kleine Ragout-fin-Förmchen verwenden, geradezu ideal sind Pfitzaufformen.

280 g Mehl
1 TL Salz
1 EL Zucker
4 TL Backpulver
1 leicht geschlagenes Ei
1/4 l Milch
4 EL flüssiges Pflanzenfett
Butter zum Ausfetten der Förmchen

Trockene Zutaten vermischen und dann gut mit Milch und Fett verarbeiten. Gebutterte Förmchen nur zur Hälfte füllen und im vorgeheizten Ofen bei 200° C in ca. 20 Minuten goldbraun backen und stürzen.

Variationen und Zusätze:
2 Tassen Heidelbeeren, die nach dem Waschen in Zucker gewendet werden, evtl. 1 Eßlöffel Zucker zusätzlich.
Gleiche Menge geschnittene Datteln oder Rosinen oder zerdrückte Banane.
4 bis 5 Eßlöffel geriebener Schweizerkäse im Teig und zum Bestreuen.
1 bis 2 Tassen geraspelte Zucchini plus 1 bis 2 Eßlöffel zusätzlich Zucker.

Englische Rundstücke English Muffins

Sie sind nur in den USA populär und eine echte amerikanische Spezialität, die man in jedem Supermarkt kaufen kann.

Für 8 bis 10 Muffins macht man einen Hefeteig aus:
1/8 l warmem Wasser
4 EL abgekochter Milch
1 TL Zucker
1 Prise Salz
1/2 Päckchen Trockenhefe
gut 250 g Mehl
2 EL flüssiger (nicht heißer) Butter

Den Teig einmal gehen lassen und auf einem bemehlten Brett in zwei Portionen zu einer Dicke von knapp 2 cm flachdrücken. Mit einem runden Ausstecher (evtl. Glas oder abgeschnittene Konservendose) Küchlein formen und bis zur doppelten Höhe aufgehen lassen.
Portionsweise auf einem Griddel aus Gußeisen oder dickem Stahl (schwere Bratpfanne), der gut gebuttert wurde, auf nicht allzu großer Hitze hellbraun backen, dann wenden und die zweite Seite gleichfalls Farbe nehmen lassen. Etwas ungleiche Bräunung ist normal. Sie darf nur nicht zu dunkel werden.
Auf einem Gitter etwas abkühlen lassen.
Zur weiteren Verwendung müssen die Muffins horizontal in zwei Hälften geteilt werden. Dazu niemals ein Messer benutzen. Man sticht sie ringsum und so tief wie möglich mit einer Gabel ein; besser noch geht es mit einem der vielzinkigen, kleinen Instrumente, mit denen man Zwiebeln beim Schneiden festhält. Nach dem Einstechen können die beiden Hälften leicht voneinander getrennt werden. Sie werden mit Butter und Marmelade gegessen oder zu »Eiern Benedikt« verwendet. Toasten ist möglich.

Muffins, Rezept siehe oben, Zucchini-Muffins, Seite 208 und Maisbrot aus dem Süden (vorn), Seite 204. ▷

Zucchini Muffins

Dieses Gebäck hält sich besonders lange frisch und hat einen sehr aparten Geschmack.
Mengen für 12 Muffins (so viele Förmchen sind jeweils in einem Blech nebeneinander eingestanzt). Als Ersatz kann man kleine Ragout-fin-Näpfchen nehmen oder auch Pfitzauf-Formen, die es allerdings vorwiegend im Süden Deutschlands gibt.

180 g Mehl, 100 g Zucker
knapp 2 TL Zimtpulver
1 1/2 TL Backpulver
1 Prise Salz
1 Päckchen Vanillinzucker
1 knappe Tasse gehackte Walnußkerne
2 Eier
7 EL Öl, möglichst geschmacksneutrales
2 TL Zitronensaft
Abrieb 1 Zitrone (unbehandelt)
2 Tassen geriebene Zucchini

Mehl, Zucker, Zimtpulver, Backpulver, Salz und Vanillinzucker und Walnüsse in einer Schüssel gut miteinander vermischen.
In einer zweiten Schüssel Eier mit Öl verquirlen sowie Zitronensaft und Schalenabrieb einrühren.
Inhalt beider Schüsseln miteinander gut vermischen. Zuletzt die Zucchiniraspel unterarbeiten. In den USA gibt es kleine Förmchen aus Backpapier, die genau in die Muffinsformen passen. Dahinein füllt man den Teig, braucht also keine Butter zum Ausfetten der einzelnen Förmchen. Wir werden wohl ausbuttern müssen. Förmchen nur zu zwei Dritteln mit Teig füllen, da dieser noch aufgeht.
Im vorgeheizten Ofen bei 180° C eine gute halbe Stunde backen.
Warm servieren und frische Butter dazu reichen. Man bricht die einzelnen Muffins auseinander und läßt auf den Hälften etwas Butter zerfließen. Diätbewußte verzichten natürlich darauf und werden gerade diese Muffins trotzdem köstlich finden.

Buttermilch-Brötchen Buttermilk Bisquits

Diese zylindrischen Brötchen, die heute noch wie vor hundert Jahren in vielen Restaurants heiß in eine Serviette eingeschlagen zum Essen auf den Tisch kommen, begeistern alle Besucher aus dem Ausland. In guten Restaurants werden sie unaufgefordert mehrmals frisch nachgeliefert.
In jedem Supermarkt kann man Tüten mit fertiger Mischung kaufen, die nur noch angerührt und gebacken zu werden braucht und es den Hausfrauen ermöglicht, auch daheim diese köstliche Beikost auf den Tisch zu bringen. Meine Enkelkinder und ich lieben sie auch zum Frühstück mit Butter und Marmelade.

280 g Mehl
1/2 TL Salz
2 TL Backpulver
1 EL Zucker
1/2 TL gereinigter Weinstein
1/2 TL Natriumbikarbonat (Natron)
120 g Pflanzenfett
11 EL Buttermilch

In einer Rührschüssel (auch in einer elektrischen Küchenmaschine möglich) Mehl, Salz, Backpulver, Zucker, gereinigten Weinstein und Natron vermischen. Mit einer Gabel das Pflanzenfett einarbeiten, sodaß die trockenen Zutaten grob-krümelig werden. Buttermilch zugießen und mit der Gabel zu einem Teig verrühren, der gerade zusammenhält. Auf ein gut bemehltes Brett heben und einige Male kurz aber kräftig durchkneten. Danach zu einer Platte von knapp 2 cm Dicke drücken, mit einem runden Ausstecher (∅ 5 cm) Biskuits ausstechen. Ausstecher (oder entsprechendes dünnwandiges Glas) dabei immer wieder mehlen. Die Biskuits auf ein mit Backtrennpapier ausgelegtes Backblech setzen, wobei sie sich ruhig berühren dürfen, und im vorgeheizten Ofen bei 220° C gut 15 Minuten backen. Die Biskuits dürfen nicht zu dunkel werden.
Heiß zu Tisch bringen.

Getränke – Drinks

Es gibt viele Statistiken über amerikanische Trinkgewohnheiten, denen jedoch nicht unbedingt zu trauen ist. Ich verlasse mich lieber auf meine persönlichen Erfahrungen, die ich in vier Jahrzehnten überall im weiten Land gemacht habe.
Meine Hit-Liste bezieht sich weniger auf gemessene Mengen, sondern vornehmlich auf die Beliebtheit der verschiedenen Getränke, und sieht so aus:

Wasser
Kaffee
Soft drinks — Soda pop
Bier
Milch
Eis-Tee
Fruchtsäfte

Als Aufsteiger wäre Wein zu nennen, während harte Getränke, vor allem Cocktails, zwar immer noch beliebt, jedoch auf dem Rückzug sind.

Wasser

Amerikaner aller Altersstufen trinken Leitungswasser zu jeder Tages- und Nachtzeit. Während der letzten Jahre hat dessen Qualität wegen des notwendigen Chlorzusatzes vielerorts deutlich abgenommen. Oft hat man an den Wasserhähnen kleine Aufbereitungsanlagen installiert, oder man kauft gutes Quellwasser in Gallonen-Behältern (3,8 l). Jeder Supermarkt hat riesige Mengen davon in den Regalen stehen. Sehr beliebt sind auch Automaten, an denen man seine Plastikbehälter mit gereinigtem Trinkwasser füllt — was nur einen Bruchteil des Preises kostet, den man für Quellwasser zahlen muß.
Zum Wasser gehört immer Eis. Amerikaner finden es lächerlich, wenn man ihnen in Europa 1 oder 2 kleine Würfel davon ins Glas gibt; daheim sind sie die vier- bis fünffache Menge gewöhnt.
Erst seit wenigen Jahren beginnt sich die Gewohnheit langsam auszubreiten, sprudelnde Mineralwässer zu trinken.
Wasser ist das bei weitem vorherrschende Getränk zum Essen, es wird ungefragt zu jedem Gedeck serviert. Europäischen Gastronomen sind amerikanische Essens-Gäste äußerst suspekt, wenn sie es bei ihnen verlangen.

Kaffee

In jedem Film, der im amerikanischen Alltag spielt, ist der Kaffeetopf das zentrale Requisit. Selbst an den Feuerstellen von Trappern oder Cowboys stand er ebenso im Mittelpunkt wie in den Küchen der Farmhäuser des Wilden Westens.
Kaffee trinkt man daheim und auch in vielen Gaststätten gern aus großen Steingutbechern, *mugs*. Hier haben wir das gleiche Wort, das an Deutschlands Küsten als Muck existiert.
Bestellt man im Restaurant Kaffee, so ist das nie nur eine Tasse, sondern beliebig häufiges Nachfüllen ist im Preis inbegriffen.
Noch vor 30, 40 Jahren wurde sehr viel Kaffee zu den Mahlzeiten getrunken, also während des Essens. Immer weniger Amerikaner halten sich an diese alte Sitte, und so ist das Kaffeetrinken ans Ende der Mahlzeit gerutscht.
Erfreulich ist, daß man überall Schonkaffee bekommt. Man bezeichnet ihn als *decaffinated*, abgekürzt *decaf* (dikäf gesprochen). Ein sehr lustiges, neues Wort dafür ist *unleaded*. Das ist ein Tankstellenausdruck. Normaler Kaffee heißt ebenso wie

verbleites Benzin *regular*, beide Flüssigkeiten ohne Schadstoffe werden folglich als *unleaded* (bleifrei) bezeichnet.

Leider ist amerikanischer Kaffee für Europäer fast immer eine Enttäuschung, denn er wird aus schwach gerösteten Bohnen auch noch dünn aufgebrüht. Ob diese Gewohnheit wohl dermaleinst von unseren Sachsen über den Atlantik gebracht wurde? — Die Kaffeequalität leidet weiter darunter, daß man in Haushalten wie in Restaurants das Getränk auf elektrischen Heizplatten stundenlang warm hält.

Seit einigen Jahren breitet sich der italienische Espresso erfreulich schnell aus.

Als Spezialität aus New Orelans gilt »Café Brûlot«, der schwarz, stark und mit Zucker, Zimt, Nelken und Weinbrand gewürzt ist.

Soft drinks — Soda pop

Damit hat Amerika nach dem letzten Weltkrieg den Globus überschwemmt, vor allem mit den Cola-Getränken. Wir sagen dazu Cola, in den USA heißt es »Coke«.

Die ganze Geschichte begann in Drogerien, *drug stores*, deren Hauptumsatz oft an der *Soda Fountain* stattfand. Ein Apotheker aus der Armee Napoleons, der nach dem Sturz des Kaisers in die USA auswanderte, soll in *Philadelphia* den ersten Ausschank dieser Art bereits 1824 eröffnet haben. Das begeisternd Neue war die Kohlensäure in den Getränken, die nicht nur prickelte, sondern auch *pop*, also blupp machte, wenn man die Flaschen öffnete. So kam der Name *Soda pop* zustande, der inzwischen aus den meisten Wörterbüchern verschwunden ist, sich jedoch im Sprachgebrauch erhalten hat.

Berühmte sprudelnde Getränke waren einst *Root Beer* und *Ginger Ale*. Trotz ihrer Namen sind beide alkoholfrei, sie schäumen nur wie Bier. Beide kann man heute noch in jedem Supermarkt kaufen. Ingwerbier *(Ginger Ale)* ist besonders fürs Mixen mit Schnäpsen beliebt. *Root Beer* hat stark an Bedeutung verloren. Dieses Wurzelbier wurde früher in vielen Häusern selbst gemacht, wobei man zu den Wurzeln auch noch Kräuter und Zucker sowie Hefe mischte. Aus den *drug stores* sind die Zapfsäulen für Brause-Getränke ebenso verschwunden, wie die Eistheken oder Frühstücksgrills.

Bier

Amerikanisches Bier wird immer sehr, sehr kalt getrunken. Es ist viel dünner als deutsches Bier, stellt folglich für europäische Liebhaber des Gerstensaftes meistens eine Enttäuschung dar. Überall gibt es jedoch importierte Sorten. Aber Vorsicht! »Löwenbräu« hat zwar immer eine deutsche Aufmachung, kommt jedoch meistens aus einer großen Brauerei in *Texas*.

Milch

Die Bewohner der USA sind passionierte Milchtrinker. Selbst der riesige Rummel um Cholesterine hat sie nicht davon abbringen können, er führte nur dazu, daß immer mehr fettarme — *low fat* — Milch getrunken wird. Milch kauft man in Amerika meistens in Plastik-Großbehältern mit mindestens 2 Litern Inhalt.

In der Gastronomie wird, was bei uns leider nicht der Fall ist, Milch überall serviert. Daheim trinkt man sie gern vorm Schlafengehen als Beruhigungsgetränk, eine Art Schlummertrunk.

Eis-Tee

Merkwürdigerweise konnte Tee nie eine ernsthafte Konkurrenz für den Kaffee werden. Zum Volksgetränk wurde er allerdings als *Iced Tea*. In dieser Form hat er den Kaffee von dessen Platz als Essensbegleiter völlig verdrängt. Daheim und im Restaurant trinkt man ihn heute zu Lunch und Dinner und natürlich auch als Erfrischungsgetränk. Er wird stets mit sehr vielen Eiswürfeln serviert, meistens nimmt man Zitrone und Zucker oder Süßstoff dazu.

Für den weitverbreiteten häuslichen Gebrauch spielt eine große Rolle die Diskussion um verschiedene Techniken, die bewirken sollen, daß der geeiste Tee mindestens einen Tag lang klar bleibt. Als sicherste Methode gilt die Kaltwasser-Zubereitung. Sie ist ganz einfach und wird vielen deutschen Teefreunden äußerst willkommen sein: Man hänge die gewünschte Menge Teebeutel (Amerikaner benutzen fast immer Teebeutel) in kaltes Wasser und lasse sie bei Zimmertemperatur etwa 6 Stunden oder über Nacht im Kühlschrank ziehen. Dann herausnehmen und den Tee über Eiswürfeln mit Aromaten nach Wahl servieren. Er ist immer klar.

Iced Tea ist in den USA ein sehr altes Getränk. Schon um die Mitte des vorigen Jahrhunderts wurde er immer wieder von Reisenden und Kochbuch-Autorinnen erwähnt. Die neueste Entwicklung sind Instant-Mischungen, die es inzwischen auch überall bei uns zu kaufen gibt. Ich habe jedoch den Eindruck, daß die meisten Amerikaner(innen) bei ihrer alten Zubereitungsmethode geblieben sind.

Fruchtsäfte

Sie spielen zum Tagesbeginn und vor dem Frühstück genossen eine große Rolle, werden allerdings auch zu jeder anderen Zeit getrunken. Ganz oben in der Beliebtheit stehen Zitrussäfte und Apfelsaft. Dichtauf folgt wohl *Cranberry Juice* (Preiselbeersaft), der auch mit Apfelsaft gemischt als *Cranapple* angeboten wird. Apfelsaft firmiert oft als *Cider*, was früher Apfelwein bedeutete, der fast ganz verschwunden ist.

Cocktails

Mag die Zeit ihrer Hochblüte auch vorbei sein, so sind sie doch noch lange nicht aus der anspruchsvollen internationalen Gastronomie wegzudenken. In den USA spielen sie mehr als anderswo auch im Familienleben eine Rolle. Noch immer werden sie im häuslichen Kreis vor dem Essen gemixt, als Begrüßungsdrinks sind sie bei Einladungen unentbehrlich. Es gehört einfach zur Bildung des amerikanischen Mannes, eine Reihe von Cocktailrezepten so zu beherrschen, daß er sie mit einer gewissen Grandezza auch vor kritischen Augen zelebrieren kann.

Eindeutig sind Cocktails eine amerikanische Erfindung, die überall in der Welt begeisterte Nachahmer und Genießer fand. Wie diese Mixgetränke erfunden wurden, woher sie genau stammen und was zu dem seltsamen Namen Cocktail, also Hahnenschwanz, führte, das konnte bis heute nicht ergründet werden. Die Suche nach dem Ursprung hat jedoch weit über 50 verschiedene, oft sehr amüsante Geschichten zu Tage gefördert. Die älteste geht immerhin bis auf die Inkas zurück: ein Edelmann soll ein Mixgetränk erfunden und seine Tochter namens Kokitl damit zum Herrscher geschickt haben; dieser war so begeistert, daß er den Drink nach der Überbringerin nannte und diese kurz darauf heiratete.

Alle anderen Geschichten müssen wir uns ersparen, sie würden ein eigenes Büchlein füllen. Gewiß ist nur, daß bereits 1809 in einem amerikanischen Geschichtswerk Cocktails beschrieben und so genannt wurden.

Ein Buch über amerikanische Gaumengenüsse wäre ohne Cocktails nur armseliges Stückwerk. Deshalb seien hier einige der besonders typischen Kreationen durch Rezepte dargestellt.

Die internationalen Barmaße sind amerikanisch. Wer keine Meßgefäße hat, dem mag folgende Aufstellung hilfreich sein:

1 dash = 6 Tropfen

1 pony = 1 fluid ounce = 6 TL = 2 EL

1 jigger = 9 TL = 3 EL

Man wundere sich nicht über die Schreibweise *Whiskey*, sie steht für den amerikanischen Brand dieser Art, der aus Mais hergestellt wird, vor allem aus den Bundesstaaten *Tennessee* und *Kentucky* kommt, und den man immer mit Eiswürfeln und stillem Wasser trinkt. Allgemein ist er unter seinem Gattungsnamen »Bourbon« bekannt.

Dry Martini — das ist sicher der am weitesten verbreitete US-Cocktail.

1 jigger trockener Wermut

6 jigger Gin

miteinander über einigen Eiswürfeln verrühren und mit einer grünen Olive im Glas servieren.

Neuerdings nimmt man anstatt Gin oft Wodka und spricht dann auch von »Wodka Martini«.

Old Fashioned

In ein kleines Becherglas

1/2 TL Zuckersirup

10 Tropfen Angostura Bitter

1 EL Wasser sowie

2 Eiswürfel geben. Auffüllen mit

Bourbon Whiskey und garnieren mit

1 kleinen Stück Zitronenschale

1 dünnen Scheibe Apfelsine und

1 Maraschinokirsche.

Manhattan
2 jigger trockener Wermut
6 jigger amerikanischer Bourbon Whiskey
miteinander über Eiswürfeln verrühren.
Jeden Drink mit Zitronenschale abspritzen und ihm 1 dash Angostura Bitter zusetzen.

Mint Julep — der berühmte Drink des alten Südens. Ich persönlich liebe ihn ganz besonders, denn er hat mir eine meiner schönsten Freundschaften beschert: bei meinem ersten US-Besuch 1948 zeigte mir *Thornton Wilder*, den ich kurz vorher kennengelernt hatte, die schönsten Bars Washingtons. Die Hauptstadt war damals noch ein recht verschlafenes Nest, trotzdem wurde es eine lange Nacht, in der wir in jedem Lokal einen *Mint Julep* tranken, und der Dichter mir dazu Geschichten aus dem alten Süden erzählte. In den frühen Morgenstunden waren wir Freunde geworden, und immer, wenn er mich später in Baden-Baden besuchte, tranken wir außer dem Wein des Landes auch einen *Mint Julep* zusammen.
Mint Julep ist — auch wenn man kein persönliches Erlebnis damit verbindet — eine amerikanische Institution; seine Zubereitung ist ein Ritual. Arm ist jeder Gast, dem er nur einfach vorgesetzt wird.
Schlanke Highballgläser oder Silberbecher sehr gut im Eisschrank vorkühlen. Ein gesondertes Barglas nehmen und darin
5—6 frische Pfefferminzblätter zusammen mit
2 TL Zuckersirup mittels eines Barlöffels an den Glaswänden zerdrücken, damit ihre Aromastoffe daran und im Sirup bleiben.
3 EL Bourbon Whiskey einrühren.
Vorgekühltes Glas aus dem Kühlschrank nehmen, mit Eiswürfeln füllen und die aromatisierte Mischung darübersieben. Umrühren.
2—3 weitere *jigger* Whiskey eingießen. Wieder umrühren, eventuell mehr Eiswürfel zufügen und mit einem Pfefferminzzweig dekorieren. Die obersten Blätter kann man nach dem Waschen kurz in Puderzucker tauchen.
Viele Kenner lehnen einen Strohhalm ab, andere Amerikaner benutzen ihn stets zum Mint Julep.
Wichtig ist vor allem, daß das Glas gut beschlagen ist, wenn man das Getränk serviert.

Fish House Punch — ein sehr kräftiges Getränk, das in der Residenz des ältesten Amateur-Kochclubs der Welt in *Philadelphia* entstanden ist und noch heute als Traditionsgetränk der ehrwürdigen Herrengesellschaft serviert wird.
Der Club heißt »State in Schuylkill«, wurde bereits 1732 gegründet und residierte im Zentrum Philadelphias im sogenannten »Fish House«. Nach der Renovierung des alten Viertels zog er in ein stattliches Haus im Tal des Schuylkillflusses um.
In einer Punschschale oder einem Bowlengefäß werden miteinander vermischt:
1/2 l dunkler Rum
1/2 l weißer Rum
1/2 l Weinbrand
1/8 l Zuckersirup (oder nach Geschmack mehr)
knapp 1/4 l Zitronensaft
1 Liter Wasser sowie
1/8 l Pfirsichlikör
Alles zusammen mindestens 1 Stunde ziehen lassen.
Vor dem Servieren lediglich einen ansehnlichen Eisblock in das Gefäß geben und mittels einer Kelle den Punsch in Henkelgläser schöpfen.

Bloody Mary — dieser Drink ist so beliebt, daß man die Grundmischung fertig in Supermärkten kaufen kann.
In einer Karaffe miteinander vermischen:
1/4 l gut gekühlten Tomatensaft
3 jigger Gin oder Wodka
1 TL Zitronensaft
einige Spritzer Worcestershiresauce
1—2 Tropfen Tabasco
je 1 Prise Salz und Selleriesalz
Über einige Eiswürfel in ein Highballglas füllen.

Eggnogg — dies ist ein Familien- und Partygetränk.
Für etwa 1 Liter Eggnogg braucht man:
4 Eigelb, die mit
4 EL Zucker cremig zu schlagen sind.
1/4 l Sahne sowie
1/4 l Whiskey, Rum oder Weinbrand einrühren, bis aller Zucker völlig aufgelöst ist.
4 Eiweiß mit
1 Prise Salz zu steifem Schnee schlagen und in die Eigelbmischung rühren.
In Henkelgläsern servieren. Vorher evtl. das Punschgefäß in eine Schale mit Eiswürfeln stellen.

Syllabub — Getränke dieses Namens und dieser Art waren bis zur Jahrhundertwende in Mitteleuropa sehr beliebt. Inzwischen gerieten sie in Vergessenheit. In den USA schätzt man sie noch immer, vor allem für Familienfeste.
Für 10—12 Personen:
Schale von 2 ungespritzen Zitronen als Spiralen in 1/2 l Amontillado Sherry einige Stunden ziehen lassen, dann herausnehmen und wegwerfen.
1 l süße Sahne so lange schlagen, bis sie anfängt fest zu werden, dann vermischen mit dem Sherry sowie
5—7 EL Zitronensaft,
Zucker nach Geschmack und
einigen kräftigen Strichen frisch geriebener Muskatnuß.
Man kann die Muskatnuß auch über die einzelnen Gläser reiben.
Dieses Getränk wird nach alter europäischer Tradition ohne Eiswürfel serviert.

Wein

Europäische Fachleute wissen, daß es jenseits des Atlantiks ausgezeichnete Weine gibt. Ab 1976 haben sogar die berühmtesten französischen Weinerzeuger von ihnen das Fürchten gelernt. In Paris setzte sich bei einer großen Probe der *Académie du Vin* ein kalifornischer Chardonnay vor den besten weißen Burgunder, ein roter Cabernet Sauvignon ließ drei der berühmtesten Bordeaux-Châteaux hinter sich. Und so ging es munter weiter.
Wir müssen zur Kennntis nehmen, daß die USA inzwischen der sechstgrößte Weinproduzent der Welt sind, nur Italien, Frankreich, Spanien, Argentinien und die Sowjetunion erzeugen mehr.
Sehr viel schlechter steht es um den amerikanischen Weindurst. Nur knapp 9 Liter kommen pro Jahr auf die statistische Durchschnittsperson; in Italien und Frankreich sind es fast zehnmal so viel. Selbst in Deutschland konsumiert man weit über das Doppelte.
Spricht man von amerikanischen Weinen, denkt jeder Europäer sofort an *Kalifornien.* Gewiß ist dieser Bundesstaat an der Pazifikküste das bedeutendste US-Weinland, fast drei Viertel aller Weine stammen von dort. Nur wenige Weinfreunde wissen, daß im Staat *New York* fast so viel Wein wächst wie in der Schweiz; er ist mit etwa 8 % der zweitgrößte amerikanische Produzent.
Damit aber noch lange nicht genug. Man nehme zur Kenntnis, daß in mehr als 40 der 50 Bundesstaaten heute Wein erzeugt wird. Sicher sind viele davon nicht besonders gut, aber sie werden von Jahr zu Jahr besser. Kometenhaft sind während der letzten Jahre weiße und rote Gewächse aus *Long Island* aufgestiegen, die ganz dicht am Atlantik auf ehemaligen Kartoffeläckern wachsen. Ein Rotwein aus *Texas* gewann 1990 eine Goldmedaille im Nationalen Wettbewerb, und ein Weißer aus *Illinois* rangierte als zweitbester unter über 100 Gewächsen aus dem ganzen Land. Bei den großen Weinproben in *Kalifornien* bewerben sich inzwischen schon etwa 25 Prozent auswärtiger Gewächse um die Gunst der Tester; 1989 gelang es einem Rotwein aus *Virginia,* dabei an die Spitze zu kommen.
Lang, lang ist's her — daß in Amerika die ersten Weine gekeltert wurden. Schon die normannischen Entdecker, die vor Columbus dorthin kamen, nannten den neuen Kontinent Weinland. Dann brachten spanische Eroberer die ersten Reben aus Europa mit. Um 1770 legten Jesuiten im damals noch mexikanischen Kalifornien die ersten Weinberge an. Die Traube, die sie kultivierten, »Criolla« stammte aus Spanien, ist jedoch in ganz Europa heute verschwunden; als Missions-Rebe gedeiht sie noch immer auf 500 Hektar in Kalifornien. Von einer Missionsstation zur andern wanderten Reben nordwärts. Hundert Jahre später gründeten europäische Einwanderer die ersten Winzerbetriebe. Viele von ihnen kamen aus Deutschland. Zahlreiche Namen haben noch heute einen ausgezeichneten Klang, wie etwa *Krug, Beringer, Schramm, Wente, Fetzer* oder *Kornell.*
Als Vater des kalifornischen Qualitätsweinbaus hat sich ein Ungar namens *Agoston Haraszthy* ins Buch der Geschichte eingetragen. Er reiste im Auftrag des Gouverneurs nach Europa und suchte dort Setzlinge von mehreren hundert Rebsorten zusammen, die er nach Kalifornien brachte. Sein Weingut lag gut 50 Kilometer nördlich von *San Francisco* und hieß *Buena Vista.* Es ist das älteste Premium-Weingut des Landes, gegründet 1857, und gehört seit 1979 der

---

◁ Vom Ballon aus gesehen: Die berühmte Weinlandschaft von Napa Valley (Kalifornien).

Weinfirma *Racke* in Bingen. Es zählt inzwischen zu den Spitzenbetrieben Kaliforniens. Seine Weine haben bis Ende 1989 immerhin 80 Goldmedaillen errungen, dazu noch über 250 in Silber und Bronze. So stolz man in *Buena Vista,* auf die einmalige alte Kellerei aus den Tagen des ungarischen Gründers ist, mehr noch kann sich der heutige Präsident *Marcus Moller-Racke* über die Erfolge beim Ausbau des Weinguts freuen. Es verfügt jetzt über fast 700 Hektar bestes Rebland, von denen weit über die Hälfte bestockt ist. Der Racke-Sohn war die treibende Kraft bei der Schaffung einer neuen Appellation namens *Carneros,* die an der Nahtstelle zwischen *Napa-Valley* und *Sonoma-Valley* liegt und zu den besten (und teuersten) Amerikas gehört. Und noch etwas ist in diesem deutsch-amerikanischen Weingut ganz typisch amerikanisch: die Jugend des Führungsteams. Der Präsident war ganze 25 Jahre alt, als er den Betrieb übernahm. Seine noch viel jüngere Frau *Anne,* eine Winzertochter vom Mittelrhein, bewirtschaftet die Weinberge und »Winemaker«, also Kellermeister, ist eine charmante, junge Amerikanerin, *Jill Davis.*

Unbeschwerte Experimentierfreude zeichnet den US-Weinbau aus. Er schöpft aus drei Quellen. Erstens sind das die europäischen Erfolgsrebsorten, zweitens die kalifornische Wein-Universität in *Davis,* die im Rang inzwischen gleichzusetzen ist mit *Geisenheim* und *Bordeaux,* und drittens sind es die unternehmungslustigen Manager, die technische oder Verwaltungskarrieren aufgeben, um ihr Glück im Weinbau zu suchen. Wie erfolgreich sie dabei waren, kann man aus der Tatsache erkennen, daß letzthin eine Vielzahl von berühmten europäischen Weingütern sich in Kalifornien ansiedelte. Natürlich gibt es dort auch den größten derartigen Betrieb, den die Welt kennt, die Firma *Gallo.* In Kalifornien gibt es inzwischen über 700 Weinbau treibende Unternehmen. Dieses Weinland liegt südlicher, als sich das die meisten Deutschen vorstellen. So findet man das berühmte *Napa-Valley* auf der gleichen geographischen Breite wie *Neapel.* Für die besten Weinlagen ist man auf kühle Winde vom Pazifik angewiesen.

Ich persönlich glaube, daß die nördlich davon gelegenen Staaten *Oregon* und *Washington* eine ganz große Spitzenwein-Zukunft haben. Sie liegen auf den Breitengraden der *Toskana (Oregon State)* und *Burgund-Rhônetal (Washington State).* Dort ist die Weinwirtschaft erst im Aufbau.

Schlüssel zum Verständnis amerikanischer Weinnamen

Zwei große Tafelweingruppen:

varietal wines — sie sind nach Rebsorten benannt und müssen zu 75% aus Trauben der angegebenen Sorte gewonnen sein. Wird eine Herkunftsbezeichnung verwendet, so gilt auch dafür der 75%-Anteil.

generic wines — das sind Typenweine, die für den Europäer zu großen Verwirrungen führen. Sie tragen oft bekannte europäische Weinnamen, ohne diesen — wenn man von der Grundfarbe absieht — ähneln zu müssen. Da gibt es z.B. *Chablis* und *Rhône Wine* oder auch *Burgundy* und *Port* als amerikanische Konsumweine.

Wird ein Jahrgang angegeben, so muß der Wein zu mindestens 95% daraus stammen.

Die angegebenen Alkoholgehalte sind sehr viel weniger zuverlässig, denn sie dürfen um 1,5 Vol.-% nach oben oder unten abweichen.

Die Prohibitionszeit, die zwischen 1919 und 1933 den US-Weinbau fast ganz zum Erliegen brachte, wirkt als Grundhaltung noch immer nach. So müssen alle Weine (auch die importierten), die schweflige Säure enthalten, deutlich den Vermerk tragen: *containes sulfites.* Außerdem muß seit 1989 auf jeder Flasche folgende Warnung stehen:

GOVERNMENT WARNING

1) According to the Surgeon General, women should not drink alcoholic beverages during pregnancy because of the risk of birth defects.

2) Consumption of alcoholic beverages impairs your ability to drive a car or operate machinery, and may cause health problems.

Übersetzung: Nach Erkenntnis des Surgeon General (oberste Gesundheitsbehörde) sollten Frauen während der Schwangerschaft wegen des Risikos von Geburtsfehlern keine alkoholischen Getränke zu sich nehmen.

Der Genuß alkoholischer Getränke mindert Ihre Fahrtüchtigkeit, beeinträchtigt Ihre Fähigkeiten beim Bedienen von Maschinen und kann Gesundheitsprobleme verursachen.

Pikanterweise ist die Behörde, die für Schußwaffen verantwortlich ist, auch für Tabak und den Wein zuständig.
Wer Weine aus deutschen Rieslingreben sucht, der muß Ausschau halten nach der Angabe *Johannisberg Riesling* oder *White Riesling*. *Gewürztraminer* trägt den deutschen Namen, mit dessen Aussprache sich die Amerikaner allerdings schwer tun. Mit *French Colombard* und *Chenin Blanc* haben sie allerdings noch mehr Schwierigkeiten. Unseren Riesling sprechen sie oft ganz unbekümmert *Reisling* aus.
Der große Aufschwung des amerikanischen Weininteresses kam mit den Truppen, die nach dem zweiten Weltkrieg aus Europa zurückkehrten und vom Weintrinken erzählten. Wachgehalten wurde es bis heute von den vielen Touristen, die durch Europa reisen. Außerdem gibt es keine angesehene Tageszeitung, die nicht wenigstens einmal pro Woche einen Weinartikel veröffentlicht. Amerika hat den Wein entdeckt, *America is wine minded.*

Wein, Speisen und die Familie Fetzer – Ein »amerikanisches« Märchen

Das kalifornische Weinland steckt voller Überraschungen, zu denen immer wieder unternehmerische Erfolge gehören, die für das ganze Land beispielhaft sind.
Anno 1850 wanderte das Ehepaar Fetzer von einem Dorf in Hessen-Darmstadt nach Amerika aus. Wisconsin war ihr erstes Ziel. Schließlich zog einer der Fetzer-Nachkommen nach Kalifornien.
Er war jahrelang im Bauholzgeschäft in Oregon tätig gewesen und hieß *Barney Fetzer*. Er wollte für sich, seine Frau *Kathleen* und 11 Kinder eine Familienlandwirtschaft aufbauen, vielleicht auch Holz verkaufen. Um ein Stück Land, etwa 30 Hektar groß, zu kaufen, mußte er 1958 alles versilbern, was er besaß. Barney ist inzwischen verstorben, aber Frau Kathleen und die älteren Kinder erinnern sich noch genau, wie sie alle jahrelang darbten. Zu essen gab es nur, was auf den Feldern wuchs, sollte Fleisch auf den Tisch kommen, mußte es vorher in den nahen Wäldern geschossen werden. Erst als die Familie alle Gedanken an Viehzucht aufgab und sich den Weinstöcken widmete, die sie mit dem Land übernommen hatte, ging es bergauf. Vater, Mutter und elf Kinder arbeiteten in den Weinbergen und im Keller. Sie hatten ein alle beschäftigendes Familienunternehmen. Und so ist es bis heute geblieben. Der älteste Sohn leitet es nun, jedes der Geschwister hat seine Aufgaben. Inzwischen allerdings bewirtschaften sie 433 Hektar Rebland. In der Kellerei stehen neben vielen Tanks auch 20000 Eichenholzfässer. Der gesamte Besitz ist auf fast 2000 Hektar angewachsen und in 7 Weingüter unterteilt.
Die Weine haben durch ihre Qualität den Ruf des Familienunternehmens unterstrichen. Als *»American Winery of the Year«* wurde es 1989 ausgezeichnet. Sein 87er Chardonnay wurde zum besten Chardonnay der USA gekürt.
Damit aber nicht genug. Das ursprüngliche Farmhaus wurde zum Musterbetrieb ausgebaut mit einem eleganten Bungalow-Hotel und einem Gourmetrestaurant. Dazu gehört eine Plantage, die bahnbrechend für den organischen Anbau ist. Inzwischen reifen dort insgesamt 1300 verschiedene Sorten eßbarer Pflanzen. So findet man 45 Tomatensorten und 85 verschiedene Apfelsorten.
Direkt dahinter wird ausprobiert, wie sich alle die Gartenherrlichkeiten mit Wein und zum Wein verarbeiten lassen. *Fetzer* hat dafür ein eigenes Institut gebaut, in dem renommierte Küchenchefs aus ganz Amerika auf Einladung neue Rezepturen entwickeln und testen. Dicht dabei gibt es noch ein Restaurant, das gern von Besuchern des *Mendocino*-Gebiets besucht wird. Der Küchenchef, der dort wirkt, hat immerhin schon in mehreren Metropolen der Welt gekocht, darunter auch im *Taillevent* in Paris.
So ist also ein Weingut, das gerade erst in dreißigjähriger, entbehrungsreicher Arbeit von einer Familie aufgebaut wurde, zum kulinarischen Zentrum einer Weinlandschaft geworden und strahlt aus über das ganze Land. Und das alles ohne einen Pfennig an staatlicher Unterstützung. Die Fetzers haben auch nicht darum nachgesucht, sie fühlen sich einfach dem Wein verpflichtet und meinen, daß gutes Essen einfach dazu gehört — und im Endeffekt auch hilft, ihn zu verkaufen. Bei allen Anstrengungen, die deutsche Weinerzeuger seit einigen Jahren machen, etwas den Fetzerunternehmungen Gleichwertiges gibt es bei uns noch nicht.
Wer will da noch sagen, daß man in Amerika keinen Wert auf gutes Essen legt?

Rezepte von A bis Z

◁ Lake Mono – eine kalifornische Naturschönheit.

Bildkochbücher für Könner und Kenner

Hermann Pflaum/Marlis Weber
Vollwertküche für Gourmets

Die kulinarische Visitenkarte von Pflaum's Posthotel in Pegnitz: Top-Rezepte für gesundheitsbewußte Feinschmecker nach den Regeln der Vollwert-Küche.
Ca. 150 Gerichte ohne Fleisch, Menüs für jede Jahreszeit. Aktualisierte Neuauflage, 207 Seiten mit 60 Farbtafeln.

● ● ● ● ● ● ● ● ● ● ● ● ● ● ●

Dario G. C. Querini
Fische & Meeresfrüchte – raffiniert und rustikal

Rund 90 Rezepte für Süß- und Salzwasserfische, Krusten- und Schalentiere vom Mittelmeer bis zur Nordsee. Alles in Farbe! Hinweise für Vorbereitung, Zubereitung, Garmethoden und -zeiten. 144 Seiten.

Hans Peter Bleuel
Raffiniertes aus Einem Topf

Außergewöhnliches servieren und trotzdem Zeit haben für Plaudereien im Gästekreis. Aufläufe, Gratins, Suppen, Salate, Eintöpfe, Fondues, Pastas und Pasteten. Internationale Rezepte, die nicht jeder kennt.
157 Seiten mit 30 Farbtafeln.

Christina Kleiner-Röhr
Gesunde Genüsse – schnell und fein

Festliche Gerichte, Kniffe und rationeller Geräteeinsatz in der Vollwertküche. 151 Seiten mit 30 Farbtafeln, Geschenkband mit Schutzumschlag.

B. Hausch/L. Reinirkens
Die Küche der Toscana – Land und Menschen

218 Seiten, rund 100 Fotos.
Erweiterte Neuauflage mit Sonderkapitel »Restaurants und Weingüter in der Toscana« von Wolfgang O. Steinhardt.

Prof. Dr. Michael Hamm · Euro-Asiatische Küche

Die neue Küche der leichten Art: Fernöstlich inspirierte Menüs, von Meisterköchen für Feinschmecker zusammengestellt. Mit illustriertem ABC asiatischer Zutaten. Rezepte für den Küchentrend der 90er Jahre. 151 Seiten, über 50 Farbfotos.

● ● ● ● ● ● ● ● ● ● ● ● ● ● ●

Irène de Font-Verger / Remi Michel
Die Küche der Provence – Land und Menschen

Der große kulinarische Bildband aus der Provence mit Originalrezepten der Region, Insider-Tips und Informationen über Wein, Olivenöl, Trüffel, Kräuter, Läden und Lokale. 238 Seiten mit rund 160 Fotos, großformatiger Geschenkband.

Authentische Rezepte!

Weitere Informationen bei:
WALTER HÄDECKE VERLAG · D-7252 WEIL DER STADT